© Susi Freitag

Jens Jürgen Korff, geboren 1960 in Aachen, ist studierter Historiker und Politologe, Werbe- und Webtexter, Autor von Umweltlexika und aktiv im Umwelt- und Klimaschutz. Er lebt in Herford. Zusammen mit Gerd Bosbach hat er den Bestseller »Lügen mit Zahlen. Wie wir mit Statistiken manipuliert werden« geschrieben.

Jens J. Korff

DIE DÜMMSTEN SPRÜCHE AUS POLITIK, KULTUR UND WIRTSCHAFT UND WIE SIE GEPFLEGT WIDERSPRECHEN

WESTEND

Mehr über unsere Autoren und Bücher:
www.westendverlag.de

Die Deutsche Nationalbibliothek verzeichnet diese
Publikation in der Deutschen Nationalbibliografie;
detaillierte bibliografische Daten sind im Internet über http://
dnb.d-nb.de abrufbar.

ISBN: 978-3-86489-086-4
© Westend Verlag GmbH, Frankfurt/Main 2015
Umschlaggestaltung: Buchgut, Berlin
Satz: Publikations Atelier, Dreieich
Druck und Bindung: CPI – Clausen & Bosse, Leck
Printed in Germany

Inhalt

ler Morden.« 51 ■ »Die großen Fragen der Zeit werden durch Eisen und Blut bestimmt.« 55 ■ »Wer nicht Soldat war, hat kein Recht, über den Krieg zu urteilen.« 57 ■ »Der Krieg ist der Vater aller Dinge.« 59 ■ »Der Versailler Vertrag war schuld am Zweiten Weltkrieg.« 60 ■ »Wer nicht gegen den Kongokrieg demonstriert hat, darf auch nicht gegen den Nahostkrieg demonstrieren.« 62 ■ »Es kann der Frömmste nicht in Frieden leben, wenn es dem bösen Nachbarn nicht gefällt.« 63

Dogmen aus Arbeit und Freizeit 65
»Der Bau von Kampfflugzeugen schafft Arbeitsplätze.« 65 ■ »Sozial ist, was Arbeit schafft.« 66 ■ »Wer arbeiten will, findet auch Arbeit.« 68 ■ »Ausländer nehmen den Deutschen ihre Arbeitsplätze weg.« 69 ■ »Arbeitsplatzbesitzer und Besitzstandswahrer hemmen den Fortschritt.« 70 ■ »Wer nicht arbeitet, soll auch nicht essen.« 71 ■ »Ein Tag ohne Fleisch ist ein Tag in Armut.« / »Fleisch essen ist unmoralisch.« 74 ■ »The winner takes it all. Nur die Goldmedaille zählt.« 76

Dogmen über Arm und Reich 79
»Jeder ist seines Glückes Schmied.« 79 ■ »Arme sind an ihrer Lage meist selber schuld.« 81 ■ »Die demographische Entwicklung zwingt uns zu sozialen Grausamkeiten.« 82 ■ »Wer hohe Managergehälter kritisiert, führt eine Neiddebatte.« 85

Dogmen über Geld und Macht 89
»Geld regiert die Welt.« 89 ■ »Kapital ist ein scheues Reh.« 92 ■ »Vox populi, vox Rindvieh.« 95 ■ »Der kleine Mann kann da gar nichts tun.« 97 ■ »Das Geld ist knapp.« 100 ■ »Die öffentlichen Kassen sind leer.« 102 ■ »Politik ist ein schmutziges Geschäft.« 104 ■ »Politik funktioniert wie der Markt.« 107 ■ »Geld kann man nicht essen.« 109

Dogmen über Wirtschaft und Wohlstand 112
»Eine starke Wirtschaft zeigt sich an ihrer Exportstärke.« 112 ■ »Die Gewinne von heute sind die Inves-

titionen von morgen und die Arbeitsplätze von übermorgen.« 114 ■ »Wirtschaftswachstum ist die Grundlage unseres Wohlstands.« 115 ■ »Konkurrenz belebt das Geschäft.« 119 ■ »Wir haben über unsere Verhältnisse gelebt.« 122 ■ »Wohltaten sind eine Plage.« 124 ■ »Gutmenschen haben keine Ahnung, wo der Wohlstand herkommt.« 125 ■ »Wir können nicht davon leben, uns gegenseitig die Haare zu schneiden.« 126

Dogmen über Freiheit und Staat 130

»Es gibt keine Freiheit ohne Kapitalismus.« 130 ■ »Der freie Wille ist eine Illusion.« 132 ■ »Weniger Staat heißt mehr Freiheit für alle.« 136 ■ »Der Staat kann keine Arbeitsplätze schaffen.« 138 ■ »Freie Märkte und freie Unternehmer können alles.« 139 ■ »Die Unternehmer leiden unter zu hohen Steuern.« 143 ■ »Der Sozialstaat führt in die Sklaverei.« 144

Dogmen zwischen Links und Rechts 147

»Dazu gibt es keine Alternative.« 147 ■ »Politik verdirbt den Charakter.« 150 ■ »Die Politik hat versagt.« 153 ■ »Rechts und Links haben in der heutigen Gesellschaft keine Bedeutung mehr.« 155 ■ »Linke glauben, dass sie immer Recht haben und immer auf der Seite der Guten stehen.« 157 ■ »Toleranz ist kein Selbstzweck.« 159 ■ »Das vereinte Volk wird niemals besiegt.« 160

Dogmen über Vergangenheit und Zukunft 162

»Früher war alles besser.« 162 ■ »Die Leute wollen, dass alles so bleibt, wie es ist.« 163 ■ »Im Mittelalter glaubten die Leute, dass die Erde eine Scheibe sei.« 164 ■ »Die Geschichte der Menschheit läuft gesetzmäßig ab.« 168 ■ »Hitler hat den Deutschen die Autobahnen geschenkt und so die Arbeitslosen wieder in Lohn und Brot gebracht.« 172 ■ »Uwe Barschel wurde ermordet.« 175 ■ »Der Kapitalismus ist das Ende der Geschichte.« 177 ■ »Utopien sind totalitär.« 178

Dumme Sprüche und dreierlei Dogmen

Dumme Sprüche gibt es wie Klee im Rasen. Deshalb möchte ich die Sache hier etwas enger fassen und mich in diesem Buch nur einer besonderen Art von dummen Sprüchen widmen: Dogmen. Dogmen sind Glaubenssätze, die eine scheinbar ewige Wahrheit verkünden. Ein Dogma tut so, als würde es eine Tatsache feststellen, die niemand ernsthaft bezweifeln kann. Dabei ist es weitgehend immun gegenüber Einzeltatsachen, die ihm zuwiderlaufen; denn das Dogma hat immer das große Ganze im Blick. Dogmen stellen in der Regel keine wirklichen Tatsachen fest, sondern geben eine Prognose ab oder beschreiben eine vermeintliche Lebensweisheit. Deshalb kann man Dogmen auch nicht widerlegen. Man kann ihnen aber widersprechen, Gründe benennen, die gegen sie sprechen, auf ihre inneren Widersprüche verweisen und aufzeigen, welche wichtigen Aspekte sie ignorieren.

Ich unterscheide in diesem Buch drei Typen von Dogmen: »Dogmen der Betonköpfe«, »Basta-Dogmen« und »Dünkeldogmen«. Die Dogmen der Betonköpfe dienen in der Regel dazu, eine bestimmte Art des Wirtschaftens als die einzig mögliche zu definieren. Basta-Dogmen sollen Diskussionen beenden und so dafür sorgen, dass Herrschaftsverhältnisse nicht angetastet werden. Dünkeldogmen schließlich dienen bestimmten Gruppen dazu, ihren Status als »die Besseren« zu wahren und andere Gruppen als »die Schlechteren« abzuwerten.

Was Betonköpfe sind und welche Dogmen sie benutzen, das möge ein kleines Märchen deutlich machen.

Das Märchen vom Granitkopf

Es war einmal ein König, der regierte das Heußenland mit fester Hand. Er wurde von seinen Untertanen »der Granitkopf« genannt, weil er nichts lieber tat, als überall im Land neue Wege und Mauern aus Granit bauen zu lassen, und weil seine Ansichten so hart und unumstößlich wie Granit waren. Wenn er einen Beschluss gefällt hatte, ließ er sich von keinem Berater mehr umstimmen. Eines Tages beschloss er, in Balden, im dünn besiedelten Norden des Heußenlandes, mitten im Wald, einen neuen Hafen bauen zu lassen mit einem riesigen Becken aus Granit. Es gab dort zwar keinen schiffbaren Fluss, aber ein Flüsschen, das sich wild durch ein felsiges Tal schlängelte. Der König befahl seinen Ingenieuren, dieses Flüsschen zu einem schiffbaren Kanal auszubauen, damit sein neuer Hafen auch von Schiffen erreicht werden könne. Sein oberster Ingenieur erhob Einwände und sagte: »Das geht nicht, das Tal ist zu eng und zu felsig für einen Kanal.«

Doch der König sagte dazu nur: »›Geht nicht‹ gibt's nicht.«

Da das Vorhaben des Königs sehr viel Geld kostete, das den Heußen in Form von Steuern abgepresst werden musste, musste der Rat der Weisen dem Plan des Königs zustimmen. Mehrere Weise wagten es, in der Versammlung Bedenken zu äußern. Sie sagten: »Dort oben im Norden unseres Landes wird niemand einen Hafen brauchen. Es wird gar keine Güter geben, die dort hingeschafft oder von dort hergeholt werden müssen. Die Schiffe werden leer bleiben.«

Doch der König sagte dazu nur: »Häfen sind Jobmaschinen.«

Auch ein Diplomat aus dem nördlichen Nachbarland meldete sich zu Wort und wies darauf hin, dass dort, nur wenige Meilen vom Standort des geplanten Hafens entfernt, bereits seit vielen Jahren ein Hafen existiere. Dieser könne doch den Norden des Heußenlandes mit versorgen.

Doch der König sagte dazu nur: »Konkurrenz belebt das Geschäft.«

Am Abend dieses Tages erheiterte der Hofnarr den König mit allerlei Späßen. Plötzlich sagte der Hofnarr: »Ach, schade, mein

Lieber, um das viele schöne Geld, das du in dem granitenen Hafenbecken mitten im tiefen nordheußischen Wald versenken willst! Wie schön wäre es, du würdest das Geld für Brot und Spiele ausgeben! Dann hätten wir alle Spaß bis an unser Lebensende.«

Da wurde der König, der eben noch Tränen gelacht hatte, sehr böse und brüllte: »Was bist du nur für ein elender Narr! Du bist ein hoffnungsloser Gutmensch und hast nicht die geringste Ahnung, wo unser Wohlstand herkommt. Unser ganzer Wohlstand steht auf Granit und wächst damit!«

»Und das schöne felsige Flusstal? Was soll aus den armen Eisvögeln werden, die da leben?«, fragte der Narr, der diese Vögel liebte, weil sein Wams orange und türkis war wie das Gefieder des Eisvogels.

Der König sagte nur: »Wo gehobelt wird, fallen Späne.«

So wurde denn der Hafen gebaut, ebenso der Kanal, und jahrelang sahen die Heußen Ochsenkarren um Ochsenkarren, vollgeladen mit Granitplatten, in den Norden des Landes fahren. Als der Hafen fertig war, war der König sehr stolz und lud seinen ganzen Hofstaat zur Eröffnungsfeier in den Hafen ein. Man feierte ein rauschendes Fest in Balden und fuhr nach Hause. Danach lag der Hafen verlassen da. Niemand brachte Güter dorthin, um sie zu verschiffen, und niemand schickte eine Schiffsladung nach Balden, da niemand da war, der Güter aus fernen Ländern haben wollte.

Unterdessen wuchsen die Schulden des Königs, und um sie bezahlen zu können, musste er die Steuern erhöhen. Die Heußen ächzten unter der Steuerlast und murrten immer lauter gegen den König. Die Jungen vergnügten sich mit einem neuen Spiel: Sie stellten Granitblöcke aufeinander, bis sie wie ein Mensch aussahen, und versuchten dann, mit Steinen von weitem den Kopf zu treffen, bis er herunterfiel. Sie nannten das Spiel »Wir köpfen den König«.

Eines Tages dankte der König ab. Er verließ sein Schloss und wurde Vogt der heußischen Granitsteinbrüche. Dort verdiente er so viel Geld, dass er sich bald ein neues Schloss bauen lassen konnte, natürlich aus Granit. Es war viermal so groß wie sein altes Königsschloss. Und wenn er nicht gestorben ist, so lebt er dort noch heute und löffelt jeden Tag ein Frühstücksei mit einem Löffel aus feinstem, poliertem Granit.

Dichtung und Wahrheit

Das Heußenland sei Hessen. Der König sei Koch, Roland Koch, der hessische Ministerpräsident von 1999 bis 2010. Granit sei Beton, der Granitkopf ein Betonkopf. Der Hafen Balden sei der Flughafen Kassel-Calden. Die Ochsenkarren seien Betonmischer. Die fehlenden Güter seien fehlende Passagiere. Der Vogt der Granitsteinbrüche sei der Vorstandsvorsitzende des Baukonzerns Bilfinger SE[1]. Und schon ist das Märchen wahr geworden – gut, es gibt keine Betonlöffel …

Wer profitiert eigentlich davon, wenn ein komplett unsinniges Betonprojekt wie der Flughafen Kassel-Calden ungenutzt vor sich hin rottet? Die Banken? Das Finanzkapital? Wahrscheinlich. Aber wahrscheinlich verdienen sie mit Derivaten und Hedgefonds mehr, und wie man am traurigen Schicksal von Fannie Mae, Bear Stearns, Lehman Brothers und Hypo Real Estate sehen kann, können sich Banken mit Betongold sogar das eigene Grab schaufeln. Aber einen gibt es, der immer profitiert: die Bau- und Betonindustrie. Wann immer Menschen wie Roland Koch ihre Hoffnung in Beton setzen, schwärmen Betonmischer und Betonpumpen zu Tausenden aus, und Bauarbeiter setzen neue Klötze in die Landschaft.

Die Kirche der Betonköpfe und ihre Dogmen

Beton ist ein Baustoff, grau, hart und nüchtern. Doch sobald jemand glaubt, »Betongold« sei eine gute Geldanlage, oder dass sich der Wohlstand eines Landes in Kilogramm Beton pro Quadratmeter messen lasse, verändert er seinen Aggregatzustand: Er wird zu einer Glaubenssache, zu einer Religion mit eigener Kirche. Ihre Pfaffen heißen zum Beispiel LBS und predigen: »Miete zahlen ist uncool.« Sie heißen Hans-Olaf Henkel oder Thilo Sarrazin und deklamieren jeden Tag ihren Sermon: Der Euro ist in Gefahr, bringt eure Kröten in Sicherheit! Sie heißen Angela Merkel, über die ein Fan, die Disc-Jane Marusha, 2013 im Interview mit der *Welt* sagte: »Ich freue mich jeden Tag, dass wir auch Krisenländern helfen können. Wir sind die Sanierer. Die Bausparermentalität, wie sie Angela Merkel an den Tag legt, ist die Kultur unserer Wertegesellschaft.« Sie heißen Ortwin Goldbeck, Bauunternehmer und Präsident der Industrie- und Handelskammer Bielefeld, und jammern gerne groß in der Zeitung: »Es gibt zu wenig Autobahnen in Ostwestfalen! Es gibt zu wenig Gewerbegebiete in Ostwestfalen!« Er meint jene wasser- und baumlosen Marslandschaften, die aus langgestreckten, flachen Betonkästen und asphaltierten Parkplätzen bestehen und von Raps- oder Maisäckern umgeben sind. Sie bilden zwar schon geschlossene kilometerstarke Ringe um jede Stadt in Ostwestfalen und anderswo, aber Goldbeck findet: Das reicht nicht!

Keine Kirche ohne Glaubenssätze, ohne Dogmen. Hinter dem Wort Betongold steckt zum Beispiel das Dogma, dass Betonklötze eine Form von Reichtum seien, ja ein Symbol für Reichtum. Wer das glauben will, muss vieles ignorieren, vor allem die Gefahr, dass seine Betonklötze sich in ein Entsorgungsproblem verwandeln können: eine besonders hartnäckige, schwere und sperrige Art von Bauschutt.

Ein Basta-Dogma verfügt: Schluss der Debatte

Der frühere Bundeskanzler Gerhard Schröder prägte nicht nur das betonkopferte Dogma, dass wir angeblich nicht davon leben können, uns gegenseitig die Haare zu schneiden. Schröder gilt zugleich auch als Erfinder der Basta-Politik. Als er im Bundestagswahlkampf 2002 mit dem haarigen Spruch versuchte, die gut bezahlten Opel-Arbeiter gegen schlecht bezahlte Friseurin-

95 Dogmen stehen wie in Beton gegossen. Sie sind herzlich eingeladen zur Widerspruchsparty.

nen auszuspielen, wollte er damit sich und anderen versichern, dass sich am politisch-wirtschaftlichen Primat der deutschen Autoindustrie nie etwas ändern werde, egal wie groß der moderne Dienstleistungssektor in der Volkswirtschaft noch werden würde. In Wirklichkeit waren Dienstleister schon 2002 für die Wertschöpfung in Deutschland wichtiger als die Industrie. Doch jede demokratische Debatte darüber, ob wir in Deutschland und Europa vielleicht schon längst von anderen Dingen leben als von Beton, Stahl und Autos, wollte Schröder mit diesem volksnah – besser gesagt: männernah – formulierten Dogma und dem sich im Publikum ausbreitenden allgemeinen Grinsen und Schulterklopfen im Keim ersticken. Genau das ist Sinn und Zweck eines Basta-Dogmas.

Jeder kritische Geist kennt sie, Sie vermutlich auch. Vielleicht haben Sie sich zum Beispiel Gedanken gemacht, wie man etwas besser organisieren könnte, und machen einen Vorschlag. Alles würde gleich viel besser funktionieren, wenn zwei, drei Leute sich nur ein bisschen vernünftiger und vorausschauender benehmen würden. Doch dann meldet sich einer jener Männer zu Wort, auf die leider viele hören, und die nach dem Motto zu leben scheinen: »Ändern lässt sich gar nix, weil sonst hätt' mer's ja schon gmacht.« Er sagt aber nicht diesen Satz – das wäre immerhin witzig; stammt übrigens von Georg Kreisler –, sondern das: »Lieber Herr Besserwisser, es ist ja schön, dass Sie sich so viele Gedanken machen, aber es ist nun einmal so, dass die Menschen von Natur aus Egoisten sind. Deshalb kann das gar nicht funktionieren.«

Sie waren etwas aufgeregt, Sie gehen mit Ihrer Idee immerhin schon eine Weile schwanger, und haben vielleicht etwas hektisch und zu schrill gesprochen. Und dann kommt dieser jovial-sonor vorgebrachte Debattentotschläger. Wohl dem, der in solchen Situationen etwas zu erwidern weiß (siehe Seite 205).

Margot Käßmann wagte es 2014, in einem *Spiegel*-Interview darauf hinzuweisen, dass wir ziemlich genau tausendmal so viel Geld fürs Militär ausgeben wie für Friedens- und Konfliktforschung – und uns deshalb nicht zu wundern brauchen, wenn den

Regierungen zu Situationen wie im Irak oder in Afghanistan stets zuerst militärische »Lösungen« einfallen und fast niemals Lösungen, die solche Konflikte auf intelligente, also gewaltfreie oder deeskalierende Weise lösen würden. Was sagen die *Spiegel*-Redakteure dazu? »Einem Tutsi, der gerade abgeschlachtet wird, nützt die Friedensforschung überhaupt nichts.« Ganz ähnlich der Schriftsteller Leon de Winter 2003, um den amerikanischen Einmarsch im Irak zu rechtfertigen: »Hitler wurde nicht mit pazifistischen Prinzipien gestürzt, sondern mit militärischen Taten.« Was sagt man als Pazifist zu solch bombigen Sprüchen? Meine Vorschläge siehe die Seiten 46 und 43.

Das Ziel der Basta-Dogmatiker ist leicht zu erkennen: Sie wollen demokratisch-kontroverse Debatten beenden, damit sich an bestimmten herrschenden Verhältnissen und Praktiken nichts ändert. Dabei greifen sie oft »populistisch« auf populäre Negativurteile über den Staat, Politik oder demokratischen Meinungsstreit zurück: »Politik verdirbt den Charakter.« »Weniger Staat heißt mehr Freiheit für alle.« »Der Sozialstaat führt in die Sklaverei.«

Mit dem Beiwort »Basta« meine ich das Motiv, die Demokratie einzuschränken und das Machtwort eines Einzelnen oder einer privilegierten Gruppe zum letztgültigen Maßstab zu erklären. Zu jeder Herrschaft gehört auch ein Untertan, der sich willig beherrschen lässt. Deshalb kombiniere ich im Buch mehrmals ein Dogma der Herrschenden wie »Vox populi, vox Rindvieh« mit einem Untertanendogma wie »Der kleine Mann kann da gar nichts tun«.

Basta-Dogmen sind fast immer selbstgerecht: Sie bestätigen die Sprecher und ihr Zielpublikum in dem Glauben, »immer schon« das Richtige getan und gedacht zu haben. Bloß keine Zweifel aufkommen lassen! Das ist eine typisch konservative Haltung. In der Tat ist mir kein heute noch gängiges Dogma bekannt, das sich ausdrücklich *gegen* Konservative, Adlige, Offiziere oder Monarchen richtet. Kennen Sie eines? Bitte schicken Sie es mir zu.

Doch Basta-Dogmen sind nicht auf konservative Kreise beschränkt, die die bestehenden Herrschaftsverhältnisse in der Gesellschaft bewahren und verteidigen wollen – nach dem Motto: Überlasst die Macht denen, die sich seit Jahrhunderten damit auskennen. Wir finden Basta-Dogmen (und den Wunsch nach der Beendigung einer Debatte) bei Sozialdemokraten wie Schmidt und Schröder, hier und da auch bei Linken, Grünen und anderen eigentlich der Kritik verpflichteten Leuten.

Dünkeldogmen sortieren die Menschheit

> *Noch immer das hölzern pedantische Volk,*
> *Noch immer ein rechter Winkel*
> *In jeder Bewegung, und im Gesicht*
> *Der eingefrorene Dünkel.*

So ätzte Heinrich Heine über die preußischen Soldaten, die im November 1843 bei seiner Einreise nach Deutschland sein Gepäck durchsuchten – ausgerechnet in meiner geliebten Geburtsstadt Aachen. Der Dichter lieferte auch gleich ein an der Körpersprache abgelesenes Psychogramm jener merkwürdigen Figuren hinterher:

> *Sie stelzen noch immer so steif herum,*
> *So kerzengrade geschniegelt,*
> *Als hätten sie verschluckt den Stock,*
> *Womit man sie einst geprügelt.*[2]

Ja, Dünkel! Das ist, grob gesagt, der Irrglaube, das eigene Elend sei der erstrebenswerte Endzustand der Menschheit und die Quelle aller guten Dinge. Und fremdes Elend die Quelle alles Schlechten. Ähnlich sah das schon der französische Schriftsteller Michel de Montaigne in einem seiner genialen Essays: »Es scheint wirklich, als ob die Natur, um uns über unseren elenden und erbärmlichen Zustand zu trösten, uns den Eigendünkel zum Erbteil gegeben habe.«[3]

Aus diesem engen Geist heraus hören wir es tönen: »Wer nicht Soldat war, hat kein Recht, über den Krieg zu urteilen.« »Früher war alles besser.«»Muslimische Migranten bilden Parallelgesellschaften aus.«»Ausländer nehmen den Deutschen die Arbeitsplätze weg.«»Jeder ist seines Glückes Schmied.«»Politik ist ein schmutziges Geschäft.« Auch die üblichen asozialen Schoten gehören in diese Kategorie:»Wer arbeiten will, findet auch Arbeit.« »Arme sind selber schuld.«»Wohltaten sind eine Plage.«»Ein Tag ohne Fleisch ist ein Tag in Armut.«

Aber schadenfreut euch nicht zu früh, liebe Gefährten im Geiste! Dünkelhaft denken kann man auch auf rot-grün, und so nutze ich die Gelegenheit, auch ein paar heilige Kühe auf der alternativen Wiese anzuritzen:»Fleisch essen ist unmoralisch.« »Geld kann man nicht essen.«»Kinder sind Zukunft.«»Werbung lügt prinzipiell.«

Was man gegen Dogmen tun kann

Viele dieser»dummen« Sprüche sind auf gewisse Weise gar nicht dumm: Oft sind sie sehr volksnah und werbewirksam formuliert und deshalb geläufig. Oft habe selbst ich als ihr Kritiker spontan das Gefühl, dass etwas Wahres an ihnen dran ist. Es ist schwer, ihrem heimeligen Charme zu widerstehen, und braucht einen langen Atem, um den Rauch fortzublasen, der von ihnen aufsteigt.

Dieses Buch ist keines der verbreiteten Verzeichnisse von Irrtümern, in denen Sie nachlesen können,»wie es wirklich ist«. Denn ich widerstehe dem Dogma»Realisten sehen die Welt so, wie sie ist«. Viele Dogmen haben äußerlich zwar die Form von Tatsachenbehauptungen, etwa»Politik verdirbt den Charakter«. Sie treten als Sätze auf, die scheinbar kein vernünftiger Mensch bestreiten kann. Sie brauchen keine Begründung, und deshalb kann man sie auch nicht widerlegen. Man kann ihnen aber widersprechen. Dogmen sind Meinungen und stehen im Meinungsstreit. Dieses Buch soll Sie ermutigen, munter in den Meinungsstreit einzugreifen. Am Ende der Diskussion mag sogar einmal herauskommen, dass das ursprüngliche Dogma in vielen Fällen

»stimmt«.[4] Aber es wird schön sein, darüber gesprochen zu haben.

Dass es sich bei den zentralen Sätzen ihrer Politik um Glaubenssätze, also Dogmen handelte, hat die stilbildende britische Konservative Margaret Thatcher 1986 offen zugegeben. Damals begründete sie den Ausverkauf der öffentlichen Wasser- und Stromversorgung sowie der Eisenbahnen an Privatkonzerne mit den Worten: »Wir Politiker haben alle Träume. Zu meinem gehört, dass ich Macht und Verantwortung an das Volk zurückgeben will … Die große Reform unserer Zeit ist es, mehr und mehr Bürger zu Eigentümern zu machen. Volkskapitalismus ist ein Glaubensfeldzug: ein Kreuzzug, der die vielen befreit und befähigt, am wirtschaftlichen Leben Großbritanniens teilzunehmen.«[5] Nebenbei belegt das Zitat meine These, dass auch konservative Politiker von dem Motiv getrieben werden, die Welt zu verändern (siehe Seite 150).

Als Mann des Wortes weiß ich: Gut gesetzte Worte behalten ihre Wirkung auch dann, wenn man sie zitiert, um ihnen zu widersprechen. Um diese unerwünschte Nebenwirkung zumindest abzumildern, stelle ich ans Ende der meisten Beiträge als Gegengift ein Antidogma. Ich hoffe, dass man diesen Antidogmen alsbald ebenfalls eifrig widerspricht – das würde ihre Wirkung vergrößern!

Oh, da widerspricht schon einer – kein Geringerer als Goethe! Was sagt der Dichter? »Laß dich nur in keiner Zeit / Zum Widerspruch verleiten, / Weise fallen in Unwissenheit / Wenn sie mit Unwissenden streiten.«[6] Ja, da ist etwas dran; auch Albert Einstein hat sich ähnlich geäußert. Aber: Ich streite hier ja nicht mit Unwissenden. Ich streite mit Ihnen – also mit Wissenden!

Danke

Für Zuspruch, Lektorat, konstruktive Kritik und wertvolle Anregungen danke ich vor allem Maria Ast, Jürgen Beetz, Gerd Bosbach, Heike Dreppenstedt, Rüdiger Grünhagen, Uwe Hass, Erasmus Schöffer und Marion Vetter. Viele Einsichten, die in dieses Buch eingeflossen sind, verdanke ich meiner langjährigen Lebensgefährtin, der Kunsthistorikerin Gerlinde Volland.

Viele Informationen, die ich hier genutzt habe, beruhen auf Wikipedia-Artikeln, von denen einige eine beeindruckende Qualität haben. Mein Dank gilt den ehrenamtlichen Autorinnen und Autoren dieser Artikel (es sind leider viel zu wenig Autorinnen). Ich selbst bin seit 2004 einer davon. Meine Fußnoten laden Sie dazu ein, die Artikel zu lesen. Wenn Sie das tun und selber nichts zur Wikipedia beitragen, dann spenden Sie bitte bei Gelegenheit etwas Geld für dieses großartige Kulturprojekt. Geld wird vor allem für die technische Infrastruktur gebraucht. Wenn Sie Fehler in einem Artikel finden, können Sie die mit wenigen Handgriffen selber korrigieren. Wenn Ihnen das zu heikel ist, notieren Sie die Fehler bitte auf der Diskussionsseite des Artikels.

Da das Buch ein breites Spektrum von Themen abdeckt, möchten manche Leserinnen und Leser vielleicht wissen, wie ich auf alle diese doch sehr unterschiedlichen Aspekte gekommen bin. Das hängt mit meinen Eltern zusammen, der Gärtnerin Birke Korff und dem Blumenbindermeister Willi Korff, einer vielfältigen Schulbildung (Kaiser-Karls-Gymnasium Aachen), einem fast ebenso vielfältigen Studium (Geschichte, Politologie, Biologie an der RWTH Aachen) und vielen spannenden Vorträgen, die ich genießen durfte. Besonders in Erinnerung geblieben sind mir als Anreger und Anregerinnen:

Clemens Alertz (Mathematik, Physik), Gerd Bosbach (Mathematik), Gereon Büschges (Biologie), Fritz Fischer (Geschichte), Georg Friebe (Geschichte), Hans Froebe (Botanik), Lutz Görner (Lyrik), Hermann Gremliza (Publizistik), Max Kerner (Geschichte), Leo Kofler (Politologie), Hermann Kramer (Latein), Jürgen Kuczynski (Geschichte), Peter Kühler (Politologie), Rudolf Lantin (Deutsch), Irmgard Leinen (Politologie), Kurt Lenk (Politologie), Karl-Leo Noethlichs (Geschichte), Veronika Poestges (Religion), Reinhard Opitz (Politologie), Günter Prenting (Chemie), Karl-Sigbert Rehberg (Soziologie), Manfred Schmitz (Politologie), Rüdiger Schütz (Geschichte), Henning Stieve (Biologie), Dieter Süverkrüp (Lyrik), Joseph Weizenbaum (Informatik), Mathias Wennemann (Botanik).

Dazu kamen beeindruckende Gespräche mit Zeitzeugen der deutschen Geschichte. Ich erinnere mich an Wilhelm Adolphs (Waldbröl), Kurt Bachmann (Köln), Theodor Bergmann (Berlin), Josef Christoffel (Aachen), Anna-Maria Fabian (Köln), Walter Fabian (Köln), Maria Fensky (Köln), Grete Humbach (Köln), Heinz Humbach (Köln), Heinrich Kolberg (Aachen), Walter Otto (Waldbröl), Hans Simon (Waldbröl) und einen Mann, der als Widerstandskämpfer das KZ-Lager Mauthausen überlebte.

Dogmen über Autos und Ökos

> **»Das Auto ist des Deutschen liebstes Kind.«**

Die beliebte Redensart ertönt reflexhaft jedes Mal, wenn irgendwo ein neuer Götzendienst der deutschen Beschleunigungskirche eröffnet wird – so zum Beispiel zur Eröffnung der Internationalen Automobil-Ausstellung 2011.[1] Hat da überhaupt schon mal jemand widersprochen? Nicht, dass ich wüsste. Ich darf Sie also zu einer mutmaßlichen Premiere einladen! Ich widerspreche! »Den Deutschen« gibt es nicht. Dafür sind die achtzig Millionen zu verschieden. Es könnte sich also nur um eine Aussage über die Mehrheit der Deutschen handeln – und damit man die Minderheit, deren liebstes Kind zum Beispiel ihr Kind ist, im Spruch einfach ignorieren kann, muss sie schon ziemlich klein sein. Ist sie das?

Als »Beweis« wird meist angeführt, dass über 90 Prozent der Deutschen entweder ein Auto haben oder gerne eines hätten. Das mag so sein, es beweist aber nicht, dass das Auto das »liebste Kind« dieser Leute sei. Für viele, die eins haben, ist es vielleicht nur ein Mittel zum Zweck oder ein notwendiges Übel. Ein Mittel zum Zweck könnte man vielleicht sein »liebstes Werkzeug« nennen, aber doch nicht sein »liebstes Kind«. Das Bild vom »liebsten Kind« passt nur auf Menschen, für die das Auto ein Selbstzweck ist – weil sie sich zum Beispiel nur ein Leben mit Auto als lebenswert vorstellen können. Die gibt es zweifelsohne, aber ich bezweifle, dass sie die Mehrheit der Deutschen stellen. Streng genommen dürften wir auch von denen nur die mitzählen, die keine anderen Selbstzwecke kennen, die ihnen vielleicht noch ein wenig lieber sind als das Auto.

Im Dogma spiegelt sich wohl vor allem die Funktion des Statussymbols, die das Auto jahrzehntelang gerade in Deutschland hatte. Trendforscher beobachten, dass es diese Funktion bei vielen Deutschen mehr und mehr verliert (wahrscheinlich an Geräte, die mit i anfangen).[2]

Der Spruch vom liebsten Kind hat affirmativen Charakter: Er soll etwas rechtfertigen. Was genau? Den viele Millionen schweren Kult, den Werbe-, PR- und Event-Agenturen in Deutschland um das Auto inszenieren – zum Beispiel auf jener IAA in Frankfurt, deren Name wohl nicht zufällig an das Geschrei eines Esels erinnert. Die Betreiber dieses Autokults, die Priester der deutschen Beschleunigungskirche, wollen den Schwarzen Peter gerne weiterreichen an »den Deutschen« schlechthin. Sie tun das alles ja nur, weil *er* halt so ist, wie er ist. Wenn er aber gar nicht so ist, wie sie behaupten, kommt die Frage auf: Wer ist es denn, der diesen Kult betreibt? Und welche Interessen verfolgt er damit? Nun, es wird wohl die deutsche Autoindustrie sein, die das alles finanziert, um ihre übergewichtigen Renntraktoren, Drei-Personen-Reisebusse und Zuhälterschlitten gewinnbringend unters Volk zu bringen. Speziell die *deutsche* Autoindustrie garniert das stählerne Bukett gerne mit Boxenludern und lanciert Kampagnen gegen ein Tempolimit (siehe Seite 27). Darum laute der Spruch der Straße:

Das Auto ist des Rasers liebste Sünd'.

> **»Jeder siebte Arbeitsplatz in Deutschland hängt von der Autoindustrie ab.«**

Ein Zahlendogma, das seit Jahrzehnten kursiert – Bundeskanzlerin Angela Merkel wiederholte es zum Beispiel bei der Eröffnung der Internationalen Automobil-Ausstellung 2008 zusammen mit der absoluten Zahl 761 000.[3] So viele Arbeitsplätze gab es damals angeblich in der deutschen Autoindustrie inklusive aller Zulieferer, Autohändler, Werkstätten, Tankstellen und Ingenieurbüros. 761 000 sind aber nicht ein Siebtel, sondern nur ein Fünfzigstel der rund 42 Millionen Erwerbstätigen in Deutschland. Allein im Gesundheitswesen gibt es über sechsmal so viele Arbeitsplätze.[4] Wie schafft es die Beschleunigungskirche, dieses Fünfzigstel zu einem Siebtel aufzublasen, aus den 761 000 also 6 Millionen zu machen?

Dazu muss sie alle Leute mitzählen, deren Arbeitsplätze irgendwie von Autos abhängen, zum Beispiel die Angestellten von Kfz-Versicherungen. Die aber versichern alle in Deutschland gemeldeten Autos, nicht nur VWs, Mercedesse, BMWs oder Opels. Wenn die deutschen Autokonzerne verschwänden, verschwänden damit ja nicht alle Autos aus Deutschland. Deshalb kann man mit solchen Arbeitsplätzen nicht seriös politische Maßnahmen begründen, die den deutschen Autokonzernen auf dem Weltmarkt nützen sollen.

Dazu kommen wahrscheinlich zahlreiche Arbeitsplätze in Unternehmen, zum Beispiel Werbeagenturen, die nur ein Viertel oder weniger ihres Umsatzes im Bereich Auto machen. Haben die »Autokraten« in solchen Fällen nur ein Viertel dieser Arbeitsplätze mitgezählt? Das ist unwahrscheinlich. Haben sie auch die Arbeitsplätze von Dr. Oetker mitgezählt? Denn Dr. Oetker hat bestimmt schon einmal die Kantine einer Autofabrik mit Pizza oder Pudding beliefert. Das ist ebenfalls unwahrscheinlich, denn dann wären sie im Nu auf ein Drittel aller deutschen Arbeitsplätze gekommen. Diese Beispiele mögen zeigen, wie viel Willkür in einem Zahlendogma stecken kann. Dabei kommt es so solide und faktengestärkt daher.

Ich erlaube mir, die Methode der Autolobby einmal auf eine andere Branche anzuwenden, und komme nach einer ersten vorsichtigen Schätzung zum Ergebnis:

> *Jeder dritte Arbeitsplatz* ◀
> *in Deutschland hängt*
> *vom Gesundheitswesen ab.*

> **»Autofahrer sind die Melkkühe der Nation.«**

Das Gejammer von ADAC und *Bild*-Zeitung, dass »mal wieder die Autofahrer« zur Kasse gebeten würden, und dass sie viel mehr Steuern bezahlten, als der Staat ihnen in Form von Straßenbau zurückgebe, erklingt ähnlich regelmäßig wie das Gejammer des Bauernverbands über zu gute oder zu schlechte Ernten oder das Gejammer genervter Fahrgäste über die angeblich notorisch unpünktliche Deutsche Bahn.

Einerseits ist da schon etwas dran. Autofahrer zahlen in der Tat eine Menge Steuern, auch unabhängig vom Autofahren. Autofahrer sind in der Regel Leute mit regelmäßigen, auskömmlichen Einkommen, und diese Leute bringen den Großteil des Steueraufkommens des Staates auf. Wer kein Auto hat, hat in der Regel ein geringes Einkommen und zahlt entsprechend wenig Steuern. Wer ein sehr hohes Einkommen hat, zahlt oft durch allerlei Tricks ebenfalls relativ wenig Steuern. Das Etikett »Autofahrer« trifft die Mittelschicht, an die sich der Staat bei der Finanzierung seiner vielfältigen Aufgaben am liebsten hält, ganz gut.

Andererseits hinkt die Rechnung, die der ADAC gewohnheitsmäßig präsentiert, recht erbärmlich. Denn sie übersieht, dass im Zusammenhang mit Autos ziemlich viel Geld verdient wird. Wo Geld verdient wird, da fallen Steuern an – zum Beispiel die Mehrwertsteuer auf verkaufte Autos oder Kraftstoffe. Diese Steuern gehen selbstverständlich in das Budget ein, aus dem der demokratische Souverän, das Parlament, schöpfen kann, wenn staatliche, also meist gemeinnützige Aufgaben finanziert werden müssen. Die Agitation der Autofahrerlobby dagegen, dass »ihre« Steuern zum Stopfen von Haushaltslöchern »missbraucht« würden, gibt dem Vorgang eine unangemessene negative Wertung. Ich als Autor kann mich ja auch nicht sinnvoll über Missbrauch beschweren, wenn die Mehrwertsteuer, die die Käufer dieses Buches bezahlt haben, für andere Dinge als die Förderung von Autoren ausgegeben wird.

Dazu kommt: Der Autoverkehr braucht nicht nur Straßen, sondern erzeugt noch eine ganze Reihe von »Kollateralschäden«, für die im Zweifel der Staat gerade stehen muss: Verkehrslärm, Flächenbedarf, Umweltschäden, Klimawandel, Unfälle (mit Polizeieinsatz, Feuerwehr, Krankenhaus), Verkehrssicherheit, Verkehrsjustiz, Verkehrsplanung. Diese Kosten fehlen in der Gelbe-Engel-Rechnung des ADAC.

> *Autofahrer zahlen Steuern,* <
> *weil sie Geld verdienen*
> *und Energie verbrauchen.*

> »Ein Tempolimit verursacht Staus.«

Wo wir schon bei den Gelben Engeln sind, darf auch dieser Dauerbrenner nicht fehlen. 1974 trieben ADAC und *Bild*-Zeitung Verkehrsminister Lauritz Lauritzen in Rücktritt und Resignation, weil er es gewagt hatte, die heilige Freiheit westdeutscher Autobahnraser anzutasten. Dass ein generelles Tempolimit etwas mit Staus zu tun habe, bemerkte Bundeskanzlerin Angela Merkel im Oktober 2007 in einer Reaktion auf die Forderung des Hamburger SPD-Parteitags, Tempo 130 auf allen Autobahnen einzuführen. Ergänzt wurde diese Verknüpfung durch den leitenden Bielefelder Verkehrspolizisten Andreas Krummrey im Frühjahr 2007 in seiner Antwort auf eine Frage der *Neuen Westfälischen*, warum man auf der unfallträchtigen A2 kein durchgehendes Tempolimit einführe:»Außerdem funktioniert es gar nicht, weil sich ohnehin keiner daran hält.« Viele Gegner des Tempolimits haben auch kein Problem, beide Argumente gleichzeitig einzusetzen, obwohl sie natürlich einander widersprechen: Ein Tempolimit, an das sich keiner hält, kann auch keine Staus verursachen.

Raser verstehen unter einem »Stau« offenbar eine Kolonne Autos, die mit Tempo 130 flüssig über die Autobahn fahren. So gesehen haben sie also Recht: Ein Tempolimit verursacht in der Tat »Staus« dieser Art. Richtige Staus dagegen, also Kolonnen von Autos, die sich mit Tempo 0–20 bewegen, verursacht ein

Tempolimit bestimmt nicht, ganz im Gegenteil. Da der Sicherheitsabstand bei Tempo 130 geringer ist als bei Tempo 200, passen bei Tempo 130 mehr Autos auf die Spur; die Autobahnspuren werden besser ausgenutzt, es gibt also weniger Staus. Außerdem gibt es weniger Unfälle, da die Geschwindigkeitsdifferenzen kleiner sind, und auch aus diesem Grunde weniger Staus. Wer gelegentlich im vernünftigeren Ausland Autobahn fährt, weiß, dass Tempo-130-Fahrer (also die breite Mehrheit der Autofahrer) bei einem Tempolimit im Schnitt schneller und zudem entspannter vorankommen als auf deutschen Raserstrecken, da sie leichter und gefahrloser überholen können.

Bei der Gelegenheit noch ein Deckel für den Glaubenstopf vieler Autofahrer, Tempolimits und Blitzer dienten nur der »Abzockerei« und »Wegelagerei« zugunsten klammer kommunaler Kassen: Die *Neue Westfälische* berichtete 2014 über mindestens vier Anwohnerinitiativen allein im Kreis Herford, die verzweifelt von ihren Stadt- oder Gemeindeverwaltungen die Installation von Blitzern forderten, um den furchtbaren Verkehrslärm vor ihren Fenstern etwas zu bändigen. In den Augen (und Ohren) lärmgeplagter Anwohner von Ausfallstraßen gibt es also nicht zu viele, sondern zu wenig Blitzer. Keine dieser Initiativen wurde bislang von den angeblichen Abzockern in den Städten und Gemeinden erhört.

Auch das Argument, es hielte sich keiner an Tempolimits, ist lahm. Bei Tempo 130 fahren fast alle unter 150. Natürlich halten viele die 130 nicht exakt ein, aber die meisten Raser fahren dort deutlich langsamer als auf freigegebenen Strecken. Nebenbei noch ein Wort zur alten ADAC-Parole »Freie Bürger fordern freie Fahrt«: Sieh sie dir doch an, die Jäger und Gejagten auf der linken Außenspur mit ihren verzerrten Gesichtern! Was *das* mit Freiheit zu tun haben soll, das weiß der liebe Gott allein.

Aus dem Zugfenster in die schöne Gegend blickend kann man antworten:

Freie Bürger haben Zeit. ◄

»Die Grünen streben eine Ökodiktatur an.«

Oder, eine Nummer kleiner: »Die Ökos wollen uns bevormunden.« Apropos freie Bürger. Zuletzt ertönte das Geschrei im Sommerloch 2013, als ein namenloser CDU-Politiker, die *Frankfurter Allgemeine* und die *Bild*-Zeitung im Wahlprogramm der Grünen die Formulierung entdeckten, um ein Signal gegen den enormen Fleischkonsum der Deutschen zu setzen, solle ein »Veggieday« Standard werden, ein Tag der Woche, an dem öffentliche Kantinen nur vegetarische Gerichte anbieten. Journalisten und politische Gegner fertigten daraus den Popanz eines Versuchs, allen Deutschen vorzuschreiben, was sie zu essen hätten.[5] Wie bitte? Wenn es in der Schule nebenan donnerstags kein Fleisch gibt, wird *mir* dadurch vorgeschrieben, an diesem Tag ebenfalls kein Fleisch zu essen? Oder den Schülern? Die können doch abends immer noch ihren Döner essen. Und was ist mit den vielen umgekehrten Fällen? Neulich trat ich in der Mittagspause einer Tagung der Bezirksregierung Detmold etwas zu spät ans Buffet und fand nur noch Salamibrötchen vor. Alle Käsebrötchen waren schon weg. Da fühlte ich mich tatsächlich bevormundet, und zwar von der Fleischlobby, die irgendwie dafür sorgt, dass es bei solchen Gelegenheiten meistens ein Überangebot an Fleisch gibt. Dass das in Schulkantinen offenbar regelmäßig so ist, ging im Herbst 2014 durch die Presse.

Der Hamburger Schriftsteller Dirk C. Fleck veröffentlichte 1993 den Zukunftsroman *GO! Die Ökodiktatur*, der 2006 und 2014 wieder aufgelegt wurde. Wie viele Zukunftsromane seit *Schöne neue Welt* von Aldous Huxley (1932) und *1984* von George Orwell (1948) entwirft auch dieser eine Diktatur-Dystopie, wie man negative Utopien besser bezeichnet. Woher die Vorliebe von Science-Fiction-Autoren für Diktaturen kommt, darüber kann ich hier nur spekulieren. Von der unbegrenzten Macht der Diktatoren geht wohl eine kindische Faszination aus. Wahrscheinlich sind Diktaturen auch leichter zu beschreiben als Demokratien oder andere vernetzte Gesellschaften mit vielen unabhängigen Akteuren, weil sie viel einfacher strukturiert sind.

Zu Flecks Roman meinte das *Greenpeace Magazin* 2006: »Ein beklemmendes Buch. Mehr Prognose als Fiktion. Es braucht immer weniger Fantasie, um sich vorzustellen, dass sie wahr werden könnte.« Ähnlich der Hessische Rundfunk: »Dieser Roman wird mit jedem Jahr erschreckend aktueller.« Ich dagegen halte eine Ökodiktatur für sehr unwahrscheinlich. Das Grundproblem liegt aus politologischer Sicht in der Frage: Wer sollte der soziale Träger einer solchen Diktatur sein? Wer könnte mit welchen Mitteln eine Ökodiktatur gegen ihre mächtigen Gegner durchsetzen? Die Grünen? Der BUND? Greenpeace? Bärbel Höhn, Katrin Göring-Eckardt und Hubert Weiger werfen Ferdinand Piëch, Martin Winterkorn, Dieter Zetsche, Johannes Teyssen, Peter Terium ins Gefängnis?[6] Eine absurde Vorstellung. Es gibt keine grüne Verteidigungsministerin, keinen grünen Bundeswehrgeneral, keinen einzigen grünen Innenminister in Deutschland.[7] Vom Zugriff auf bewaffnete Kräfte des Staates sind die Grünen weit entfernt. Nun könnte es ökologisch motivierte Terroristen geben, aber Umweltthemen mobilisieren bis auf weiteres nur winzig kleine, mäßig militante Gruppen, und die kümmern sich um Randthemen wie Tierschutz und Gentechnik. Wahrscheinlich ist über 90 Prozent aller ökologisch interessierten Personen klar, dass sich ihre Themen nur im offenen Dialog mit vielen gesellschaftlichen Akteuren durchsetzen können, oder sie hegen sogar übertriebene Hoffnungen in die ökologische Belehrbarkeit von Konzern- und Medienvertretern. Da stellt sich also, frei nach dem Diktatur-Experten Stalin[8], die Frage:

Wie viele Divisionen haben die Ökos?

»Flughäfen sind Jobmaschinen.«

Ein Flughafen – oder vielmehr Airport – ist das Marsfeld, der Circus Maximus der Betonzeit. Während Wichtigtuer und Touristen im Terminal Schau laufen, treten glitzernde Flugdrachen auf der endlos weiten Ebene der Start- und Landebahnen zu Turnieren an. Und die Destinationen auf der großen Tafel beschwören die Vision herauf, als sei die gesamte bekannte und unbekannte Welt an diesem heiligen Ort gegenwärtig.

Was rede ich da? Flughäfen sind natürlich das Ergebnis der reinen ökonomischen Vernunft. Das behauptet jedenfalls der Kölner Verkehrswissenschaftler Herbert Baum in zahlreichen Gutachten, die immer wieder zitiert werden, um den weiteren Ausbau von Flughäfen zu rechtfertigen. Die 100 000 Arbeitsplätze, die der Bau der Startbahn Nord-West am Frankfurter Flughafen laut seiner Betreiberfirma Fraport zusätzlich erzeugen wird, stammten aus Baums Taschenrechner. Das Rheinisch-Westfälische Institut für Wirtschaftsforschung kam dagegen 1998 zu dem Ergebnis, dass »ein Einfluss einer Flughafeninfrastruktur auf den Arbeitsmarkt statistisch nicht nachweisbar« sei – doch dieses Gutachten ließen Fraport und die hessische Landesregierung schnell in der Versenkung verschwinden.[9]

In einem anderen Gutachten vertrat Baum 2005 die These, der »regionale Gesamtbeschäftigungseffekt« der Berliner Flughäfen habe 2004 bei 33 600 Arbeitsplätzen gelegen. Ein Ausbau des Flughafens Schönefeld (BBI, später BER genannt) werde die Hauptstadtregion als Wissenschafts-, Kongress- und Messestandort stärken. Die Erweiterung von Absatz- und Beschaffungsmärkten würden bis 2012 »rund 39 400« zusätzliche Arbeitsplätze in der Region schaffen; zusammen also rund 73 000 Jobs.[10] Ja, richtig gelesen: Baums Blick in die ökonomische Zukunft der nächsten sieben Jahre war so scharf und seriös, dass er nicht von »rund 40 000« zusätzlichen Arbeitsplätzen sprach, sondern von »rund 39 400«. Der gute Mann wollte ja nicht übertreiben, sondern als seriöser Wissenschaftler auftreten, der zukünftige Arbeitsplätze zählen kann![11] Dass er den Zeitpunkt der Inbetriebnahme des Flughafens nicht so genau traf, lassen wir hier beiseite.

Ähnliche Thesen verbreitete jener Baum schon 1998 für den Kölner Flughafen.[12] Die Industrie- und Handelskammer Köln behauptete im Anschluss, ein Nachtflugverbot für den Kölner Flughafen, wie es die Mehrheit des Stadtrates gefordert hatte, werde zum Verlust von Tausenden von Arbeitsplätzen führen. Baum und seine Nutznießer hüten sich jedoch, Fragen wie den folgenden nachzugehen:

Wie viele Arbeitsplätze werden durch Flughäfen nur verlagert, fallen also anderswo weg? 2012 ermittelten der Chemnitzer Volkswirt Friedrich Thießen und das ARD-Magazin »Report«, dass die 6450 real am Flughafen neu angesiedelten Arbeitsplätze zu über 80 Prozent bloß dorthin verlagert, also keineswegs neu geschaffen worden waren.[13]

Wie viele Jobs würde die An- und Abreise der Besucher mit dem Zug bei der Bahn und im Umfeld der Bahnhöfe schaffen? Wie viele Jobs würden durch zusätzliche Übernachtungen entstehen, wenn Gäste über Nacht bleiben, statt schon am gleichen Tag wieder wegzufliegen?

Wie viele Jobs würden bei einem Wegfall des Frachtflugverkehrs entstehen, wenn die heute »just in time« per Luftfracht herangeholten Waren wieder umweltfreundlich (und langsamer) per Bahn herangeholt und wieder auf Vorrat eingelagert würden? Oder umgekehrt und ganz real-historisch gefragt: Wie viele Jobs sind bei der Bahn, bei Speditionen und in der früher bestehenden Lagerhaltung durch die extrem umweltfeindliche »Just-in-time«-Luftfracht verloren gegangen?

Was ist mit den Schäden, die der vom Flugverkehr verursachte Klimawandel verursacht und verursachen wird? Wer muss dafür gerade stehen? Oder rechnet Baum die Arbeitsplätze, die beim Beseitigen von Überschwemmungsschäden und beim Bau von Unterkünften für Klimaflüchtlinge entstehen, dem Flughafen sogar positiv an?

Anscheinend gibt es in Baums Rechnungen »gute« und »schlechte« Arbeitsplätze. Gut sind die, die im herrschenden Diskurs als »innovativ« gelten (und den momentan tonangebenden Unternehmern Profite einbringen); schlecht sind die, die eine vorherrschende Ideologie als veraltet bezeichnet. Der Arbeitsplatz als solcher wäre dann aber keineswegs die nüchterne ökonomische Währung, als die er sich in Baums Berechnungen ausgibt.

Unterdessen erwies sich 2012/13 der Berliner Flughafen dann doch als eine Art Jobmaschine wider Willen: Da er nicht fertig wurde und zur ewigen Baustelle mutierte, gab er munter vielen Handwerkern, Bauarbeitern und Ingenieuren immer weiter Arbeit, ohne allzu große negative Wirkungen auf Wirtschaft und Klima entfalten zu können. Zur gleichen Zeit gab auch der Flughafen Kassel-Calden (KCA) eine neuartige Jobmaschine ab nach dem Rezept: Man baue einen Flughafen dort, wo ihn garantiert niemand braucht, lasse ihn zehn Jahre lang als flächendeckenden Tempel der Globalisierung in der schönen Landschaft herumliegen und baue ihn dann wieder ab.

Mit anderen Worten:

Flughäfen sind Lärmmaschinen
und Endlosschleifen.

 »Risiken gehören zum Leben.«

Mit dieser Binsenweisheit rechtfertigten Vertreter der Energiekonzerne jahrzehntelang das Betreiben von Atomkraftwerken. Meist sprachen sie vom »Restrisiko« und deuteten sinngemäß an, dass wir damit eben leben müssten. Es war Frank Schirrmacher, der im März 2011 in der *Frankfurter Allgemeinen*, durch Fukushima klug geworden, diesen dummen Spruch einer beißenden Kritik unterzog:

»Der Satz ist eine Tautologie. Das Leben ist immer ein Risiko. Gerade weil Risiken zum Leben gehören, besteht das Leben aus Risikoabwägungen. Die Perfidie des Satzes liegt in seiner Unterstellung, die Menschen müssten daran erinnert werden, dass es Risiken gibt. In Wahrheit ist mittlerweile das ganze Leben ein einziges Managen von Risiken ... Die Menschen des 21. Jahrhunderts leben in permanenter Risikoabwägung, ... weil Risiken normativ geworden sind. Deshalb geht beispielsweise kaum noch jemand, ohne nach rechts und links zu sehen, über eine befahrene Straße. Dennoch gehen die Menschen über Straßen ... Ein Risiko eingehen heißt eben immer, sich Chancen auszurechnen. Die Heuristik, die Menschen anwenden, um derartige Risiken zu bewerten, hat Gerd Gigerenzer in anderem Zusammenhang definiert: ›Vermeide Situationen, in denen viele Menschen zu einem Zeitpunkt ums Leben kommen.‹ Der Satz ›Risiko gehört zum Leben‹ meint aber im Fall des Super-GAU: Du musst damit rechnen, dass du, deine Familie und womöglich deine Nachkommen eines Tages alle auf einmal überfahren werden. Das hat nichts mehr mit Risiken zu tun, sondern mit Schicksal, dem man sich nur noch ergeben kann. Die Chance der Atomkraft besteht so besehen nicht in billiger Energie, sondern in der Chance, dass der Super-GAU vorläufig nicht eintritt. Das ist sehr wenig Chance für das Risiko. Der leider heute vergessene Hartmut Gründler hat bereits vor Jahrzehnten im Literaturmagazin des Rowohlt Verlags *Die Sprache des großen Bruders* auf die Manipulation durch Sprache im atomaren Zeitalter hingewiesen. Er schlug schon damals vor, die euphemistische Wendung ›Chancen und Risiken der Kernenergie‹ durch die zutreffende Wendung zu ersetzen:

Chancen und Schaden durch die Kernenergie.

»Fahrradfahren ist inkonsequent.«

In dieser Form gibt es das Dogma nicht. Was ich meine, ist eine skeptische, ja abwehrende Haltung, die vielen Menschen begegnet, die zum Beispiel mit dem Fahrrad zur Arbeit oder zum Einkaufen fahren. Denn wer mit dem Fahrrad zum nächstgelegenen Supermarkt fährt, kauft wahrscheinlich zu wenig Ökoprodukte, ist also inkonsequent. Wer beim Heizen Energie spart, spart immer noch keine Energie beim Licht, ist also inkonsequent. Wer überall Energie spart, tut immer noch nichts gegen das Abholzen des Regenwaldes, ist also inkonsequent. Und wer kein Tropenholz kauft, ist dennoch letztes Jahr in die Türkei geflogen, ist also inkonsequent.

Es handelt sich um einen Spezialfall des Dogmas »Wer A sagt, muss auch B sagen« (siehe Seite 222). Konsequent und glaubwürdig ist in den Augen der Ökoskeptiker anscheinend nur, wer immer und in jedem Bereich seines Lebens die größtmögliche Umweltsau abgibt. Die Anti-Gutmenschen predigen es schon lange: Wirklich gut ist nur der Schlechtmensch.

Ein geschickter Propagandist dieser Haltung ist zum Beispiel der Fernsehmoderator Frank Plasberg. Er blendete 2009 in der WDR-Sendung »Hart aber fair« in eine Diskussion über Klimaschutz einen Filmbeitrag ein, in dem seine Reporter lauter Fahrerinnen von Geländewagen interviewt hatten, die natürlich alle ihre Renntraktoren verteidigten. Plasbergs Botschaft an die Klimaschützer im Studio: »Die Leute draußen« wollen auf ihre tonnenschweren Kuhfängerträger nun einmal nicht verzichten. Also vergesst bitte den Klimaschutz! 2011 blendete er in eine Debatte über den Atomausstieg Straßeninterviews ein, in denen man Leute gefragt hatte, auf welche Elektrogeräte sie freiwillig verzichten würden. Antwort bei mehreren: den Toaster. Plasbergs Botschaft: Wenn das alles ist – vergesst doch bitte das Thema Stromsparen!

Es lohnt sich, sich Plasbergs Technik etwas genauer anzusehen. Warum interviewt er Geländewagenfahrerinnen und keine Rad- oder Bahnfahrer? Es gibt wahrscheinlich mehr Rad- und Bahnfahrer als Geländewagenfahrer in Deutschland, und mit Sicherheit deutlich mehr Kleinwagenfahrer als Geländewagenfahrer. »Die Leute draußen« verzichten also bereits oft aufs Autofahren oder zumindest auf schwere Autos. Aber Plasberg zeigt uns nur die Typen, die ihm in den Kram passen. Er belohnt mit seinem Filmchen die Vorstadttraktoristen – denn die kommen mit ihren »Argumenten« ins Fernsehen und dürfen sich gegenseitig öffentlich bestätigen –, und er bestraft die Fahrrad-, Bahn- und Kleinwagenfahrer, denn die kommen bei Plasberg nicht ins Fernsehen. Sollte das etwas mit dem Werbeetat von Porsche zu tun haben? Das ist meine Frage an Plasberg – hart, aber fair.

Noch raffinierter ist der Trick mit dem Toaster, denn hier wurden die Interviewpartner bewusst in die Irre geführt. Um Strom zu sparen, muss niemand auf irgendein Elektrogerät komplett verzichten. Es reicht völlig aus, die vorhandenen Geräte verantwortungsvoller und effizienter zu nutzen. Man muss die Waschmaschine nicht abschaffen – es reicht, sie seltener anzuschalten. Wer das tut, kann seinen Toaster ruhig behalten – und hat dennoch Strom gespart.

Das Antidogma ist ein alter chinesischer Hut, der immer noch passt:

> *Eine Reise von tausend Meilen* <
> *beginnt mit dem ersten Schritt.*

 »Öko ist nur etwas für Reiche.«

Treffen sich zwei Hummerfahrer an der Tankstelle. Sagt der eine: »Hast du schon gehört? Der Schulze hat seine Karre verkauft und fährt jetzt mit dem Fahrrad zur Arbeit.«

Sagt der andere: »Hat der im Lotto gewonnen?«

»Wieso?«

»Na, es heißt doch: Öko ist nur für Reiche.«[14]

Leider ist das Dünkeldogma trotz seiner offenkundigen Dummheit wirksam, weil es täglich eine Bestätigung in der Tatsache zu finden scheint, dass Öko-Lebensmittel etwas teurer sind als umweltfeindlich hergestellte Lebensmittel. Ein Originaltext des Bielefelder Journalisten Lennart Krause von 2013[15] illustriert das ganze Elend der ökofeindlichen Publizistik: »Eines sei den ökologisch wertvolleren Menschen gesagt: Ihr könnt euren Glauben nur dank der Opferbereitschaft der Massenkonsumenten ausleben. Öko-Eier von glücklichen Hühnern, die täglich auf der Wiese herumtollen, kann es nämlich nicht zu Preisen geben, die jeder bezahlen kann. Aber es ist ja nicht das Problem der gut situierten Edel-Ökos, wenn eine alleinerziehende Mutter ihren Kindern erklären muss, dass Milch, Eier und Käse leider nicht mehr finanzierbar sind.«

Opferbereitschaft der Massenkonsumenten? Was um Himmels willen meint der Autor mit diesen wirren Zeilen? Wer Billigschweinefleisch aus Massentierhaltung kauft, tut das nicht aus Bequemlichkeit, sondern aus Opferbereitschaft? Hallo? Wenn alleinerziehende Mütter zu wenig Geld haben, um ihre Kinder ordentlich zu ernähren (was in Deutschland ziemlich selten der Fall ist), dann liegt das daran, dass Milch, Eier und Käse wegen der Ökos viel zu teuer geworden sind? Verschwindet denn die Dumpingmilch plötzlich vom Markt, nur weil ein paar Ökos Biomilch kaufen? Bitte was?

Gut, vielleicht hat sich Krause bei der Opferbereitschaft nur im Wort vergriffen und meinte die Not. Vielleicht kaufen manche den Billigschrott aus Not, weil sie so arm sind, dass sie sich keine Milch für 1,10 Euro pro Liter leisten können. Ist das so? Ich zweifle. Wegen der gnadenlosen Konkurrenz der Discounter und wegen der weit verbreiteten mangelnden Wertschätzung fürs Essen werden Lebensmittel in Deutschland nämlich schon seit vielen Jahren immer billiger: Ihr Anteil am Bruttoinlandsprodukt und an den Ausgaben durchschnittlicher Haushalte sinkt immer weiter ab. Die meisten von uns geben also immer weniger von dem Geld, das sie bekommen, für Lebensmittel aus. Diese Tatsache ist Krause wie so vielen Öko-Feinden bislang entgangen. Dass die schlechte Finanzlage vieler alleinerziehender Mütter etwas mit gestrichenen Sozialleistungen, der schlechten Zahlungsmoral oder der Arbeitslosigkeit vieler Väter zu tun haben könnte, ignorieren die Urheber populistischer Vergleiche ohnehin notorisch.

Edel-Ökos? Woher wissen diese Alleswisser eigentlich so genau, wie viel Geld jene Leute verdienen, denen die Artenvielfalt in Deutschland nicht gleichgültig ist? Aus der Tatsache, dass Lebensmittel im Bioladen teurer sind als bei Aldi und Lidl, schließen sie einfach, dass die Kunden von Bioläden reicher sein müssen als die Aldi- und Lidl-Kunden. Das ist Quatsch mit Soße. Mit der gleichen Logik muss ich nämlich annehmen, dass Leute, die viel Auto fahren, reicher sein müssen als Leute, die viel Fahrrad fahren. Autofahren ist teurer als Fahrradfahren. Auf diesem Feld ist die Zuordnung der Schubladen Umweltsau/Öko und Reich/ Arm also genau umgekehrt. Das Gleiche gilt für Leute, die ihren Urlaub klimaschädlich auf Neuseeland verbringen, und Leute, die ökologisch korrekter Hiddensee bevorzugen.

Was bedeutet das? Aus der Tatsache, dass jemand für ein bestimmtes Bedürfnis mehr Geld ausgibt als ein anderer, kann man nicht auf sein Einkommen schließen, sondern nur auf seine Prioritäten und Wertschätzungen. Ich selber zum Beispiel gebe meine paar Kröten, die ich als armer Poet gelegentlich verdiene, lieber für gutes Essen (aus ökologischem Anbau und artgerechter Tierhaltung) aus als für Alufelgen oder elektrische Fensterheber.

Volkswirtschaftlich betrachtet sieht die Sache ziemlich einfach aus – nämlich so, wie es unmittelbar einleuchtet: Wer ständig mit einem fetten Auto durch die Gegend fährt, ein riesiges Haus bewohnt und fünfmal im Jahr über den einen oder anderen großen Teich fliegt, belastet Umwelt und Klima um ein Vielfaches stärker als jemand, der mangels Auto mit der Bahn fährt, eine kleine Mietwohnung bewohnt und nur einmal im Jahr nach Antalya fliegt (oder gar mit der Bahn an die Ostsee fährt). Mit anderen Worten: Reiche sind tendenziell Umweltsäue (Edel-Säue, um in Krauses Diktion zu bleiben), und Arme sind tendenziell Ökos – manchmal vielleicht wider Willen, nur mangels Gelegenheit zur Umweltsünde. Im weltweiten Vergleich ist das ohnehin völlig unbestritten: Afrikaner, Inder und Chinesen stoßen pro Kopf nur einen Bruchteil so viel Kohlendioxid aus wie Amerikaner, verbrauchen einen Bruchteil des Wassers, einen Bruchteil des Papiers und so weiter. Sie sind also Ökos, weil sie arm sind.

Man muss schon ziemlich reich sein, ◀
um eine kapitale Umweltsau rauslassen zu können.

....

Dogmen über
Krieg und Frieden

> **»Muslimische Migranten bilden Parallelgesellschaften
> aus.«**

Dieses Dogma der sogenannten Islamkritiker in Deutschland und anderswo[1] ist so geläufig, dass es kaum noch von jemandem ernsthaft angezweifelt wird. Dabei ist es, wie die meisten Dogmen über Krieg und Frieden, ein typisches Basta-Dogma, das nur durch eine halbblinde »Betrachtung« der modernen Gesellschaften zustande kommt. Wer Augen hat zu sehen, sieht, dass diese aus Tausenden von Parallelgesellschaften bestehen; und darunter gibt es natürlich auch ein paar Dutzend – keineswegs eine einzige –, die von türkischen oder arabischen Migranten geprägt werden.

Rheinische Karnevalsvereine zum Beispiel bilden aus der Sicht eines biederen ostwestfälischen Posaunenchorbläsers wahrscheinlich eine Parallelgesellschaft mit sämtlichen Merkmalen einer bedrohlich näher rückenden Machtübernahme. Sie beschäftigen sich das ganze Jahr über hinter verschlossenen Türen mit geheimnisvollen Verrichtungen.[2] Sie frönen skurrilen, zwanghaft wiederkehrenden Bräuchen, an denen sich zuweilen Tausende uniformierte Teilnehmer beteiligen. Sie ordnen sich undurchsichtigen Festkomitees, Elferräten und Präsidenten unter, deren Anweisungen sie bedingungslos folgen. Sie halten verbissen an eigenen Feiertagen fest, an denen sie einen hemmungslosen Straßenterror gegen alle Ungläubigen entfalten. Sie fördern mit Fruchtbarkeitsritualen ihre Fortpflanzung und nehmen kollektiv Rauschmittel zu sich. Zweifelsohne ist die totalitäre Diktatur des rheinischen Frohsinns und die blutige Ausrottung aller protestantischen Ernsthaftigkeit nur noch eine Frage der Zeit! Übrigens wurden erste Rosenmontagszüge bereits unmittelbar vor den Toren der Puddingmetropole Bielefeld gesichtet!

Das gilt in ganz ähnlicher Weise für Schützenvereine, Taubenzüchtervereine, Kleingartenvereine[3], Fußballfans, Börsenmakler, NSU-Prinz-Fanclubs, organisierte World-of-Warcraft-Spieler, Tierschutzinitiativen oder Ortsvereine der Linkspartei. Viola Heeß und Henning Sussebach haben im Dezember 2011, verkleidet als obdachloses Paar, in Kronberg und Königstein im Taunus ermittelt, in was für einer völlig abgetrennten Welt Deutschlands reiche Familien leben.[4]

Unheimliche Parallelgesellschaften und wahnhafte Parallelwelten, wohin man schaut!

Ihr Widerspruch:

Du auch Parallelgesellschaft? ◄
Willkommen im Club!

> ## »Der Islam ist kriegerisch, strebt nach der Weltherrschaft, bedroht den Westen, die Frauen und die Freiheit.«

Der hessische Konservative Hans-Jürgen Irmer sagte im Mai 2010 gegenüber der *Wetzlarer Neuen Zeitung*: »Dass der Islam die Weltherrschaft anstrebt, ist überall nachzulesen.«[5] Basta! Wir erkennen die Dogmenstruktur und blicken, statt uns einschüchtern zu lassen, ein wenig in die jüngere Geschichte.

Bis 1990 gab es den Kommunismus. Bis dahin war es aus westlicher Sicht stets der Kommunismus, der kriegerisch war, nach der Weltherrschaft strebte, den Westen und die Freiheit bedrohte. Bis 1945 waren das auch häufig die Juden. Der Islam hat, historisch, philosophisch, theologisch betrachtet, mit dem Kommunismus so viel zu tun wie der Bauernverband mit den Grünen, aber eines ist gewiss: Er ist kriegerisch, strebt nach der Weltherrschaft, bedroht den Westen und die Freiheit. Zumindest seit der

Kommunismus das alles nicht mehr tut. Wenn der Islam morgen verschwände, dann gäbe es zum Glück immer noch Putin[6] und China. China kann dann so kapitalistisch sein wie Manchester im 19. Jahrhundert, eines wird dennoch völlig gewiss sein und keinerlei Zweifel dulden: China ist kriegerisch, strebt nach der Weltherrschaft, bedroht den Westen und die Freiheit. Und sollte China eines Tages nur noch aus McDonald's-Filialen und Spielkasinos bestehen, dann müssten wohl oder übel die Neger[7] in Nigeria den undankbaren Part übernehmen.

Einer muss immer da sein, auf den man die jeweils neuesten Entwicklungen der westlich-freiheitlichen Rüstungsindustrie richten kann. Sonst könnte es ja eines Tages passieren, dass die deutschen, französischen, britischen und amerikanischen Steuerzahler es nicht mehr mitmachen, dass ihr Geld jedes Jahr milliardenweise direkt auf die Konten der Großaktionäre von Lockheed, BAE Systems, EADS, Krauss-Maffei, Rheinmetall, Heckler & Koch und so weiter überwiesen wird. Wie stark die Interessen solcher Konzerne zum Beispiel die amerikanische Außenpolitik bestimmen, hat im Juli 2011 der amerikanische Politologe und Pazifist Michael Shank beschrieben, Berater eines demokratischen Kongressabgeordneten.[8]

Islamische Länder haben Kriege geführt, bei denen viele Menschen umgekommen sind. Die islamistische Terrorbrigade IS tut sich in Syrien und dem Irak mit furchtbaren Gemetzeln hervor. Die meisten dieser Kriege und Terrorakte richteten und richten sich gegen andere islamische Länder oder Bevölkerungsgruppen. Christlich geprägte Länder haben in der Geschichte viel mehr Kriege geführt, bei denen viel mehr Menschen umgekommen sind. Auch Japan, China und Indien haben furchtbare Kriege oder Bürgerkriege geführt. Es ist nicht möglich, aus diesen Kriegen seriöse Schlüsse auf den kriegerischen oder weniger kriegerischen Charakter der großen Religionen zu ziehen. Auch für Muslime gilt: Die meisten Menschen leben meistens im Frieden (siehe Seite 51), zeigen also täglich, dass sie das können.

Vor den Gefahren, die von islamistischen Terroristen ausgehen, warne ich schon seit 1981.[9] Hier geht es jetzt aber um isla-

mistische Ideologie, also um die Idee, ein diktatorisches und re-
aktionäres politisches System nach dem Vorbild bestimmter,
eigens dazu ausgesuchter Teile des Koran zu errichten. Das stellt
meines Erachtens keine religiöse Strömung dar, sondern eine politische. Meistens werden solche Strömungen nicht von Geistlichen angeführt, sondern von Politikern oder Offizieren.[10] Auf
christlicher Seite entsprechen ihnen unter anderem die Evangeli-
kalen, die vor allem in Usa[11] ihr Unwesen treiben. Das Phänomen
gibt es auch in Russland (die sogenannten Liberaldemokraten),
in Polen (die Nationalkonservativen), in Ungarn (die Fidesz), in
Israel (Nationalkonservative, Agudat Jisra'el), in Indien (die
Bharatiya Janata Party), in Japan (die Shinto-Nationalisten) und
anderswo. Dass derzeit die Islamisten am häufigsten zum Mittel
terroristischer Gewalt greifen, kann mit einer besonderen historischen Lage zusammenhängen, zum Beispiel damit, dass andere
Strömungen einen direkteren Zugriff auf »reguläre« militärische
Gewalt haben (siehe Seite 47).

Alle diese Kräfte sind aus Sicht eines Linksdemokraten Plagen
der Menschheit, und zur Verharmlosung besteht kein Anlass. Doch
das weltumspannende Phänomen ist evangelisch, katholisch, jü-
disch, islamisch, hinduistisch und schintoistisch zugleich. Überall
beziehen sich die Feinde der Demokratie, der Menschenrechte
und des Friedens zwar auf Versatzstücke ihrer jeweiligen Religion,
aber die Religionen (auch der Islam) werden eben nur als Kulissen
und Kostüme für ein und dasselbe Theaterstück eingesetzt: die Er-
richtung der Diktatur einer kleinen, militärisch organisierten
Herrscherkaste, die sich als Vollstrecker des Willens einer meist
ethnisch homogenen Bevölkerungsgruppe inszeniert und sämtliche Konflikte und Aggressionen der Gesellschaft nach außen
lenkt. In all diesen Ländern läuft die gleiche Musik: alles für uns
und nichts für die anderen! Denn die anderen sind Agenten einer
fremden Macht, die – ach ja! – nach der Weltherrschaft strebt.

Und hier schließt sich ein Kreis, denn auch viele sogenannte
Islamkritiker in Deutschland sind offensichtlich Teil dieser weltweiten Bewegung gegen Demokratie und Frieden. Sie benutzen
ähnliche Argumente und bedienen ähnliche Emotionen wie die

Islamisten selbst. Der Journalist Patrick Bahners lieferte etliche Hinweise, dass zwei wichtige deutsche »Islamkritiker«, der schon erwähnte Wetzlarer Konservative Hans-Jürgen Irmer und der Koblenzer Orientalist Hans-Peter Raddatz, Katholizisten sind, also Leute, die Versatzstücke ihrer katholischen Konfession dazu nutzen, ein diktatorisches System zu propagieren, aus dem Fremdlinge und fremde Gedanken aller Art ausgeschlossen, verboten oder vertrieben werden sollen. So forderte Irmers Privatzeitung *Wetzlar Kurier* 2004, EU-Kommissar Günter Verheugen (SPD) müsse »im Grunde wegen Hochverrat an Deutschland angeklagt« werden, weil er eine EU-Mitgliedschaft der Türkei befürwortet hatte.[12] Hochverrat ist ein Putschversuch oder die Beteiligung an einem Krieg, den ein anderer Staat gerade gegen den eigenen Staat führt. Mit anderen Worten: Irmer sieht »im Grunde« Deutschland im Kriegszustand mit der Türkei und möchte »im Grunde« jeden deutschen Politiker ins Gefängnis werfen, der seinen Krieg gegen die Türkei nicht mitmachen will. Und Raddatz fabulierte 2002 in seinem Buch *Von Gott zu Allah?*, Papst Johannes Paul II. habe das Ziel (gehabt), den Katholizismus durch eine Mischreligion »Chrislam« zu ersetzen. »Beweis«: Er lud 1986 und 2002 Geistliche verschiedener Religionen, darunter islamische, zu Weltgebetstagen nach Assisi ein.[13] Und hinter alledem steckt – wie könnte es anders sein? – eine weltumspannende Freimaurer-Verschwörung (siehe Seite 175).

Ihr Widerspruch:

> *Wer Weltherrschaftspläne unterstellt, schließt in der Regel von sich selbst auf andere.*

»Hitler wurde nicht mit pazifistischen Prinzipien gestürzt, sondern mit überlegenen Waffen.«

Mit diesem Satz versuchte der niederländische Schriftsteller Leon de Winter 2003 in einem offenen Brief, den von George

»Warlord« Bush angezettelten Krieg Usas gegen den Irak zu rechtfertigen.[14]

De Winter verglich Äpfel mit Steinen, Prinzipien mit Taten. Prinzipien können nie etwas durchsetzen; nur Taten können das. Wohl organisierte pazifistische Taten – zum Beispiel Mahatma Gandhis Freiheitskampf gegen die britische Kolonialmacht in Indien oder Martin Luther Kings Bürgerrechtsbewegung in Usa – haben sehr viel durchgesetzt und nachhaltiger gewirkt als die meisten Kriege. Solche Taten hätten vielleicht sogar die Nazis stürzen und die Juden retten können. Die Bomber der Alliierten dagegen haben das Morden der Nazis jahrelang *nicht* verhindern können – ebenso wenig, wie die Bomber der NATO das Morden in Jugoslawien oder Afghanistan stoppen konnten.

Ins gleiche Bellizistenhorn stößt der infame Vorwurf, Pazifisten[15] sähen tatenlos zu, wie andere gequält werden (siehe Seite 46).

Ihr Widerspruch:

> *Die Briten wurden mit pazifistischen Taten* <
> *aus Indien vertrieben.*

> **»Die Kriege gegen Hitler, Milošević, Saddam Hussein, Gaddafi, IS ... waren gerechte Kriege.«**

Das ewige Basta-Dogma vom gerechten Krieg bezieht sich meist auf einen gerade aktuellen Krieg und einen historischen, der als Vergleich herhalten muss.[16] Die schärfsten Debatten dieser Art habe ich 1999 anlässlich des Kosovo-Krieges erlebt. Damals veröffentlichte ich folgendes gestellte Interview in einem Weblog:

Herr Korff, gibt es einen gerechten Krieg?

Nein: Krieg ist immer ungerecht, da er ein System der Gewalt errichtet, das immer Unschuldige trifft. Das unterscheidet ihn von der individuellen Notwehr- oder Nothilfesituation.

War denn der Krieg der Alliierten gegen Nazideutschland kein gerechter Krieg?

Nein. Er war unvermeidbar, aber nicht gerecht. Es war nicht gerecht, die Menschen in Dresden oder Hiroshima zu verbrennen. Der Krieg war unvermeidbar, weil Nazideutschland die Alliierten angegriffen hatte. Auch der Sieg der Alliierten 1945 hat keine gerechten Verhältnisse geschaffen; es war nicht gerecht, die Schlesier aus ihrer Heimat zu vertreiben und die Bayern nicht.

Wie kann man denn wegschauen, wenn im Kosovo oder anderswo so schlimme Verbrechen geschehen?

Auch wenn wir uns darauf beschränken würden, die Verbrechen öffentlich anzuprangern, würden wir ja nicht wegschauen, sondern hinschauen. Wer den Frieden will, muss Brücken bauen, nicht zerstören. Wir hätten weniger Unrecht getan und den Kosovaren wirklich geholfen, wenn wir Serbien Kredite und Handel angeboten hätten unter der Bedingung, dass die Autonomie des Kosovo wiederhergestellt wird; wenn wir 50 000 unbewaffnete OSZE-Beobachter und Entwicklungshelfer ins Kosovo geschickt hätten. Eine intelligente Lösung für Afghanistan könnte es sein, jeden Taliban-Soldaten, der desertiert, mit einem luxuriös ausgestatteten Asylplatz in Nordamerika oder Europa zu belohnen. Die UNO oder NATO sollte einmal ausprobieren, was dann passiert.

Mussten wir nicht tun, worum uns die Kosovaren gebeten haben?

Nein, genau das durften wir nicht tun. Wir wussten gar nicht, was »die Kosovaren« wollten; dazu hätte erst eine friedliche Volksabstimmung stattfinden müssen. Wir haben nur die Stimmen einzelner wütender und verbitterter Menschen gehört. Außerdem sind die Kosovaren nur die eine Seite, die andere sind die Serben. Der Konflikt ist nur durch einen Kompromiss zwischen Kosovaren und Serben zu lösen. Und einen guten Kompromiss erkennt man daran, dass beide Seiten nachher unzufrieden sind.

Ihr Widerspruch:

> *Es war ungerecht, Köln zu zerstören und Bonn nicht.*
> *Nur das Nichttöten kann gerecht sein.*

> **»Pazifisten sehen zu, wie andere gequält werden.«**

Im Sommer 2014 löste Margot Käßmann mit einem *Spiegel*-Interview eine Kontroverse um die Frage aus, ob Deutschland sich mit Waffenlieferungen am Krieg gegen die syrisch-irakische Terrortruppe »Islamischer Staat« beteiligen soll.[17] Schon den Titel »Beten mit den Taliban« hatte der *Spiegel* geradezu infam gewählt, unterstellte er doch, Käßmann habe in dem Interview dafür plädiert, man solle mit den Taliban beten, statt gegen sie Krieg zu führen. Dabei zitierte Käßmann diese Formulierung dort als eine Unterstellung, die bestimmte Gegner geäußert hatten. (Ich empfehle, daraus lernend, die Faustregel: Wenn du interviewst wirst, zitiere niemals deine Gegner! Es könnte dir als deine eigene Meinung in den Mund gelegt werden.)

Käßmann plädierte gegen Waffenlieferungen in ein Kriegsgebiet, ihre bischöflichen Kollegen Wolfgang Huber und Nikolaus Schneider sprachen sich dafür aus. Dabei sagte Schneider, gegen die Pazifistin gerichtet: »Das Evangelium gebietet aber nicht zuzusehen, wie andere gequält, geköpft, versklavt werden.« Die Redakteure von *Zeit Online* machten daraus die Überschrift und verkürzten den Satz zu: »Nicht zusehen, wie andere gequält werden«; direkt darunter setzten sie das Foto eines jesidischen Mädchens, »das vor dem IS-Terror geflohen ist«.[18] Beide Beispiele (*Spiegel* und *Zeit*) zeigen, wie massiv und geschickt auch liberale und seriöse westdeutsche Massenmedien bei ihren Lesern die offenbar gewünschten antipazifistischen Emotionen auslösen.

Das beliebte Basta-Dogma in allen antipazifistischen Diskussionen beruht auf einer Unterstellung und enthält einen prinzipiellen Denkfehler. Er unterstellt, dass Pazifisten tatenlos zusähen (oder gar wegsähen), wenn zum Beispiel Jesiden im Irak gequält und getötet werden. Diese Unterstellung ist infam, weil es in Wirklichkeit gerade Pazifistinnen wie Margot Käßmann sind, die sich aktiv und mutig für die Aufnahme von Flüchtlingen aus Syrien und dem Irak einsetzen und dabei Angriffe durch fremdenfeindliche Anwohner ertragen müssen. Sie ist doppelt infam, weil es gerade Pazifisten sind, die oft schon Jahre vor dem Ausbruch von Bürgerkriegen an die Probleme und Konflikte in den betroffenen Ländern erinnert und friedliche Lösungen vorgeschlagen haben. Dabei wurden und werden sie meist von den gleichen Journalisten totgeschwiegen, die sich später, wenn der Krieg wie befürchtet ausgebrochen ist, als Schwarm über den Blutlachen getöteter Menschen einfinden. Und *gerade die* werfen dann Pazifisten vor, sie würden wegsehen oder tatenlos zusehen! Der Denkfehler dieses Dogmas besteht in der Annahme, dass es nur diese Alternativen gebe: entweder Schießen oder Nichtstun. Zum Glück werden Polizisten darin geschult, andere Auswege aus gefährlichen Situationen zu finden. Wäre das nicht so, gäbe es viel mehr Schießereien mit tödlichem Ausgang in Deutschland, Österreich und der Schweiz. Das ist wohl der wichtigste Unterschied zwischen Polizisten und Soldaten – und ein guter Grund für aktive Notwehr und Nothilfe, wie sie von Polizisten geleistet wird, und gegen Kriegseinsätze, die von Soldaten geführt werden.

Ihr Widerspruch:

Niemand tut so viel gegen Kriege wie Pazifisten.

»Nicht jeder Moslem ist ein Terrorist, aber jeder Terrorist ist ein Moslem.«

An einem Massenmord ist natürlich nie etwas Gutes. Dennoch erfüllt es mich mit einer gewissen grimmigen Genugtuung, dass der Mörder von Oslo und Utøya 2011 außer ganz vielen guten Dingen auch ein schlechtes zerstört hat: Er hat Henryk Broder, den ich als deutschen Militaristen einschätze, einen Weiße-Herren-Witz verdorben, mit dem dieser bei seinen zahlreichen Auftritten 2009 und 2010 regelmäßig viele Lacher im Publikum und viel Beifall von Journalisten erzielte.

Ein übler Witz war Broders Terroristenspruch schon lange vor dem Juli 2011. Denn im Januar 2011 schoss ein weißer amerikanischer Nationalist in Arizona die demokratische Abgeordnete Gabrielle Giffords nieder und tötete sechs Menschen. Im Juli 2009 ermordete ein weißer deutscher Rassist in einem Gericht in Dresden die schwangere Ägypterin Marwa el-Sherbini, nachdem er sie zuvor mehrfach beleidigt hatte. Ein weißer deutscher Polizist schoss auch noch ihren Ehemann nieder, als dieser seiner Frau zu Hilfe eilte. Im August 2004 verletzten zwei weiße deutsche Faschisten mit einer Nagelbombe in Köln-Mülheim 22 Menschen. Im September 2003 ermordete ein weißer schwedischer Faschist in Stockholm die sozialdemokratische Außenministerin Anna Lindh. Im November 1995 ermordete ein weißer israelischer Faschist während einer Friedenskundgebung in Tel Aviv den israelischen Ministerpräsidenten Jitzchak Rabin, weil dieser Friedensverhandlungen mit den Palästinensern aufgenommen hatte. Im April 1995 ermordete ein weißer amerikanischer Faschist in Oklahoma City mit einer Autobombe 168 Menschen und verletzte über 800 weitere. Im Februar 1995 ermordete ein weißer österreichischer Faschist in Oberwart mit einer Sprengfalle vier Menschen und verletzte mit Dutzenden von Briefbomben zahlreiche weitere Menschen, darunter den Wiener Bürgermeister Helmut Zilk; ein Polizist verlor beide Hände. Im Mai 1993 töteten drei weiße deutsche Faschisten in Solingen mit einer Brandbombe fünf Menschen und verletzten siebzehn weitere. Im November 1992 ermordeten zwei weiße deutsche Faschisten in Mölln mit zwei Brandbomben drei Menschen und verletzten neun weitere. Im September 1980 ermordete ein weißer deutscher Faschist beim Münchener Oktoberfest mit einer Bombe zwölf Menschen und verletzte 211 weitere. Im August 1980 ermordeten weiße italienische Faschisten im Hauptbahnhof von Bologna mit einer Bombe 85 Menschen und verletzten über 200 weitere. Die Morde der Zwickauer Terrorzelle habe ich hier ausgelassen, weil sie 2011 noch nicht aufgeklärt waren.

Ist es nicht merkwürdig, dass faschistische Terroranschläge wie die hier genannten so schnell in Vergessenheit geraten, und dass die Medien bei jedem neuen Anschlag so tun, als sei er der erste seiner Art?

Und was ist nun mit den islamistischen Terroranschlägen? Bin ich ein Leugner des islamistischen Terrorismus, wenn ich nicht-islamistische Terroranschläge aufzähle? Leugnet jemand, der gotische Kirchen aufzählt, die Existenz romanischer Kirchen? Natürlich nicht. Kluge Nahostexperten wie Moshe Zuckermann warnen davor, Islamisten Faschisten zu nennen, wie es zum Beispiel der frühere US-Präsident George Bush getan hat. Zu wenig vergleichbar seien die historischen Kontexte, zu unterschiedlich die soziologischen Hintergründe und politischen Ziele. Dennoch fällt eines auf: Die Massenmorde von Buenos Aires 1994, Kairo und Luxor 1997, Nairobi und Daressalam 1998, Moskau 1999, New York und Washington 2001, Bali 2002, Madrid 2004, Beslan 2004, Mumbai 2006, London 2007 oder Moskau 2010, dazu die zahlreichen Bombenanschläge auf israelische Busfahrgäste und Straßencafés – sie alle fügen sich mühelos in die oben skizzierte Reihe faschistischer Morde. Da, wo die Schrapnelle einschlagen, ist kein Unterschied zu erkennen. Die Religion der Mörder spielt keine Rolle – es sei denn die eine, die sie gemeinsam haben:

Die Religion der Mörder ist der Mord.
....

> **»Homo homini lupus: Der Mensch ist des Menschen Wolf.«**

Bei Diskussionen über Gewalttaten kommt häufig ein Spruch aus der Kiste, der versucht, das Thema anthropologisch abzuhandeln, und darauf hinausläuft, dass eigentlich alle Menschen Mörder seien. Etwa der oben genannte bekannte Sinnspruch des britischen Philosophen Thomas Hobbes, der ihn 1642 in seinem Werk *De cive (Über den Bürger)* verwendete (und nicht, wie meist zitiert, 1651 in seinem Werk *Leviathan*).[19] Eine neuere Version des Spruchs stammt vom amerikanischen Unternehmer Ray Kroc, der die Imbissbuden der Brüder McDonald zu einem Fastfood-Imperium ausbaute. Dieser liebenswürdige Zeitgenosse definierte Konkurrenz wie folgt: »That is rat eat rat, dog eat dog. I'll kill 'em, and I'm going to kill 'em before they kill me.« (»Das heißt: Ratten fressen Ratten, Hunde fressen Hunde. Ich töte sie, bevor sie mich töten.«)[20]

Inzwischen sind wir dank der Fortschritte der Biologie klüger geworden und können zwischen innerartlicher Aggression und Jagdverhalten unterscheiden. Ein Wolf, der ein Schaf reißt, ist das Gleiche wie ein Mensch, der ein Kaninchen tötet, um es zu essen. Der Mensch ist also des Kaninchens Hund und des Schweines Bär. Doch das haben Hobbes und seine Anhänger nicht gemeint. Sie wollten etwas über das Töten von Menschen durch Menschen sagen. Wölfe töten aber fast nie andere Wölfe. Ratten fressen normalerweise keine Ratten, und Hunde keine Hunde. Ein Mensch, der einen Menschen tötet, hat mit einem Wolf, der einen Menschen tötet, nichts zu tun; denn der Mensch tötet in einem solchen Fall einen Vertreter der eigenen Art. Davon abgesehen töten Wölfe auch nur selten Menschen, weil sie Menschen gegenüber sehr scheu sind. Hobbes' Metapher ist also gleich doppelt verkehrt.

Andererseits töten Menschen ebenfalls nur äußerst selten andere Menschen. Das ist im Krieg zwar anders, aber auch Kriege sind selten; siehe dazu das folgende Dogma »Die Welt ist voller Morden«, Seite 51). Vielleicht wollte Hobbes also sagen, dass wir vor Menschen ähnlich sicher sind wie vor Wölfen? Nein, so war das nicht gemeint. Die Grundaussage seines Buches *Leviathan* ist nämlich, dass nur ein starker Herrscher die Menschen davon abhalte, einander im Krieg aller gegen alle zu zerfleischen.

Schiefe Metaphern deuten auf schiefe Gedanken hin. Wenn das beim Wolf schon nicht stimmt, stimmt es beim Menschen wahrscheinlich auch nicht. Doch es gibt noch einen zweiten Aspekt dieses Dogmas, den der amerikanische Informatiker und IT-Unternehmer Jaron Lanier im Oktober 2014 ansprach, als er in Frankfurt den Friedenspreis des Deutschen Buchhandels bekam: Er nannte es den »Rudelschalter« beim Menschen. Ähnlich wie Wölfe, so Lanier, können Menschen plötzlich Rudel bilden, in denen sie ihre individuelle Entscheidungskompetenz aufgeben und stattdessen einem Leitwolf folgen. Lanier hatte hier moderne Internetphänomene wie den Shitstorm im Auge: das blinde Einschlagen einer Masse von Internet-Teilnehmern auf einen Wolf oder Wulff, der plötzlich in allgemeine Ungnade gefallen ist. Dass Lanier dieses hässliche Phänomen gelegentlich polemisch gegen das beliebte Konzept der Schwarmintelligenz ausspielte, hat ihm viel Kritik eingetragen.

Für unser Thema wäre aber erst zu untersuchen, ob Wolfsrudel so etwas auch machen: einzelne Mitglieder plötzlich verstoßen – etwa den Ex-Leitwolf, das Ex-Alphatier, wenn er den Zweikampf mit einem Herausforderer verloren hat. Und siehe da: Es ist nicht so. Der amerikanische Verhaltensforscher Lucyan David Mech hat bereits im Jahr 2000 die früher auch von ihm selbst verbreitete Theorie vom Alphawolf widerrufen und korrigiert.[21] Demnach gibt es in freier Wildbahn überhaupt keine Alphawölfe. Wolfsrudel sind schlicht große Familien, die einfach vom Elternpaar angeführt werden. Die Jungwölfe trennen sich nach rund zwei Jahren von der Familie und gründen eigene Rudel (= Familien). Die Theorie vom Alphawolf, der durch besondere Aggressivität die Herrschaft über ein bunt zusammengewürfeltes Rudel ergreift, ist beim Beobachten künstlich hergestellter »Rudel« in Zoos entstanden. Da sie viele interessierte und gläubige Anhänger hat, hält sie sich leider, egal was die Biologen feststellen.

Mehr lässt sich dazu wohl nicht sagen außer:

> *Der Mensch ist des Menschen Mensch,*
> *wie der Wolf des Wolfes Wolf ist.*

> *»Die Welt ist voller Morden.«*

Wie im vorigen Kapitel gesehen, postulierte Thomas Hobbes im 17. Jahrhundert den Krieg aller gegen alle, der nur von einem absoluten Herrscher unterbunden werden könne. In anderen Gestalten tauchte das gleiche Dogma seitdem immer wieder auf.

Etwa so: »Wo man hinschaut, die Welt brennt an allen Ecken und Enden.« So geisterte es 2014, hundert Jahre nach Beginn des Ersten Weltkriegs, durch Kommentare, Moderationen und Facebook-Beiträge.[22] Ich bin fast geneigt, es in dieser Form für einen Irrtum zu halten, den man buchstäblich widerlegen kann. Denn jeden, der jetzt ungläubig den Kopf schüttelt, bitte ich, das Buch für drei Minuten zuzuklappen und in dieser Zeit alle Länder aufzuzählen, in denen jetzt, also am heutigen Tage, Häuser brennen, weil sie von Soldaten, Milizionären oder Terroristen angezündet wurden.

Welche Länder sind das? Also (Stand Herbst 2014): Das sind Syrien, der Irak, die Ukraine, Palästina … ja, und Syrien, der Irak, die Ukraine, Palästina … Außerdem Syrien, der Irak, die Ukraine und Palästina! Wobei in Palästina in Wirklichkeit schon seit September 2014 Waffenstillstand herrscht, also *heute* keine Häuser brennen. Dafür fällt mir jetzt noch ein anderes Land ein: Nigeria! Boko Haram, genau, so heißen die dortigen Brandstifter. Auch von Libyen war neulich die Rede. Und im Kongo ist doch eigentlich immer Krieg, oder? Ach ja, der Südsudan war da noch. Und Mexiko, der endlose Krieg der Drogenkartelle. Mali? Nein, das war 2013.

Gut, die drei Minuten sind um. Ich kam bei diesem Test, großzügig gerechnet, auf neun Länder. Und Sie? Hatten Sie mehr? Ich bezweifle es. In neun, zehn oder elf Ländern herrscht also derzeit Krieg. Das bedeutet auch: In über 180 Ländern der Erde herrscht derzeit kein Krieg. Da die Medien uns nichts lieber zeigen als brennende Häuser und, außer Aktien- und Eurokursen, keine Zahlen lieber nennen als die Opferzahlen von Bombenanschlägen oder -angriffen, ist es unwahrscheinlich, dass uns als wachen und weltoffenen Zeitzeugen ein größerer Krieg entgangen ist.

Der 28-jährige deutsche Soldat Walter Flex dichtete im Frühjahr 1915 in einem Schützengraben in Frankreich diese Zeilen:

Wildgänse rauschen durch die Nacht
mit schrillem Schrei nach Norden.
Unstete Fahrt, habt Acht, habt Acht!
Die Welt ist voller Morden.

Das Gedicht erschien 1917 am Anfang von Walter Flex' Kriegserzählung *Der Wanderer zwischen beiden Welten*. Flex' Behauptung wird bis heute immer wieder völlig selbstverständlich und ungeprüft wiederholt; oft sogar von Gesellschaftskritikern in angeblich kritischer Absicht.[23] Haben sie Recht, die Alarmisten? Da, wo der Dichter Walter Flex sich befand – an einer Front im Ersten Weltkrieg, dazu in »Feindesland« – hatte er Recht: Dort war die Welt voller Morden. Womit Flex nebenbei Kurt Tucholskys später so scharf bekämpfte Einschätzung bestätigte, dass Soldaten Mörder seien.

Die Frage ist aber: Ist jener Schützengraben repräsentativ für die Welt als Ganzes? Ist jener Kriegsmonat in Frankreich repräsentativ für die ganze Geschichte der Menschheit?

Wenn wir zum Beispiel die 200 Jahre deutscher Geschichte von 1800 bis 2000 betrachten, dann stoßen wir auf etwa 160 Friedensjahre und – großzügig gezählt – 40 Kriegsjahre. Dabei habe ich auch Jahre mit Bürgerkriegen (1919 bis 1923) und Jahre, in denen nur wenige Wochen lang Krieg war (zum Beispiel 1864 und 1871) als Kriegsjahre gezählt. Dennoch überwiegen die Friedensjahre bei weitem. Und das in einem Land der Welt, in dem überdurchschnittlich oft Krieg war.

Es gibt das Sprichwort, dass die Jahre, über die nichts in den Geschichtsbüchern steht, die glücklichen Jahre eines Volkes sind. Man sieht daran, wie sehr Historiker und Journalisten dazu neigen, die Realität zu verzerren. Sie übertreiben die Bedeutung der Kriegszeiten. Sie verschweigen, dass die weitaus meisten Menschen in der Regel im Frieden leben. Der Frieden ist, so gesehen, also kein utopisches Ziel, das wir niemals erreichen werden, sondern schon längst Realität. Statt uns auf den Krieg zu fokussieren, müssen wir den Frieden stärker wahrnehmen und in seiner Bedeutung würdigen. Wahrnehmen und würdigen, dass 180 Friedensländer schwerer wiegen als zehn Kriegsländer.

Das gilt in gleicher Weise für die Abwesenheit ziviler Morde. Kennen Sie jemanden persönlich, der einmal in einen Mordfall verwickelt war? Oder kennen Sie auch nur jemanden persönlich, der jemanden kennt, der einmal in einen Mordfall verwickelt war? Die wenigsten können eine dieser Fragen bejahen. Das zeigt, wie selten Morde in Wirklichkeit sind. Die Welt ist vielleicht voller *gespielter* Morde, voller *Bilder* von Morden, aber bestimmt nicht voller Morde.

Wie kommt diese Verzerrung zustande? Liegt das wirklich daran, dass »die Leute« sich mehr für Kriege und Morde interessieren als für Küsse, Werkzeug oder Schuhe?

Das ist sicher nicht so. Aktuell interessiert der Kuss, den man kriegen könnte, oder der Kuss auf Nachbars Balkon viel mehr als ein Krieg im Sudan. Die groteske Vergrößerung des Mordens entsteht erst dann, wenn bestimmte Journalisten, Philosophen und andere Weltenrichter zwischen das Leben und seine Betrachter treten: Dann geht es fast nur noch um Mord und Totschlag, Erdbeben und Bürgerkrieg, so selten diese Ereignisse auch sein mögen. In der deutschen Geistesgeschichte wurden solche Wertungen gerne damit begründet, dass die Betrachtung von Morden »tief«, »existenziell«, »männlich« und »deutsch« sei, die Betrachtung von Küssen dagegen »weibisch«, »weichlich«, »welsch«.[24] Die Krimi-Autorin Sibylle Berg wusch 2014 bei einem Interview ihre Hände in Unschuld, als der Interviewer sie auf die hohe Konzentration von Bosheit in ihren Werken ansprach: »So böse wie die Welt kann ich gar nicht sein.«[25] Oh doch, sie kann es; sie kann als Einzelperson viel böser als die Welt sein, da Bosheiten in der Welt als Ganzes nur in starker Verdünnung auftreten. Der Denkfehler in diesem Satz liegt darin, dass die Autorin sämtliche Bosheiten, die sieben Milliarden Menschen in, sagen wir, zehn Jahren begangen haben, mit der Menge der Bosheiten vergleicht, die sich ein einzelner Mensch in einem halben Jahr ausdenken kann.

Wenn sich ältere Menschen an vergangene Erlebnisse erinnern, geht es sehr oft um Kriegserlebnisse – und viel seltener um Küsse. Das liegt wohl daran, dass Morde und Kriegserlebnisse Ausnahmen sind, unnormal, selten und traumatisierend. Deshalb erscheinen sie uns besonders erzählenswert. Paradoxerweise ist also auch der Umstand, dass so häufig über Morde gesprochen wird, ein Indiz dafür, wie selten sie in Wirklichkeit sind. Deshalb meine Gegenthese:

Die Welt ist voller Küsse. ◄

»Die großen Fragen der Zeit werden durch Eisen und Blut bestimmt.«

Der damalige preußische Ministerpräsident Otto von Bismarck prägte schon 1862, im ersten Jahr seiner Amtszeit, den Spruch, der später zu dem Schlagwort »Blut und Eisen« verkürzt wurde. Der chinesische Kommunist und Diktator Mao Zedong äußerte sich rund siebzig Jahre später ganz ähnlich: »Die politische Macht kommt aus den Gewehrläufen.«[26] Bismarck meinte damit die militärische Gewalt. Dass er dafür die Metapher Eisen benutzte, ist kein Zufall. Eisen war das vorherrschende Material der Waffen, aber Eisen war zugleich das vorherrschende Produkt der Schwerindustrie, die sich damals gerade erst herausbildete und schon bald zum stilbildenden Kern der Industrialisierung werden sollte. Ich kann mich also auf Bismarck berufen, den Mann mit den meisten Denkmälern in Deutschland, wenn ich die These aufstelle: Der Kult um die harten Materialien Eisen und Beton, um das, was man heute gern die »harten Faktoren« nennt, ist eng verbunden mit einer Tradition der Gewalttätigkeit, des Tötens und der Zwangsherrschaft.[27] Freiheit, Demokratie und Menschenrechte sehen anders aus, fühlen sich anders an.

Die komplette Passage in Bismarcks Rede vor dem preußischen Abgeordnetenhaus am 30. September 1862 lautete: »Nicht auf Preußens Liberalismus sieht Deutschland, sondern auf seine Macht; Bayern, Württemberg, Baden mögen dem Liberalismus indulgieren, darum wird ihnen doch keiner Preußens Rolle anweisen; Preußen muß seine Kraft zusammenfassen und zusammenhalten auf den günstigen Augenblick, der schon einige Male verpaßt ist; Preußens Grenzen nach den Wiener Verträgen sind zu einem gesunden Staatsleben nicht günstig; nicht durch Reden oder Majoritätsbeschlüsse werden die großen Fragen der Zeit entschieden – das ist der große Fehler von 1848 und 1849 gewesen – sondern durch Eisen und Blut.«[28]

Es war also Bismarck persönlich, der den Gegensatz von Liberalismus und Macht, von Demokratie (»Reden und Majoritätsbeschlüsse«) und Krieg betonte. Natürlich in dem Sinne, dass Macht und Krieg die Mittel seiner Wahl waren und nicht Liberalismus und Demokratie.

Ist dieses Denken aus Deutschland verschwunden? Ging es 1945 im Schutt von Berlin, Köln und Dresden unter, wurde es (unter den Klängen von »Wir werden weiter marschieren, wenn alles in Scherben fällt«) auf den Monti Scherbelini deponiert? Ja, aber leider buddelten interessierte Kreise es dort bald wieder aus. Seitdem finden wir den Primat der Waffengewalt immer wieder vor, zuletzt etwa bei den *Spiegel*-Redakteuren, die im August 2014 die Pazifistin Margot Käßmann interviewten.[29] Ich zitiere eine Passage:

»Käßmann: Es ist interessant, dass Sie immer vom Ende her denken, wenn es keine gewaltfreie Lösung mehr zu geben scheint. Heute existieren viele Friedensforschungsinstitute, die Strategien entwickelt haben, um Konflikte zu vermeiden oder zu schlichten. Man muss es eben nur wollen. Aber am Willen hapert es. Das sehen Sie schon daran, dass Deutschland pro Jahr über 30 Milliarden Euro für Militär ausgibt, aber nur 29 Millionen für den Friedensdienst. Das ist eine schlimme Diskrepanz.

Spiegel: Friedensforschungsinstitute nutzen einem Tutsi wenig, wenn Hutus mit Macheten in der Hand auf sein Dorf vorrücken. (…) Auf einem Kirchentag mögen sich Konflikte mit Sinnsprüchen aus der Bibel lösen lassen, in der realen Welt leider nicht.«

Meine Damen und Herren, es kommt darauf an, den Konflikt zu erkennen und zu deeskalieren, bevor eine Partei zu Macheten greift. Wie schaffen es so viele Menschen, ihre Konflikte zu lösen, ohne Blut zu vergießen? Empathie, Toleranz, Kooperation, Neugier, Offenheit, Freundlichkeit – alles das gibt es wirklich, alles das ist Teil der realen Welt, ja, es dominiert sogar in der realen Welt. Also: Eisen *oder* Blut (nämlich das, das im lebendigen Körper fließt)? Oder, profan gefragt, im Hinblick auf unsere Wirtschaftsstruktur: Was wollen wir produzieren? Beton oder Benutzerfreundlichkeit? Oder, plattwitzig mit Jürgen von der Lippe: Geld oder Liebe? Oder philosophisch, mit Erich Fromm: Haben oder Sein?

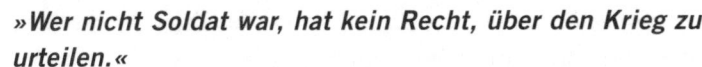

Die große Frage der Zeit ist: Eisen oder Blut?

»Wer nicht Soldat war, hat kein Recht, über den Krieg zu urteilen.«

In dieser biographischen Form begegnete mir das Dogma bei zahlreichen Diskussionen mit älteren Zeitgenossen an den Infoständen der Friedensbewegung in den frühen 1980er Jahren. Nach Meinung dieser ehemaligen Soldaten des Zweiten Weltkriegs hatte ich als Nachgeborener kein Recht, Kriege zu kritisieren. Sie selber allerdings als ehemalige Soldaten taten das auch nicht. Es kam ihnen also darauf an, Kritik an Kriegen überhaupt zu unterbinden.

In philosophischer Form lautet dieses Dogma etwa so: »Wer nicht im Krieg war, hat nichts Existenzielles erlebt.« Wir finden es zum Beispiel beim Schriftsteller Ernst Jünger (*In Stahlgewittern*), beim faschistischen Rechtsphilosophen Carl Schmitt, dessen menschenfeindliche Thesen, einem Fliegenden Holländer gleich, etwa alle sieben Jahre neu durch die deutsche Presse geistern[30], oder im November 2001 bei den konservativen Publizisten Karl Heinz Bohrer und Kurt Scheel, die damals, nach dem Massenmord von Manhattan und Washington, in der Monatszeitschrift *Merkur* die »existenzielle Dimension« des Krieges abfeierten. Sie jubelten über den Gräbern der 3000 Opfer: Endlich wieder ein richtiger Feind! Denn Krieg sei das »Essentielle« und erlaube kein »Wegducken«, keine Frage nach dem Wozu, denn nur wer Krieg führe, sei souverän.[31] So ähnlich hatte es schon Carl Schmitt formuliert: »Souverän ist, wer über den Ausnahmezustand gebietet«, wer also gegen innere oder äußere Feinde Krieg führt. Krieg, also das Töten, war und ist für diese Herren ein Initiationsritus, der einzige akzeptable Schritt zur Mannbarkeit – sowohl des Einzelnen als auch eines Staates.

Der frühere Bundeskanzler Helmut Schmidt antwortete 2007 in einem *Zeit*-Interview auf die Frage, wie er 1977, die Not und Angst der Angehörigen der von Terroristen Entführten spürend, so unbeirrt bei seiner Position habe bleiben können, keine Geisel gegen Häftlinge auszutauschen: »Wir [im Krisenstab] waren ja erwachsene Männer und keine Jugendlichen. Wir hatten alle die Kriegsscheiße hinter uns. Strauß hatte den Krieg hinter sich, Zimmermann hatte den Krieg hinter sich, Wischnewski hatte den Krieg hinter sich. Wir hatten alle genug Scheiße hinter uns und waren abgehärtet. Und wir hatten ein erhebliches Maß an Gelassenheit bei gleichzeitiger äußerster Anstrengung der eigenen Nerven und des eigenen Verstandes. Der Krieg war eine große Scheiße, aber in der Gefahr nicht den Verstand zu verlieren, das hat man damals gelernt.«[32] Auf Nachfrage Giovanni di Lorenzos gab er zu, dass er mit »Scheiße« vor allem die Todesangst meinte und die Erfahrung, selber Menschen getötet zu haben.

So subjektiv formuliert, wie hier bei Schmidt, ist wenig dagegen zu sagen. Für ihn mag es so gewesen sein, dass er das im Krieg gelernt hat, weil er im Zweiten Weltkrieg ein junger Mann war. Problematisch wird es erst, wenn jemand solche individuellen Erfahrungen verallgemeinert und etwa den Schluss zieht, dass Leute, die nicht im Krieg waren, nicht erwachsen seien, nicht souverän und also wohl in der Gefahr den Verstand verlieren dürften. Kriminell wird es, wenn Carl Schmitt, den ich als faschistischen Kriegsverherrlicher bezeichnen möchte, diese individuelle Situation gar auf eine ganze Nation überträgt und sagt: Eine Nation ist erst dann »souverän«, wenn ihre Regierung, ihr Militär in einem Krieg oder Bürgerkrieg ein gewisses Quantum an Menschen getötet hat. Oder wenn konservative Kriegsverherrlicher wie Karl Heinz Bohrer und Kurt Scheel in Verzückung geraten, weil die Zeit der deutschen »Sozialhelfermentalität«, die schreckliche, verlogene Friedenszeit also endlich zu Ende gehe, weil Deutschland nun zurückkehre in die »nun einmal blutige Wolfsarena der Weltgesellschaft«.[33]

Zu alledem darf natürlich jeder Stellung nehmen, der sich betroffen fühlt; schließlich steht hier unser aller Schicksal zur Disposition. Doch die Sache geht tiefer. Ich und eine ganze Generation wurden als Personen nicht ernst genommen in einem Punkt, der uns sehr wichtig war. Deshalb folgt ein persönliches Nachwort: Wer als Vierjähriger von einem Nachbarn mit dem Tode bedroht und sexuell missbraucht wurde; wer im Kindergarten zugehört hat, wie »Tante Christel«, die blonde Erzieherin, erzählte, wie kurz nach Kriegsende ihr Bruder vor ihren Augen beim Spiel mit einer Mine zerrissen wurde; wer im Zivildienst eine Pflegerin verzweifelt hat weinen hören, die von einer verwirrten Patientin verprügelt worden war; wer die Überreste einer Selbstmörderin gesehen hat, die von einem Zug überfahren wurde; wer die Todesschreie einer Frau gehört hat, die an einem Gehirnschlag starb; wer sich aus vollem Herzen der Liebe zu einer Frau ergeben hat; wer zwei Kinder gezeugt und beim ersten mitgewirkt hat, beim zweiten ohnmächtig hinnehmen musste, dass es nicht geboren wurde – der *hat* etwas Existenzielles erlebt; der hat am eigenen Leibe erfahren, wie wertvoll das Leben ist, und der hat vielleicht sogar die Pflicht, sich einem Kriegstreiber in den Weg zu stellen.

Ihr Widerspruch kann aber auch ganz salopp lauten (ein Vorschlag von Uwe Hass):

> *Du musst kein Raucherbein haben,*
> *um etwas gegen das Rauchen sagen zu dürfen.*

»Der Krieg ist der Vater aller Dinge.«

Welthistorisch betrachtet knüpft Carl Schmitts granatensteile These vom Krieg als Explosionsmotor der Souveränität, ähnlich wie auch Bismarcks Eisen-und-Blut-Parole, an das viel ältere Diktum des griechischen Philosophen Heraklit an, nach dem der Krieg der Vater aller Dinge sei. Um das Thema hier nicht überzustrapazieren, fasse ich mich kurz und lasse die umfangreiche philosophische Spekulation darüber, was Heraklit wohl mit Krieg gemeint haben könnte, beiseite. Mir geht es hier nur um den platten Nutzen, den Kriegsbefürworter aus Heraklits Satz ziehen. Sie wollen damit sagen, dass wir viele technische Innovationen dem Krieg oder der Rüstung zu verdanken hätten[34], oder sie loben den Krieg als angeblichen Motor der Wirtschaft oder des sozialen Wandels[35].

Das wohl wichtigste Gegenargument aus welthistorischer Sicht: Das Rad wurde im Frieden erfunden. Der Pflug, der Ziegelstein, der Webstuhl, das Theater, die Uhr, der Buchdruck, die Dampfmaschine, die Sinfonie, der Roman, der Stahl, das Fahrrad, das Auto, das Flugzeug, das Kino, das Radio, das Fernsehen – alles das wurde im Frieden erfunden. Nur für den Computer, ausgerechnet, gilt das nicht – der wurde tatsächlich im Krieg erfunden. Die Friedenszeiten sind also in der Regel die kreativen Zeiten, in denen man die Dinge erfindet, die uns weiterbringen. Woran liegt das? Kreativität bedingt Vielfalt und Buntheit. Krieg aber ist uniformiert, feldgrau oder olivgrün.

Das Antidogma dichtete Wolf Biermann 1965 in seinem Lied »Soldat, Soldat«:

> *Soldaten sehn sich alle gleich:*
> *lebendig und als Leich'.*

»Der Versailler Vertrag war schuld am Zweiten Weltkrieg.«

Kriegsbefürworter haben etwas gegen Friedensverträge. Deutsche Kriegsbefürworter hatten und haben besonders etwas gegen den Versailler Friedensvertrag von 1919, der die Verhältnisse nach Ende des Ersten Weltkriegs regelte. Das Dogma der Deutschnationalen über den Versailler Vertrag hat eine ganz merkwürdige, verdrehte Geschichte. 1919 bis 1945 schrien die deutschen Militaristen und Nationalisten – allen voran Heinrich Claß (Alldeutscher Verband), Alfred Hugenberg (Deutschnationale) und Franz Seldte (Stahlhelm) – bei jeder Gelegenheit: Versailles ist eine nationale Schande! Deutschland wird von den Siegermächten brutal unterdrückt, ausgeplündert, versklavt! Das schreit nach Rache! Und unser Führer macht die Rache wahr.

Nach 1945 jammerten die früheren Alldeutschen, Deutschnationalen und Stahlhelm-Fanatiker: Versailles war schuld! Nur wegen Versailles ist Hitler an die Macht gekommen! Nur wegen Versailles hat er uns in den Zweiten Weltkrieg führen können; nur wegen Versailles sitzen wir jetzt in der Tinte.

Wurde Deutschland durch den Versailler Vertrag unterdrückt? Nein. Deutschlands Status als Großmacht wurde zwar stark beschnitten, und die Kriegsreparationen ließen sich als eine Art Ausbeutung des deutschen Volkes darstellen. Von Unterdrückung kann aber keine Rede sein, denn der deutsche Staat war nach wie vor vollkommen souverän (bis auf einige militärische Fragen), und auch die deutschen Konzerne konnten frei auf dem Weltmarkt agieren – kein Vergleich also mit einer Kolonie oder Ähnlichem! Das Einzige, das beschnitten wurde, war Deutschlands Möglichkeit, selber andere Länder und Völker zu unterdrücken.[36]

Seit jeher krankt die ganze Diskussion über Versailles daran, dass man die Ursache von Versailles, also den Ersten Weltkrieg, einfach ausklammert. Deutsche Nationalisten und Militaristen hatten 1914 ganz bewusst einen Weltkrieg vom Zaun gebrochen, um die empfundene Einkreisung zu durchbrechen und Deutschland, die »zu spät gekommene« Nation, zur Weltmacht zu machen. Sie wollten Frankreich und Russland für immer demütigen und in Abhängigkeit halten.[37] Das war 1914 nicht der einzige Kriegsgrund, aber ein wichtiger. Für diesen verlorenen Krieg mussten sie 1919 bezahlen.

Das heißt nicht, dass der Versailler Vertrag klug oder gerecht gewesen wäre. Der Erste Weltkrieg hat leider nur einige wenige Intellektuelle klug gemacht, das war in Frankreich und England nicht anders als in Deutschland. Kaum ein zeitgenössischer Machthaber hat dadurch dazugelernt, Lenin und Churchill vielleicht, als Ausnahmen. Am dümmsten war wohl das Vorgehen der Siegermächte in Oberschlesien: erst eine Volksabstimmung zu machen und sich dann nicht an das Ergebnis zu halten. Ähnlich dumm war es, Deutschösterreich den Anschluss an Deutschland zu verwehren. 1919 hatten Frankreich und England es in der Hand, die preußische Vorherrschaft in Deutschland zu brechen. Diese welthistorische Chance haben sie aus Dummheit verpasst.

> *Der Erste Weltkrieg war schuld*
> *am Zweiten Weltkrieg.*

»Wer nicht gegen den Kongokrieg demonstriert hat, darf auch nicht gegen den Nahostkrieg demonstrieren.«

WDR-Moderator David Eisermann klagte im Januar 2009 in der Anmoderation zu einem »Mosaik«-Beitrag über den französischen Filmemacher Claude Lanzmann sinngemäß: »Gegen den Kongokrieg ist niemand auf die Straße gegangen, aber wenn Israelis auf Palästinenser schießen, gehen sofort Zehntausende auf die Straße.« Ähnlich äußerte sich der Militarist Henryk Broder bei zahlreichen Gelegenheiten und benutzte den Bürgerkrieg in Sri Lanka als Beispiel.

Ach Leute, das ist doch eine der fadenscheinigsten Duckmäuserklamotten überhaupt: Man darf nichts gegen A sagen, weil man auch nichts gegen B gesagt hat. Man würde dann unglaubwürdig, inkonsequent, einseitig. Besser also glaubwürdig und konsequent zu allem Ja sagen oder schweigen, was von oben kommt? Nicht mit mir!

Was Eisermann und Broder beklagen, ist völlig legitim, ja: unvermeidlich. Fast alle Menschen kümmern sich zunächst um das Naheliegende und erst später oder gar nicht um das Fernliegende. Sie können nicht anders, weil niemand sich um alles kümmern kann, was er ändern möchte. Viele haben das Gefühl, gegen den Nahostkrieg etwas Wirksames unternehmen zu können, aber beim Kongokrieg fühlen sie sich hilflos – sie wissen nicht, wer an dem Krieg schuld ist, und glauben nicht, dass irgendein Schuldiger sie hören würde, wenn sie demonstrierten. Beim Nahostkrieg glauben sie dagegen, die Schuldigen zu kennen (die israelischen und palästinensischen Kriegstreiber zum Beispiel), und glauben auch, dass sie uns hören, wenn wir demonstrieren. Deshalb demonstrieren wir (nämlich diese Menschen und ich) mit gutem Recht und gutem Grund gegen den Nahostkrieg. Zehntausende sind wir leider nur selten. David Eisermann muss sich neulich verzählt haben.

Ihr Widerspruch:

> *Natürlich dürfen wir die Dorflinde vor der Säge retten, auch wenn der Regenwald weiterhin abgeholzt wird.*

»Es kann der Frömmste nicht in Frieden leben, wenn es dem bösen Nachbarn nicht gefällt.«

Wenn ich ein Kriegsfreund wäre, würde ich mich spätestens jetzt aufs Allzumenschliche werfen oder aber einen Klassiker ins Feld führen. Na bitte! Das Dogma vom bösen Nachbarn erfüllt beides. Es geht nämlich auf Friedrich Schiller zurück, der es seinem Helden Wilhelm Tell in den Mund gelegt hat.[38] Kaum einer mag sich dem Anschein entziehen, dass da auch etwas dran ist. Auch Sie stellen sich wahrscheinlich lebhaft böse Nachbarn vor, wie sie uns Udo Jürgens 1977 und »Die Ärzte« 2012 musikalisch präsentiert haben.[39]

Und doch – erfahrungsgemäß haben bei den weitaus meisten Streitigkeiten beide Seiten ihren Anteil. Auch Psychologen, Mediatoren und Konfliktforscher kommen zu diesem Ergebnis. Gerade in solchen Fällen wird die selbstgefällige Klage über böse

Nachbarn gerne zur Streitwaffe und entlarvt das eigene Gerede von Frömmigkeit und Frieden als Heuchelei. Wer das sagt, ist vielleicht selbst der gehässige Nachbar, denn böse wird es immer dann, wenn sich jemand selbst für den Besten hält und dem Nachbarn einen bösen Willen unterstellt. Wer die Nachbarn für genauso gut hält wie sich selbst und davon ausgeht, dass auch sie in aller Regel gutwillig sind, der kann in der Regel in Frieden leben. Wer sich hingegen selbst für den Frömmsten hält, der kann und *will* vor allem nicht in Frieden leben und benutzt diesen Satz als Rechtfertigung für seine eigenen Bosheiten. Hier schließt sich der Kreis: Die Worte Tells fallen, während er in der hohlen Gasse auf den Landvogt Gessler wartet, um ihn zu erschießen. Hier also die Gegenfrage:

Und wenn der »Frömmste« <
selbst der böse Nachbar ist?

Dogmen aus
Arbeit und Freizeit

> **»Der Bau von Kampfflugzeugen schafft Arbeitsplätze.«**

Schießen und Arbeiten passen nicht zusammen. Das haben frustrierte preußische Soldaten, im Zivilstand sozialdemokratische Arbeiter, im Krieg von 1870/71 festgestellt und in dem Lied »Ich bin Soldat« festgehalten:[1]

> *Ich bin Soldat, muss Tag und Nacht marschieren,*
> *Statt bei der Arbeit muss ich Posten stehn,*
> *Statt in der Freiheit muss ich salutieren*
> *Und muss den Hochmut frecher Buben sehn. (...)*
> *Oh, saget an: Wozu braucht ihr Soldaten?*
> *Ein jedes Volk liebt Ruh' und Frieden nur.*
> *Allein aus Herrschsucht und dem Volk zu Schaden*
> *Lasst ihr zertreten, ach, die gold'ne Flur.*

In der Rüstungsindustrie sieht man das anders, da man dort zwar für den Krieg arbeiten, das Schießen aber anderen überlassen kann. Als Bundeswirtschaftsminister Sigmar Gabriel 2014 die enormen deutschen Rüstungsexporte etwas einschränken wollte, schallte es ihm aus manchen deutschen Waffenschmieden entgegen: »Das kostet uns kostbare Arbeitsplätze!«[2]

Kostbare, in der Tat! Kaum ein Arbeitsplatz ist so teuer wie ein Arbeitsplatz in der Rüstungsindustrie. Der Rüstungskonzern Airbus Defence and Space (früher EADS), der unter anderem den »Eurofighter« produziert, machte 2013 mit 45 000 Mitarbeitern rund 14 Milliarden Euro Umsatz. Jeder dieser Arbeitsplätze kostete also die Steuerzahler irgendeines Landes, das dort Flugzeuge bestellt hat, 311 000 Euro. Wenn der Bund einen Euro nicht in Ballervögel steckt, sondern in Bildung, kann er, grob und konservativ überschlagen, rund die dreifache Menge an Arbeitsplätzen damit schaffen. Und hat nebenbei wahrscheinlich mehr für den Frieden getan, denn Lehrerinnen und Sozialarbeiter können mit etwas Geschick verhindern, dass junge Männer aus Deutschland den Dschihadisten nachlaufen.

Doch das Merkwürdigste ist: Die Beschäftigten von Airbus, Krauss-Maffei & Co. gelten in der Propaganda der Wirtschaftsredakteure und -wissenschaftler als gute und echte Arbeitsplätze auf dem freien Markt. Lehrerinnen und Sozialarbeiter dagegen gelten in dieser Logik als böse Arbeitsplätze, die die schlimme Staatsquote erhöhen: den Anteil der Staatsausgaben an der wirtschaftlichen Gesamtleistung. Sie sind gemeint, und niemals die Rüstungsindustrie, wenn es heißt »Wir haben über unsere Verhältnisse gelebt« (siehe Seite 122). Auch als die *Bild*-Zeitung 2010/11 die furchtbare Verschwendung im griechischen Staatsapparat anprangerte, war niemals von den enormen griechischen Militärausgaben die Rede – denn die finanzier(t)en ja die Profite und die hohen Gehälter in deutschen Rüstungsbetrieben.

Nur vor einem Dogma sind Lehrerinnen und Rüstungsarbeiter gleich: Wenn es heißt, der Staat könne keine Arbeitsplätze schaffen (siehe Seite 138), werden beide gleichermaßen ignoriert.

Ihr Widerspruch:

> *Lehrerinnen und Sozialarbeiter einzustellen* ‹
> *schafft dreimal so viele Arbeitsplätze*
> *und zehnmal so viel Frieden.*

› »Sozial ist, was Arbeit schafft.«

Angela Merkels Leib- und Magendogma ist mindestens seit dem Bundestagswahlkampf 2007 auf dem Markt. Es erinnert ein wenig an den analisierenden Lieblingsspruch ihres politischen Ziehvaters Helmut Kohl: »Entscheidend ist, was hinten rauskommt.«

Merkel benutzt dieses Dogma, um Forderungen aus der SPD und der Linkspartei nach mehr (oder auch nur geretteter) sozialer Gerechtigkeit den Wind aus den Segeln zu nehmen. Staatliche Maßnahmen, die Steuergelder kosten und vielleicht die Steuerbelastung der Unternehmer vergrößern, bringen demnach gar nichts, weil sie den Unternehmern die Lust verderben, »Arbeit zu schaffen«, will sagen: neue Arbeitsplätze. Das Merkel-Dogma fußt stillschweigend auf dem Basta-Dogma, dass der Staat selber keine Arbeitsplätze schaffen könne; sowie auf dem Dünkeldogma, dass die Unternehmer unter zu hohen Steuern litten. Beides ist höchst zweifelhaft, siehe dazu die Seiten 138 und 143.

Auch umgekehrt betrachtet hinkt Merkels demagogisches Schlachtross besorgniserregend: Wer Leute einstellt, ist noch lange nicht sozial. Das könnten nämlich Ausbeuter-Arbeitsplätze mit Niedriglöhnen sein. Was daran sozial sein soll, wenn ein Unternehmen wie Amazon buchstäblich auf dem gequälten Rücken seiner Mitarbeiter Millionenprofite scheffelt und diese dank diverser Steuerfluchtburgen, Sonderverträge und passend zugeschnittener Gesetzeslücken noch nicht einmal versteuert, wird Merkel uns kaum plausibel erklären können.

Überhaupt kommt es aus Sicht der Arbeiter und Angestellten nicht auf die Arbeit an, die jemand ihnen verschafft, sondern auf das Einkommen, das sie mit ihrer Arbeit erzielen. Wer einfach nur irgendwo arbeiten will, findet Einladungen zu ehrenamtlicher Arbeit ohne Grenzen.[3] Noch genauer genommen geht es den meisten Betroffenen wohl um Arbeit, mit der sie ihren Lebensunterhalt finanzieren können. In dieser Formulierung stecken alle drei Aspekte: die Arbeit als sinnvolle Tätigkeit, die gesellschaftliche Anerkennung für geleistete Arbeit und das Einkommen, das man zum Leben braucht. Der Kanzlerin könnte man also antworten:

Sozial ist, was Anerkennung und Einkommen schafft.

> **»Wer arbeiten will, findet auch Arbeit.«**

Wir belauschen ein Leistungsträgergespräch am Nebentisch. Die Herren sind gut gekleidet, gepflegt, kennen die Welt und ihre Pappenheimer und sind sich einig: »Wer arbeiten will, findet auch Arbeit.«

Was soll man darauf antworten? Zum Beispiel das: »Nur darf man nicht gerade zu dem kommen, der diesen Satz spricht; denn der hat keine Arbeit zu vergeben, und der weiß auch niemand zu nennen, der einen Arbeiter sucht. Darum gebraucht er ja gerade diesen Satz, um zu beweisen, wie wenig er von der Welt kennt.« Diese Antwort gab der Schriftsteller B. Traven 1927 im ersten Kapitel seines Romans *Der Schatz der Sierra Madre*. Man muss das heute etwas präzisieren: Natürlich kennt immer einer in der Runde einen Fall, in dem ein Unternehmer angeblich monatelang vergeblich einen Arbeiter oder eine bestimmte Fachkraft gesucht hat. Persönlich allerdings kennt der Betreffende in der Regel keinen solchen Unternehmer. Was den Verdacht nahelegt, dass es sich immer um die gleiche Geschichte handelt, die der eine Selbstgerechte vom anderen gehört hat und ebenso munter wie ungeprüft weitererzählt ...

Ich kenne auch eine Geschichte. Ein mir bekannter freiberuflicher Informatiker hat sich die Stellenanzeigen für Informatiker genauer angeschaut und stößt dabei immer wieder auf völlig widersprüchliche oder unverständliche Details in den Anforderungen, die an Bewerber gestellt werden. Sie sollen zum Beispiel Spezialisten auf drei Gebieten zugleich sein, die fachlich sehr weit auseinander liegen. Der Betrieb braucht eigentlich drei Informatiker, will aber nur einen einstellen. Entweder bemerken die Personalabteilungen in vielen Unternehmen diese Widersprüche nicht oder sind so bedenkenlos, dass sie die Widersprüche nicht bemerken wollen. Da niemand ihre abstrusen Anforderungen erfüllen kann, kommen auch keine Bewerbungen. Und schon hört man die Personaler schreien: »Seht den Fachkräftemangel! Arbeitslose Informatiker und Ingenieure? Gibt es nicht. Wer sich so nennt, will bloß nicht arbeiten.«

Vom Einzelfall zum Allgemeinen: Laut Umfragen, die die Jobcenter durchgeführt haben, sagen 75 Prozent der Empfänger von Arbeitslosengeld II:»Arbeit ist das Wichtigste in meinem Leben.« Vermutlich nimmt die Sehnsucht nach Selbstbestätigung durch Arbeit sogar zu, wenn man keine hat. 62 Prozent der arbeitsuchenden Unterstützungsempfänger bewerben sich aktiv um Stellen, und 71 Prozent sind bereit, Arbeit anzunehmen, für die sie überqualifiziert sind.[4]

Noch eine Geschichte aus Consultistan: Ein 55-jähriger Computerverkäufer, der nach fast dreißig Jahren Tätigkeit von seinem Betrieb entlassen wurde und seitdem, trotz zahlreicher Bewerbungen, arbeitslos ist, pflegt den »Wer-arbeiten-will«-Satz kühl mit dem Hinweis zu kontern:»So lange du dich im Fachhandel kostenlos beraten lässt und dann nach Hause gehst und das Gerät im Internet bestellst, gibt's keine Stellen für mich; so lange muss ich wohl oder übel auf Kosten der Gemeinschaft leben.«

Die Frage an den Dogmatiker:

Welchen bezahlten Job haben Sie denn zu vergeben?
....

 »Ausländer nehmen den Deutschen ihre Arbeitsplätze weg.«

Gelegentlich stimmt das sogar: Als Josef Ackermann, Vorstandsvorsitzender der Deutschen Bank, 2005 die Entlassung von 4000 Bankangestellten verfügte, darunter 2000 deutschen, war es ein Schweizer, also ein Ausländer, der 2000 Deutschen den Arbeitsplatz wegnahm. Bei der Schließung des Bochumer Opel-Werks 2014 und dem Wegfall von 3500 Arbeitsplätzen spielten amerikanische Manager eine wichtige Rolle. Der Manager, der 2008 die Schließung des Bochumer Nokia-Werks verfügte und damit die Vernichtung von 2300 Arbeitsplätzen, heißt Olli-Pekka Kal-

lasvuo und ist Finne. In der Regel werden deutsche Arbeitsplätze
aber von deutschen Managern vernichtet.

Ihr Widerspruch:

> *Ist das ein Türke, der bei Siemens* <
> *11 000 Leute entlassen will?*

»Arbeitsplatzbesitzer und Besitzstandswahrer hemmen den Fortschritt.«

Der damalige Bundeswirtschaftsminister Günter Rexrodt (FDP)
eröffnete im August 1995 eine Kampagne gegen die Gewerkschaften. Er behauptete, an der hohen Arbeitslosigkeit seien die
Gewerkschaften schuld, die sich nur um die »Arbeitsplatzbesitzer« kümmerten, um zufriedene Mitglieder zu haben. Außerdem
müssten die Lohnnebenkosten sinken, Leistungen der Kranken-
kassen abgebaut und die Renten wegen der demographischen
Entwicklung gesenkt werden.[5] Genau das gleiche Programm verkaufte Bundeskanzler Gerhard Schröder (SPD) gut sieben Jahre
später als »Agenda 2010« und kam sich dabei wahrscheinlich äußerst mutig, kreativ und innovativ vor.

Arbeitsplatzbesitzer? Wenn eine Arbeiterin oder Angestellte
ihren Arbeitsplatz wirklich besäße, dann könnte sie ihn auch verkaufen oder vermieten oder bei Ebay versteigern – zumindest
aber abschließen, anmalen oder untervermieten.[6] Sie kann
nichts dergleichen, und deshalb ist schon das Wort »Arbeitsplatzbesitzer« eine Propagandalüge.

2003 gab es in Österreich eine Debatte um das Wort »Besitzstandswahrer«. Es wurde in ganz ähnlicher Weise gebraucht wie
das Wort »Arbeitsplatzbesitzer«. Bundespräsident Thomas Klestil
hatte es gewagt, die österreichischen Gewerkschaften öffentlich
als »soziales Gewissen« zu würdigen und gegen die ständigen Angriffe von Seiten neoliberaler (besser: neofeudalistischer) Wirtschaftsprofessoren und Wirtschaftsredakteure in Schutz zu neh-

men. Deshalb agitierte Bundeskanzler Wolfgang Schüssel (ÖVP) in einem Interview: »Schwierig ist es dann, wenn es um Besitzstände geht. Und da tut es weh, wenn sich jemand wie der Bundespräsident gnadenlos auf die Seite der Besitzstandswahrer stellt.«[7]

Gnadenlos? Nur weil Klestil es gewagt hatte, dem hysterischen Gebell der Kampfhunde der Großaktionäre *einmal* öffentlich zu widersprechen? Sind Großaktionäre tatsächlich so arm und unterdrückt, dass ein Bundespräsident mit ihnen Gnade haben muss?

Die Karl-Franzens-Universität in Graz wählte das Wort »Besitzstandswahrer« zum Unwort des Jahres 2003 – mit folgender Begründung: Das Wort wurde ursprünglich neutral für die Beschreibung adeliger Besitzverhältnisse verwendet. Die neue Verwendung des Wortes habe die »Täter-Opfer-Rolle umgedreht«: »Der Begriff wird von den Besitz-Habenden derzeit dazu verwendet, um jene als ›Reformverhinderer‹ und ›Privilegienritter‹ zu verunglimpfen, die tatsächlich keinen Besitz haben und sich bloß dagegen wehren, dass ihre Pension oder ihr Lohn verringert oder ihre Arbeitsbedingungen verschlechtert werden.«[8]

Richtig ist: Es gibt Aktienbesitzer, Firmenbesitzer, Grundbesitzer, Villenbesitzer, Jachtbesitzer, Lamborghinibesitzer. Die Geschichte hat wiederholt gezeigt – zum Beispiel 1973 in Chile, 1980 in El Salvador, 1981 bis 1988 in Nicaragua oder 2014 in Thailand –, dass diese notfalls über Leichen gehen, auch über Tausende von Leichen, um ihren Besitzstand zu wahren.

> *Echte Besitzstandswahrer*
> *haben meistens Militär zur Verfügung.*

 »Wer nicht arbeitet, soll auch nicht essen.«

Dieser schreckliche Satz scheint normativen Charakter zu haben; ist also in dem Sinne kein Dogma. Ich nehme ihn trotzdem hier auf, weil er eine ausgesprochen spannende Geschichte hat, ungewöhnlich vielschichtig und abgründig ist – und weil sich hinter ihm ein Dogma verbirgt, das es in sich hat: Wer nicht arbeitet, hat kein Recht auf Leben.

Ein faschistischer Satz. Denn es gehört zu den Charakteristika des Faschismus, vor allem des deutschen Faschismus, die Menschheit willkürlich einzuteilen in Menschen, die leben dürfen, und Menschen, die sterben müssen. Die Selektion auf der Rampe von Auschwitz war die gemauerte Konsequenz dieses Gedankens.

Aber stammt der Satz nicht aus der Bibel? Und war es nicht August Bebel, der ihn in der deutschen Sozialdemokratie verbreitet hat? War es nicht Bebels Nachfolger Franz Müntefering, der den Satz 2006 wieder aufgegriffen hat? Wie kann ein Bibel- und Bebel-Satz faschistisch sein? Das ist verwirrend, in der Tat.

Ja, der Satz stammt aus der Bibel. Der Apostel Paulus schrieb an die Thessalonicher:[9] »Wer nicht arbeiten will, der soll auch nicht essen.« Nicht arbeiten *will,* wohlgemerkt! Damit meinte er Leute, die »unordentlich« lebten, aus freien Stücken ihren Lebensunterhalt nicht verdienten, lieber »unnütze Dinge« trieben und auf die in den frühen Christengemeinden gepflegte Barmherzigkeit spekulierten; also darauf, dass ihre Mitbrüder sie schon mit Almosen versorgen würden. Paulus warnte seine Gemeinde vor Trittbrettfahrern und schloss die Passage mit einer Gegenwarnung: »Doch haltet ihn [den Müßiggänger] nicht für einen Feind, sondern weist ihn zurecht als einen Bruder.«[10]

Ja, der Sozialistenführer August Bebel griff den Paulus-Satz 1879 in seinem berühmten Buch *Die Frau und der Sozialismus* wieder auf. Dort heißt es im 21. Kapitel, in dem Bebel »Grundgesetze der sozialistischen Gesellschaft« aufstellt: »Der Sozialismus stimmt mit der Bibel darin überein, wenn diese sagt: Wer nicht arbeitet, soll auch nicht essen.« Bebel ließ also das Hilfsverb »will« weg und weckt so den Verdacht, er habe Kranke, Kinder und Alte dem Hungertod preisgeben wollen. Doch der Textzusammenhang klärt das Missverständnis auf:

»Die [sozialistische] Gesellschaft kann ohne Arbeit nicht existieren. Sie hat also das Recht zu fordern, dass jeder, der seine Bedürfnisse befriedigen will, auch nach Maßgabe seiner körperlichen und geistigen Fähigkeiten an der Herstellung der Gegenstände zur Befriedigung der Bedürfnisse aller tätig ist. Die alberne Behauptung, die Sozialisten wollten die Arbeit abschaffen, ist ein Widersinn sondergleichen. Nichtarbeiter, Faulenzer gibt's nur in der bürgerlichen Welt. Der Sozialismus stimmt mit der Bibel darin überein, wenn diese sagt: Wer nicht arbeitet, soll auch nicht essen. Aber die Arbeit soll auch nützliche, produktive Tätigkeit sein.« Im nächsten Absatz fordert Bebel zudem, dass die Arbeit im Sozialismus »im Zeitmaß mäßig« sein müsse, niemanden überanstrengen dürfe, möglichst angenehm, abwechslungsreich und ergiebig sein müsse.

Ein erster Hinweis an Müntefering: Bebel spricht hier nicht über kapitalistische Verhältnisse, sondern über sozialistische. Daraus Folgerungen zu ziehen, die für Arbeitslose im Kapitalismus gelten sollen, erscheint mir frivol. Bebel hat in dieser Passage überhaupt nicht an Arbeitslose gedacht, da es in der sozialistischen Zukunftsgesellschaft, von der er spricht, keine Arbeitslosen gibt. Auch fiel sein zugespitztes Diktum im Rahmen eines aktuellen politischen Streits: Er glaubte, die sozialistische Bewegung gegen Angreifer verteidigen zu müssen, die den Sozialisten vorwarfen, sie wollten »die Arbeit abschaffen« und so den Untergang des Abendlandes herbeiführen. Was Müntefering und andere Sozialdemokraten aus Bebels gefährlichem Satz ableiten, ist von Übel und weit von der Welt entfernt, die Bebel damals entwarf. Sie leiten daraus eine moralische Rechtfertigung dafür ab, Langzeitarbeitslose in die Armut zu stoßen und dazu zu zwingen, jede noch so miese und noch so unterbezahlte Arbeitsstelle anzunehmen. Sie wollen, so scheint mir, Menschen, die unschuldig arbeitslos geworden sind, das Recht nehmen, ihr berufliches Schicksal selbst zu bestimmen.

Bibelfeste können hier Jeremia zitieren: »Weh dem, der sein Haus mit Sünden baut …, der seinen Nächsten umsonst arbeiten lässt und gibt ihm seinen Lohn nicht.«[11] Oder Jesus von Nazareth: »Seht die Vögel unter dem Himmel an: Sie säen nicht, sie ernten

nicht … und euer himmlischer Vater ernährt sie doch.«[12] Das
heißt für heute:

> *Wen Unternehmer auf den Müll geworfen haben,*
> *den holen wir da wieder raus.*

»Ein Tag ohne Fleisch ist ein Tag in Armut.« / »Fleisch essen ist unmoralisch.«

Apropos Essen! Wie eng Arbeit und Essen, zumindest traditionell,
zusammenhängen, zeigt schon die Redensart, jemand stehe in Lohn
und Brot. Und schon stecken wir mitten im vielleicht erbittertsten
Glaubenskampf unserer Zeit und Kultur. Wenn wir schon keine
Pfaffen und Volkstribune haben, die uns in die heilige Schlacht treiben, dann sei es die große Frage: Fleisch oder Tofu? Und wenn
schon, denn schon, es geht natürlich um alles oder nichts.

Alles also! Denn ein Tag ohne Fleisch ist ein Tag in Armut und
Elend.

Oder nichts: Fleischessen ist unmoralisch.

Geht's noch? Zwischen »kein Fleisch« und »jeden Tag (oder
gar zu jeder Mahlzeit) Fleisch« sehe ich ein recht weites Feld. Ob-
jektive Gründe für solche Extrempositionen sind, zumindest von
der Mitte des Feldes aus, schwer zu erkennen. Schauen wir uns
ein paar gängige Argumente an!

Wer nach dem Motto »Fleisch ist mein Gemüse« lebt, hat anscheinend noch nie eines meiner Lieblingsgerichte probiert: Ger-
lindes Gemüselasagne. Oder eine meiner Ein-Mann-Kreationen:
Broccolinudeln an Kräuterkäsesahne mit gebratenen Mandeln.
Armut? Zeugt es nicht eher von Armut, nämlich kultureller,
wenn jemand aus Dummheit, wie ich hier sagen muss, auf ein
reichhaltiges Spektrum möglicher Genüsse verzichtet?

Das trifft umgekehrt natürlich auch auf Leute zu, die Datteln
im Speckmantel, Coq au vin oder Saltimbocca alla romana entsa-
gen. Der Unterschied liegt darin, dass die Gemüsemuffel in der

Regel gar nicht wissen, was sie versäumen, die Fleischverächter aber schon. Deshalb brauchen diese auch eine Ideologie, die eine Nummer härter ist und die Keule der Moral schwingt.

Ja, die Tierquälerei in Europas Schweine-, Rinder-, Puten- und Hühnerställen ist grausam und unerträglich – hier stimme ich mit Vegetariern und Veganern überein. Es fällt mir nicht schwer, Empathie für die betroffenen Tiere zu empfinden. Dennoch weigere ich mich, auf den Genuss von Fleischgerichten zu verzichten. Ich esse wenig Fleisch, möglichst nur solches aus artgerechter Haltung, nur solches mit einem anständigen Preis, der diese Haltung finanzieren kann, aber ich esse es. Mit welcher moralischen oder philosophischen Begründung?

Einmal, weil ich den gesetzlich oder moralisch erzwungenen Verzicht auf Fleischgerichte als schwer erträgliche Einschränkung der freien Entfaltung meiner Persönlichkeit empfinden würde. Da ich keine Mitmenschen schädige, wenn ich Datteln im Speckmantel esse, hat sich die Gesellschaft meiner Mitmenschen hier nicht einzumischen.

Dass ich dadurch Tiere schädige, ist kein hinreichender Grund für eine Einschränkung meiner persönlichen Freiheit. Denn ich schädige auch dadurch Tiere, dass ich Auto oder Bahn oder Fahrrad fahre, durch die Natur wandere, pflanzliche Lebensmittel verbrauche, die angebaut und transportiert werden müssen, oder in einem Haus wohne und warm dusche. Offenbar können wir Menschen praktisch nicht leben, ohne Tiere und Pflanzen zu schädigen. Was nicht heißt, dass wir uns in dieser Hinsicht alles erlauben dürften, was uns Spaß macht. Jeder ist dazu angehalten, das Ausmaß dieser Schäden insgesamt so klein wie möglich zu halten. Die Entscheidung, welche Schäden wir in Kauf nehmen und welche wir vermeiden, muss aber jedem Einzelnen überlassen bleiben. Ich verzichte nun einmal lieber auf Autofahrten und Flugreisen als auf Speck.

Es gibt noch einen marktpolitischen Grund, der dagegen spricht, komplett auf Fleisch zu verzichten. Wer das tut, fällt als Kunde der Fleischproduzenten weg und kann auf diese keinen Einfluss mehr nehmen. Ein langsam schrumpfender Markt für

Fleisch führt tendenziell zu sinkenden Preisen, und noch billigeres Billigfleisch kann nur durch noch mehr Tierquälerei produziert werden. Dazu kommt ein politischer Effekt: Wer den Glaubenskrieg zwischen Fleischessern und Fleischverweigerern durch Extrempositionen verschärft, löst wahrscheinlich Trotzreaktionen der Fleischesser aus. Die fanatischen Karnivoren werden darauf reagieren, indem sie noch bedenkenloser noch mehr Fleisch essen, nach dem Motto: jetzt erst recht!

Es erscheint mir deshalb erheblich sinnvoller und effektiver, diejenigen zu unterstützen, die wichtige Schritte in die richtige Richtung getan haben – die Produzenten von Fleisch aus einigermaßen artgerechter Haltung und deren Kunden. Unterstützen heißt: ihre Produkte kaufen und einen fairen Preis dafür bezahlen. Das ist ein Kompromiss.

Fleischessern wird auf philosophischer Ebene gerne vorgeworfen, sie bezögen ihr vermeintliches Recht, Tiere zu essen, aus einem anthropozentrischen Weltbild, in dem der Mensch sich als »Krone der Schöpfung« inszeniere, als einzige Gattung, die dank ihrer überlegenen Vernunft wertvoll sei.[13] Ich dagegen leite dieses Recht im Gegenteil gerade daraus ab, dass Menschen Affen sind, also Tiere, also ein Teil der Natur. Als Teil der Natur sind wir unweigerlich dem natürlichen Gesetz des Fressens und Gefressenwerdens ausgeliefert. Wir müssen zwar keine Tiere essen, aber Tiere töten, um zu überleben. Auch ein Weizenfeld tötet Tiere. Dieses schwierige Feld ist wohl eines der wenigen, auf dem

die Wahrheit tatsächlich ungefähr in der Mitte liegt.

»The winner takes it all. Nur die Goldmedaille zählt.«

Zum Schluss des Kapitels noch ein Dogma aus dem Feld des Sports! In diesem Fall eher des passiv genossenen Sports. Haben Sie sich auch schon einmal über den üblichen Medaillenspiegel nach einer Olympiade gewundert? Der »Ewige Medaillenspiegel der Olympischen Sommerspiele«, den die deutsche Wikipedia anbietet, listet zum Beispiel China mit 201 Gold-, 144 Silber- und 128 Bronzemedaillen (insgesamt 473) auf Platz 6, Italien mit 198 Gold-, 166 Silber- und 185 Bronzemedaillen (insgesamt 548) dahinter auf Platz 7. Noch krasser ist das Missverhältnis bei Tschechien und Kanada (Platz 18 und 19): 63 Gold-, 65 Silber- und 63 Bronzemedaillen (insgesamt 190) schlagen 58 Gold-, 100 Silber- und 119 Bronzemedaillen (insgesamt 278). Theoretisch zählt in dieser Zählweise eine Goldmedaille mehr als hundert Silbermedaillen.

»The winner takes it all, der Sieger kriegt alles« – vor allem die gesamte Aufmerksamkeit der Medien. Ist das nicht ein etwas seltsamer Heldenkult um den jeweils einzigen »ersten Sieger«? Gibt es denn außer der Goldmedaille nichts zu feiern? Das widerstrebt mir als Rheinländer. Eine Basketballmannschaft zum Beispiel, die am Ende des Spiels knapp verliert, hat sich doch unterwegs dahin über jeden erzielten Korb (und besonders über jeden Führungstreffer) gefreut. Deshalb wäre es aus dem Blickwinkel rheinischer Frohsinnsexperten sinnvoller, den Medaillen Punkte zu geben, etwa jeder Goldmedaille fünf, jeder Silbermedaille drei und jeder Bronzemedaille einen Punkt. Dann hätte Italien in der genannten Liste 1673 Punkte, China 1565, Kanada 709 und Tschechien 573. (Die Sportpatrioten seien beruhigt: Am dritten Platz von Deutschland würde sich dadurch nichts ändern. Die Schweiz und Österreich würden sogar profitieren und ihre Plätze verbessern – zulasten von Norwegen und Äthiopien.) Das würde der Tatsache besser Rechnung tragen, dass Silber- und Bronzemedaillen natürlich auch ein Grund zur Freude sind, ein Grund, auf eine Weltspitzenleistung stolz zu sein, die sich häufig nicht sichtbar von der des Goldmedaillengewinners unterschieden hat.

Unsere deutsche und europäische Art, Medaillen zusammenzuzählen, ist gar nicht weltweit üblich. Ausgerechnet in Nordamerika pflegt man, die Länder einfach nach der Gesamtzahl der Medaillen zu ordnen.[14] Gut für Kanadas Sportler, die wacker Silber- und Bronzemedaillen sammeln. Sagt das irgendetwas aus im

Europa-Nordamerika-Vergleich? Gibt es in Usa und Kanada so einen seltsamen Ausdruck wie »A verwies B und C auf die Plätze«? Sind die Plätze zwei und drei dort nichts Schlechtes, sondern etwas Gutes? Das ist ein (leider derzeit unbezahlter) Forschungsauftrag für Anglistinnen und Anglisten. Und ich empfehle:

Mehr Freude auf den Plätzen!

Dogmen über Arm und Reich

> *»Jeder ist seines Glückes Schmied.«*

Wir befinden uns im Stammland der Dünkeldogmen. Die dünkelhaft Glücklichen sind davon überzeugt, dass sie ihr Glück selbst
geschaffen haben, so wie die Unglücklichen ihr Unglück. Die
national- und kapitalliberale Schule in Deutschland und anderswo hat eine Vorliebe fürs biedere Handwerk. Mit der
Schmied-Metapher schmieden die Besitzer der Essen und Am-
bosse sich eine funkelnde Rüstung gegen diejenigen, die keine
Esse und keinen Amboss besitzen. Doch das Dogma ist durchaus
zweischneidig, wie die folgende Geschichte aus Großbritannien
zeigt.

Die britische Konservative Margaret Thatcher führte 1979 bis
1986 einen erbarmungslosen Feldzug gegen den »Sozialismus«,
den sie nach ihren eigenen Worten »töten« wollte:[1] nämlich die
britischen Gewerkschaften und die sozialen Menschenrechte in
Großbritannien. Es sollte nicht mehr sein, dass Arbeiter sich zusammenschließen und im gemeinsamen Kampf, im Streik höhere
Löhne durchsetzen. Die Veränderungen, die ihre Politik in der
britischen Gesellschaft angerichtet haben, werden von Konservativen gerne als Revolution gelobt. Eine späte Quittung dafür waren die Jugendkrawalle von Tottenham 2011. Der Journalist Heribert Prantl beschrieb den Zusammenhang im August 2011 in
der *Süddeutschen Zeitung*:

»Kaum ein anderes führendes Industrieland in Europa hat ein
so klassifizierend abgeschottetes Bildungssystem wie das britische. Vier Millionen Kinder und Jugendliche leben dort in Armut, das sind rund dreißig Prozent. Aber Premier Cameron sagt

dazu das, was schon vor dreißig Jahren Margaret Thatcher propagiert hat: Jeder ist seines Glückes Schmied.

Das ist einerseits ein Satz, der den Neoliberalen gefällt, weil sie Solidarität und Fürsorge für Schmonzes halten. Das ist aber auch ein jugendlich-optimistischer Satz, in dem viele junge Leute ihre Überzeugung wiederfinden, weil sie ihrem Glück und ihrer Kraft vertrauen – bis sie erfahren, dass niemand sie schmieden lassen will …

Der Kapitalismus ist eine ähnlich frevlerische Wirtschaftsform, wie sie der Kommunismus war. Er frevelt heute auf Kosten von Menschen und Staaten. Zuletzt vermochte er es gar, den Staat davon zu überzeugen, dass dieser die vom Kapitalismus angehäuften Schulden tragen muss – wegen der staatlichen Verantwortung für das Große und Ganze.«

Der junge Bielefelder Autor Nuran David Calis, der als Türsteher im Migrantenvorort Baumheide groß wurde und darüber 2011 einen autobiografischen Roman veröffentlichte, ist der richtige, um das Dogma seiner Jugend in die Tonne zu treten, in die es gehört: »Früher, sagt Calis, habe er an diese romantische Idee geglaubt, dass jeder eine Chance hat. Nun, nach dem Schreiben des Buchs, habe sich sein Blick verändert … ›Die Wahrscheinlichkeit, vom Blitz getroffen zu werden, ist größer, als aus eigenen Kräften da rauszukommen‹, sagt Calis heute über seinen Weg heraus aus dem Milieu. Das sei das Erschreckendste gewesen, das er während des Schreibens entdeckt habe.«[2]

Wenn Calis nicht so lebensklug und aufrichtig wäre (oder einfach skrupellos), würde er seine eigene Erfolgsgeschichte als »schlagenden Beweis« für die Richtigkeit des Dogmas verkaufen. Solche Geschichten gibt es viele. Die meisten Leser vergessen, dass einzelne Erfolgsgeschichten nichts beweisen. Sie beweisen, dass diejenigen, die Erfolg gehabt haben, Erfolg gehabt haben – und verschweigen die Millionen Fälle, in denen Menschen alles richtig gemacht haben, immer nur positiv drauf waren, immer fleißig, immer zielstrebig – und dennoch gescheitert sind. Und weitere Millionen Fälle, in denen positives Denken, Fleiß und Zielstrebigkeit im Keim erstickt wurden.

Bertolt Brecht dichtete für seine »Dreigroschenoper« 1929 ein Antidogma der Arbeitslosen, von denen viele damals den Gashahn aufdrehten, um ihrem Elend ein Ende zu machen:

Denn die einen sind im Dunkeln <
Und die andern sind im Licht.
Und man siehet die im Lichte
Die im Dunkeln sieht man nicht.

 ### »Arme sind an ihrer Lage meist selber schuld.«

So lautet das passende Gegenstück der Dünkelliberalen zu ihrem Dogma über die Glücksschmiede. Die *Zeit*-Reporter Viola Heeß und Henning Sussebach zogen im Dezember 2011 als obdachloses Paar verkleidet eine Woche lang durch Kronberg und Königstein im Taunus, die beiden deutschen Städte mit der höchsten Konzentration an Reichen, um auszuprobieren, wie deutsche Reiche reagieren, wenn sie von Armen um Hilfe gebeten werden. Als sie in Kronberg einem Kind begegneten, das sie am Vortag schon gesehen hatte, sagte dieses zu seiner Mutter: »Mama! Da sind wieder die faulen Feiglinge.«[3]

Henning Sussebach fragte den Bielefelder Soziologen Wilhelm Heitmeyer, was man gegen dieses Vorurteil sagen könne, und Heitmeyer antwortete ganz pragmatisch sinngemäß: Um so ein Urteil über Menschen fällen zu können, müssen Sie die Menschen erst einmal nach ihrer Geschichte fragen. Solange Sie das nicht getan haben, steht Ihnen ein solches Urteil gar nicht zu.

Nun könnten Reiche einwenden: Über uns werden ja auch alle möglichen Urteile gefällt, ohne dass uns jemand nach unserer Geschichte gefragt hätte.

Ich erwidere: Erstens bleibt uns, den Nichtreichen, kaum eine andere Wahl, da es für uns sehr schwierig ist, einen Reichen überhaupt etwas zu fragen. Wenn man es versucht, antworten normalerweise nur seine Angestellten. (Dazu liefern Heeß und

Sussebach in ihrer Reportage viele eindrucksvolle Beispiele.) Und zweitens findet man in der Regenbogenpresse durchaus eine Menge Geschichten über Reiche, so wie Reiche sie gerne über sich selbst erzählen – aber kaum jemals eine Geschichte über Arme in Europa. Wir haben also durchaus Anhaltspunkte, wenn wir uns ein Urteil über Reiche erlauben.

Heitmeyers Antidogma in Kürze:

> *Frage den Armen nach seiner Geschichte,*
> *dann erfährst du, wer an seiner Lage schuld ist.*

»Die demographische Entwicklung zwingt uns zu sozialen Grausamkeiten.«

Das Schlagwort »demographische Entwicklung« muss für vieles herhalten – auch für ganz üble Parolen. So erklärte Björn Höcke, Spitzenkandidat der AfD in Thüringen, im September 2014 gegenüber dem deutschnationalen Monatsmagazin *Zuerst!*, dass die »demographische Frage« nicht bloß die sozialen Sicherungssysteme, sondern auch die »europäische Kultur« herausfordere.[4] Hört, hört, die europäische Kultur, das Abendland ist in Gefahr! Es geht mal wieder unter, weil die Blonden und Blauäugigen aussterben, die schrecklichen »Südländer« sich so stark vermehren und die ganzen Tattergreise so lange am Leben bleiben. Das war der Stoff, aus dem die europäischen Faschisten der 1920er und 1930er Jahre (nicht nur die deutschen!) einen Katalog von Grausamkeiten abgeleitet haben: Streichen der Versorgung, Zwangssterilisationen (sogar in Schweden), Sexverbote, Euthanasie. Heute dient er vor allem dazu, die Renten abzusenken und andere Sozialleistungen zu kürzen.

Welch ein Unfug! Denn die demographische Entwicklung führt zunächst genau zum Gegenteil: Die geburtenstarken Jahrgänge 1960 bis 1965 sind zwischen 2000 und 2020 40 bis 60 Jahre alt, stehen also auf dem Höhepunkt ihrer Karrieren, verdie-

nen besonders viel und zahlen dementsprechend in die Rentenkassen ein. Der demographischen Entwicklung nach müsste es
den Rentenkassen also derzeit so gut gehen wie selten oder nie
zuvor. Das ist, in Grenzen, auch wirklich der Fall: Die gesetzli-
chen Rentenversicherungen hatten 2014 eine sogenannte Nach-
haltigkeitsrücklage von rund 33 Milliarden Euro aufgehäuft und
haben deshalb faktisch keine Probleme, die viel beschriene Rente
mit 63 und die Mütterrente für Frauen, deren Kinder vor 1992
geboren wurden, zu finanzieren.[5]

Die Rentenfeinde aus dem Unternehmerlager behaupten gern,
diese »Rentengeschenke« der Bundesregierung gingen auf Kosten heutiger Kinder und Jugendlicher, die dafür später mit höheren Beiträgen und niedrigeren Renten bezahlen müssten.[6] Die
Schlagzeile der *Frankfurter Allgemeinen Sonntagszeitung* vom
23. November 2014 dazu: »Bezahlt wird später. Die Rente mit 63
ist zum großen Renner geworden. Die Schwachen bluten für die
Starken.« Das sind Propagandaparolen, die mit Ökonomie nichts
zu tun haben. Heutige Rentenzahlungen werden immer aus den
heute eingenommenen Beiträgen finanziert. Sie werden *heute*
bezahlt und nicht erst später – und zwar überwiegend von denen, die heute relativ gut verdienen und entsprechend hohe Beiträge entrichten, und nicht von »den Schwachen«. Weil eher
Starke betroffen sind, ist auch der Widerstand groß. Wenn in
zehn oder zwanzig Jahren die Renten gesenkt werden, liegt das
nicht daran, dass heute einige Leute relativ gute Renten bekommen haben; sondern daran, dass bestimmte Beitragszahler in
zehn oder zwanzig Jahren weniger Beiträge einzahlen möchten.

Wenn es den Rentenkassen heute weniger gut geht, als es ihnen gehen könnte, muss das andere Gründe haben als die demographische Entwicklung – zum Beispiel folgende:

- zu viele Arbeitslose,
- zu viele prekär Beschäftigte, die keine Sozialbeiträge einzahlen,
- zu viele Arbeiter und Angestellte mit extrem niedrigen Brutto-
  löhnen und Bruttogehältern,

- insgesamt ein zu geringes Bruttolohn- und Bruttogehaltsniveau,
- die Beitragsbemessungsgrenze, durch die höhere Einkommen aus der Finanzierung der Rentenkassen herausfallen.

Gründe, die – außer dem ersten – von den Wirtschaftsprofessoren und Wirtschaftsredakteuren wohl deshalb fast nie erwähnt werden, weil daran nicht die üblichen Verdächtigen (der böse Staat, die bösen Gewerkschaften, die bösen 68er/Grünen/Gutmenschen) schuld wären, sondern die heiligen Unternehmer.

Doch auch für die Zeit nach 2020 sind die gängigen Prognosen, die einen Abbau der Renten oder alternativ das Chaos voraussagen, äußerst zweifelhaft, wie der Kölner Statistiker Gerd Bosbach in mehreren Szenarien gezeigt hat.[7] Die Demographie-Unken verschweigen uns nämlich regelmäßig vier gegenläufige Faktoren:

1. Nicht nur die Rentner, sondern auch die Kinder müssen von den Beschäftigten mitversorgt werden. Das Zahlenverhältnis zwischen Beschäftigten und Mitzuversorgenden insgesamt verändert sich lange nicht so stark wie das Verhältnis zwischen Beschäftigten und Rentnern, wozu die sinkende Geburtenrate, die sonst meist als Problem gesehen wird, selber beiträgt.
2. Viel dramatischer als in den Prognosen war die Änderung des Verhältnisses zwischen Beschäftigten und Rentnern in der Vergangenheit, etwa in der ersten Hälfte des 20. Jahrhunderts. Den größten Teil dieser wachsenden Belastung der Beschäftigten – wenn es denn eine ist – haben wir also längst hinter uns. Auch damals wurden deshalb das baldige Aussterben der Deutschen und der baldige Untergang des Abendlandes prophezeit. Stattdessen sind in der Zeit sowohl die Renten als auch die Realeinkommen der Beschäftigten gestiegen.
3. Der Grund dafür ist die steigende Produktivität der Arbeit. Immer weniger Menschen sind nötig, um die Produkte und Dienstleistungen zu erzeugen, die wir brauchen, um die Gesamtbevölkerung zu versorgen.

4. Die Lebenserwartung der Menschen steigt, weil sie länger gesund und leistungsfähig bleiben als früher. Sie könnten in Zukunft also auch länger arbeiten als bis 65. Vorausgesetzt, sie werden nicht durch gnadenlose und sinnlose Hetze unter dem Zeichen des Konkurrenzdruckes bei den Renditen der Aktionäre vor der Zeit krank gemacht, wie es jetzt in vielen Berufen und Betrieben geschieht.

Kurz gesagt:

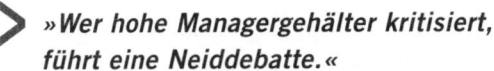

Die demographische Entwicklung und die wirtschaftliche Entwicklung erlauben uns eine Erhöhung der Renten.

 »Wer hohe Managergehälter kritisiert, führt eine Neiddebatte.«

Michael Hüther, Direktor des Instituts der deutschen Wirtschaft (IW), behauptete im März 2012: »In Deutschland hat kaum jemand Probleme damit, dass Schauspieler und Fußballstars Millionen im Jahr verdienen. Nur bei Managern regt sich der Neid – obwohl sie es sind, die die Arbeitsplätze schaffen.«[8] Der konservative Medienwissenschaftler Norbert Bolz stößt in das gleiche Horn, wenn er behauptet, die Forderung der »Gutmenschen« nach sozialer Gerechtigkeit sei nur eine Maske für ihren Neidkomplex. Bolz verstieg sich 2008 sogar zu der These, der »politisch korrekte Gutmensch« sei der moderne Antichrist – wobei er das biblische Dogma vom Antichristen aufgreift, einem endzeitlichen Gegenspieler Jesu Christi (nach den Briefen des Johannes im Neuen Testament).[9]

Bei Hüther stecken gleich drei trübe Dünkeldogmen in einem Satz – und Bolz stellt seine steile These dankenswerterweise selber in die Tradition eines klassischen Dogmas der Kirchengeschichte, das jahrhundertelang dazu diente, missliebige Gruppen oder Personen innerhalb des Christentums auf den Scheiterhaufen zu befördern.

Hüthers Vergleich mit Fußballspielern kann ich aus meiner persönlichen Erfahrung überhaupt nicht bestätigen. Ganz im Gegenteil – wann immer ich während einer Fußballübertragung meiner spontanen Empathie für Menschen Ausdruck gebe, die gerade vor meinen Augen große Schmerzen erleiden, weil ihnen jemand mit voller Kraft gegen das Schienbein getreten hat, kommt geradezu reflexhaft von einer meiner Mitzuschauerinnen (männliche inklusive) der Einwand: »Wer so viel verdient wie die, muss auch mal was wegstecken können. Außerdem ist das doch eh nur Schau.« (Ich antworte dann meist: »Das Geld, das der Mann kriegt, sehe ich nicht. Die Schmerzen, die er hat, schon.«) Die angeblich viel zu hohen Gagen von Fußballspielern – die sich leider bislang nur über einige männliche Exemplare der Spezies ergießen – sind in der Bevölkerung also, zumindest nach meiner persönlich vorsortierten Stichprobe,[10] sehr präsent und werden mit hoher Wahrscheinlichkeit deutlich häufiger thematisiert als hohe Managergehälter – schon alleine deshalb, weil Fußballspieler populärer sind als Manager. Hüthers Formel »nur bei Managern« ist also stark zu bezweifeln.

Der Kernvorwurf bei Hüther wie bei Bolz ist der des Neides. Neid galt im christlichen Mittelalter als eine der sieben Hauptsünden. Da fast niemand frei von diesem unschönen Gefühl ist, neigen wir dazu, still zu werden, wenn uns jemand Neid unterstellt. Doch es wird auch leicht umgekehrt ein Schuh daraus (und ich kann diese Notwehrmaßnahme den Angegriffenen nur empfehlen): Wer allzu häufig oder heftig vom Neid anderer spricht, schließt vermutlich von sich selbst auf andere …

Neiddebatten kann man kaum sinnvoll führen; allenfalls auf persönlich-psychologischer Ebene.[11] Der Neidvorwurf ist also ein Basta-Dogma, das eine Debatte beenden soll – besonders pikant im Fall Bolz, der seinen politischen Gegnern, die er gerne »Gutmenschen« nennt, vorwirft, ihr »politisch korrekter« Moralismus beende das Denken und jede Diskussion. Zugleich ist das Neiddogma ein Dünkeldogma, mit dem sich Reiche ganz prima über die sittlich wie gesellschaftlich tief unter ihnen stehenden Neider erheben können.

Was den Neidbegriff so stark schillern lässt, ist der Umstand, dass es destruktiven und konstruktiven Neid gibt: Destruktive Neider möchten Gleichheit herstellen, indem sie den Extrabesitz der Beneideten am liebsten stehlen oder zerstören würden. Konstruktive Neider fügen sich teils in die Unvermeidlichkeit ihres Schicksals (wie die Oma, die ihre Enkeltochter um ihre jugendliche Schönheit beneidet, wobei sie nicht daran denkt, dem Mädchen seine Jugend wegnehmen oder vergällen zu wollen); oder sie streben danach, die vermissten Güter selbst zu erwerben und so mit dem Beneideten gleichzuziehen; oder sie setzen sich, wie das Bündnis »Umfairteilen«, für eine gerechtere Verteilung von Einkommen und Vermögen ein. In diesen beiden Formen, und auch in Form der Angst vor dem Neid der anderen, hat er nach Auffassung von Helmut Schoeck und anderen Soziologen sogar eine konstruktive Rolle beim Aufbau industrieller Gesellschaften gespielt.[12] Unter den Religionen arbeitet sich offenbar nur das Christentum so intensiv am Neid ab, während er im Judentum, im Islam, im Hinduismus und in der griechischen Philosophie nur am Rande vorkommt.

Mir scheint, es führt in die Irre, wenn wir bei diesem Thema zu stark auf ökonomische Kennziffern fixiert sind. Es ist natürlich scheinheilig, wenn ausgerechnet eine Führungsschicht, die den Gewinn vergöttert und Gewinnstreben für das einzige legitime menschliche Motiv hält, anderen Leuten vorwirft, dass sie beim öffentlichen Geldzählen mitzählen und vergleichen. So menschlich diese Schwäche und Einseitigkeit ist, möchte ich sie doch hin und wieder überwinden und andere Aspekte in den Vordergrund rücken – vor allem die Machtfrage, oder besser: die Frage der Herrschaft.

Reiche sind nicht nur reich, sondern im Allgemeinen auch mächtig. Großem Einkommen und Vermögen entspricht eine hohe Konzentration von gesellschaftlichem und politischem Einfluss und Macht. Unternehmer üben eine Form von Herrschaft über ihre Beschäftigten aus, die sich in der Redensart spiegelt: »Wes Brot ich ess', des Lied ich sing.« Wer als einzelner die Macht hat, Tausenden von Menschen ein Gehalt auszuzahlen, also ihnen ihr Brot zu geben, der hat die Macht, Tausende von Menschen das gleiche Lied singen zu lassen: das Loblied auf ihren edlen Arbeitgeber und Paten, der ihnen angeblich den Arbeitsplatz und damit ihre gesellschaftliche Daseinsberechtigung »geschaffen« hat. Oft erstreckt sich diese Herrschaft sogar auf die ganze Stadt, in der das Unternehmen residiert.[13] Das bedeutet: Wer Reichtum und Macht der Manager und ihrer Auftraggeber, der Großaktionäre, in Frage stellt, zieht auch eine Herrschaft in Zweifel, ist ein Regimekritiker, ein Freiheitskämpfer. Und wer umgekehrt solche Regimekritiker mit dem billigen Neidvorwurf verunglimpfen will, betätigt sich als publizistischer Büttel der Herrscher.

Ihr Widerspruch:

Wer krasse Ungleichheit kritisiert,
stellt eine Machtfrage.

Dogmen über Geld und Macht

> **»Geld regiert die Welt.«**

Die Redensart scheint eine Binsenweisheit zu sein, und viele glauben, dass sie kritisch gemeint ist. Ich bezweifle beides. Sie verdeckt mehr den Kern der Herrschaft, der wir unterliegen, als ihn zu benennen, und sie bestätigt die Herrschaft mehr, als sie in Frage zu stellen. In der zweiten Funktion wäre sie ein Basta-Dogma. Zuerst dazu!

Noch nie ist ein Herrscher gestürzt, nur weil jemand festgestellt hat, dass er herrscht. »Die Vasallen regieren Frankreich.« War das der Satz, der sie gestürzt hat? Nein. Sie stürzten, als die Abgeordneten des Dritten Standes 1789 sagten: »Wir sind die Nation.«

»Die SED-Bonzen regieren die DDR.« War es das, was gesagt werden musste, um Honecker, Mielke, Mittag und Co. zu stürzen? Nein, was gesagt werden musste, war: »Wir sind das Volk.«

Wer »Geld regiert die Welt«[1] sagt, will vielleicht, dass das so bleibt. Deshalb nutzt er eine anonyme Größe, die man nicht packen kann, die schon gut 3000 Jahre alt ist, die wohl auch in den nächsten Jahrhunderten nicht verschwinden wird, und gegen die man kein »Wir« setzen kann, weil *wir* ja auch alle etwas Geld haben oder haben wollen.

Ist »Geld« nicht einfach eine Metapher für die Reichen? Ja, aber eine entlastende. Der Konflikt wird entschärft, wenn wir sagen: »Geld regiert die Welt«, und nicht sagen: »Reiche regieren die Welt.« Therapeuten mögen hier einwenden, der Spruch hilft uns dabei, uns mit Unabwendbarem abzufinden. Ich aber sage euch: Jede Herrschaft ist abwendbar. Wer diese Herrschaft stürzen will, muss nach dem Vorbild der oben zitierten Revolutionäre sagen: »Wir haben das Geld.« Jawohl, wir haben es – wenn wir es nehmen. Denn es existiert nur, weil *wir* arbeiten und konsumieren.

Dem Kern der Herrschaft kommen wir vermutlich näher, wenn wir an konkrete Menschen denken, die herrschen. Welche sind das? Der Ökonom John Kenneth Galbraith sagt, es sind die Konzerne, und innerhalb der Konzerne sind es die Manager, deren Kaste er frech als »Unternehmensbürokratie« bezeichnet – unter Bruch jenes Dogmas, nach dem Bürokratie nur in Staatsorganen denkbar sei.[2] Der Soziologe Hans Jürgen Krysmanski dagegen porträtiert in seinem Buch *0,1%* laut Untertitel »das Imperium der Milliardäre«. Er geht also davon aus, dass nicht die Manager, sondern die Besitzer der Konzerne herrschen, eben die Vermögensmilliardäre. Egal, wer von beiden Recht hat: Wenn wir ergründen wollen, wer Macht über uns ausübt oder uns beherrscht[3] und welche Motive diese Leute antreiben, müssen wir die infrage kommenden Leute beim Namen nennen. Eine anonyme Größe wie »Geld« hilft da nicht weiter. Außerdem lässt sie sich, wie die deutsche Geschichte gezeigt hat, für antisemitische Hetze missbrauchen.[4]

Geldgier spielt sicherlich als Motiv sowohl bei Managern als auch bei Aktionären eine wichtige Rolle. Doch ich bezweifle, dass sie das einzige Motiv ist, das den Kapitalismus antreibt. Dazu werden zu viele ökonomisch unsinnige oder zumindest sehr zweifelhafte Projekte von Unternehmern und anderen Entscheidern mit großer Energie vorangetrieben. Drei Beispiele:

Getrieben vom damaligen bayerischen Innenminister Edmund Stoiber stieg die halbstaatliche Landeswohnungs- und Städtebaugesellschaft LWS Bayern Anfang der 1990er Jahre in das Bauträgergeschäft ein.[5] Finanzminister Georg von Waldenfels warnte und behielt Recht: Die LWS machte mit Großprojekten mal eben 500 Millionen DM Verlust. Als der Skandal 1999 ruchbar wurde, entließ Stoiber, inzwischen Ministerpräsident, als Sündenbock den Minister und früheren Aufsichtsratsvorsitzenden Alfred Sauter. 2001 ermittelte der Untersuchungsausschuss des bayerischen Landtags, dass Sauter »der Unschuldigste von den Schuldigen« gewesen war, so der SPD-Abgeordnete Gantzer. Schuldig war wohl vor allem Stoiber gewesen, der sich mit den gewagten Geschäften gegen seinen Rivalen Waldenfels beim Kampf um das Amt des Ministerpräsidenten durchsetzen wollte. Stoibers Rechnung war aufgegangen: Mache irgendetwas Großes, und sei es der größte Unsinn, dann wirst du der Größte.

Die vom damaligen Daimler-Benz-Vorstand Jürgen Schrempp 1998 betriebene Fusion der Autokonzerne Daimler, Chrysler und Mitsubishi stürzte den Daimler-Benz-Konzern in seine bislang schlimmste Krise und musste sieben Jahre später unter milliardenschweren Verlusten wieder rückgängig gemacht werden.[6] Was das Geld des Konzerns betrifft, war sie also ein grandioser Flop, der außer Milliarden von DM und Dollars auch Millionen von Mitarbeiter- und Expertenstunden verschlungen hat – und wer wollte, konnte das auch schon vorher ahnen, wurde dann aber mit dem Glaubenssatz »›Geht nicht‹ gibt's nicht« außer Gefecht gesetzt (siehe Seite 211). Doch die unselige und ökonomisch fatale Fusion vervielfachte Schrempps Gehalt und machte Schrempp für ein paar Jahre zu einem der weltgrößten Marktfürsten beiderseits des Atlantiks.

Die höchsten Wolkenkratzer der Welt, gemessen bis zum höchsten nutzbaren Geschoss, waren von 1931 bis 1972 das Empire State Building in New York (373 Meter), bis 2001 das World Trade Center in New York und der fast gleich hohe Sears Tower in Chicago (413 Meter), bis 2008 das Taipei 101 in Taipei (438 Meter), bis 2010 das Shanghai World Financial Center (474 Meter), seitdem der Burj Khalifa in Dubai (584 Meter). Ökonomisch gesehen ist der Bau von Wolkenkratzern wahrscheinlich unsinnig. Es wäre viel sinnvoller, effiziente Bürohäuser in gewöhnlicher Höhe außerhalb des Stadtzentrums der Metropolen zu bauen. Dass die bleistiftförmigen Schreibtischstapel und gläsernen Kilometer trotzdem gebaut werden, hat Gründe, die mit Geld und Profit eigentlich nichts zu tun haben: der Wunsch von Firmenvorständen, ihren Firmensitz so nah wie möglich an einer Weihestätte des Welthandels zu platzieren (wie etwa der New Yorker oder Frankfurter Börse); der Wunsch einzelner Granden des Kapitalismus, ihre Besucher mit einer Achtzig-Kilometer-Aussicht zu beeindrucken und sich so den Nimbus eines auf dem Olymp thronenden Gottes zu geben;[7] und schließlich der an spielende Jungen erinnernde Wunsch der Bauherren, wenigstens ein Jahr lang einen Weltrekord zu halten.

Es sind immer konkrete *Menschen* mit ihren persönlichen Schwächen und Vorlieben, die die Welt regieren. Edmund Stoiber, Jürgen Schrempp, Donald Trump regieren die Welt? Das hört sich lange nicht so unabänderlich an wie »Geld regiert die Welt«. Was sich als ökonomischer Sachzwang verkleidet, ist vielleicht etwas ganz anderes: nämlich die persönliche Herrschsucht, Ruhmsucht und Geldgier eines Entscheiders, eines einzelnen Menschen, die oft im Widerspruch stehen zu den Allgemeininteressen des Unternehmens, der Volkswirtschaft, der gegenwärtigen wie auch der zukünftigen Gesellschaft.

Wie inkompetent diese Herrscher sein können, wie kleinlich ihre Geldgier, wie lächerlich ihre Ruhmsucht und wie gemeingefährlich ihre Herrschsucht, das zeigen Fälle wie Stoiber und Schrempp. Weitere Fälle bringt das Dogma »Freie Märkte und freie Unternehmer können alles« (siehe Seite 139). Inkompetente Herrscher? Das dürfte für viele eine schwer erträgliche Vorstellung sein! Da bietet sich doch als irgendwie akzeptablere Alternative ein anonymes System ökonomischer Zwänge an – eben »das Geld«. Doch ich habe eine schlechte Nachricht für alle Untertanen:

> *Geld regiert die Welt? Nein, es ist viel schlimmer:*
> *Wichtigtuer, Trottel und Filous regieren derzeit die Welt.*

> »Kapital ist ein scheues Reh.«

Auch wenn viele glauben, Geld regiere die Welt – wenn es die Form von Kapital annimmt, scheint aus der cool agierenden Weltmacht plötzlich ein scheues Nervenbündel zu werden. Mit der herzzerreißenden Metapher aus dem Waldleben will man uns wohl sagen: Wenn böse Steuerfahnder, fanatische Umweltschützer oder rücksichtslose Gesetzgeber dem armen Kapital zu nahe treten, dann kommt es zur Kapitalflucht, dann springt Bambi mit den großen Dollaraugen ganz schnell in den Nachbarwald (ins Nachbarland) und wird nie mehr gesehen. Die Fernsehmoderatorin Maybrit Illner veröffentlichte 2007 ein Wörterbuch für Politikerdeutsch, in dem Phrasen in klares Deutsch übersetzt wurden. In einem Interview sagte sie dazu, ihr Lieblingsexemplar in der Blütensammlung sei: »Das Kapital ist ein scheues Reh.«[8]

Die waldige Metapher wird gerne benutzt, um den erstaunlichen Umstand zu rechtfertigen, dass der deutsche Staat nur sehr wenig über den Reichtum und die Reichen in Deutschland weiß. Beispielsweise erfasst die Einkommens- und Verbrauchsstichprobe, die das Statistische Bundesamt alle fünf Jahre erfasst, grundsätzlich keine Nettomonatseinkommen über 18 000 Euro – aus Datenschutzgründen, wie es heißt, und deshalb, weil die Zahl der Reichen dieser Art in der Stichprobe zu klein wäre. Die offizielle Statistik der Vermögensverteilung erfasst Immobilienvermögen nicht zum Marktpreis, sondern zu sogenannten Einheitswerten, die oft nur ein Zwanzigstel des Marktpreises ausmachen. Beim Mikrozensus werden überhaupt keine Fragen zum Vermögen gestellt. Damit der Schleier des Geheimnisses erhalten bleibt, verbreiten Reiche und ihre politischen und publizistischen Fürsprecher gerne das Märchen, sie würden sich sofort auf und davon machen, wenn irgendein Beamter einmal auf die Idee käme, genauer hinsehen zu wollen.[9]

Öfter wird kolportiert, dass der freundlich formulierte Satz ein Zitat von Karl Marx sei – so etwa von Thomas Hammer in der *Zeit* 2011.[10] Doch diese Ansicht beruht wohl auf einer Legende. Marx zitierte im ersten Band des *Kapital* den britischen Autor Thomas J. Dunning, der wiederum einen Satz aus der Zeitschrift *Quarterly Reviewer* aufgegriffen und ihm sofort eine ganz andere Wendung gegeben hatte – nämlich zu dem berühmten Satz über das Kapital als Galgenstrick:[11] »›Kapital‹, sagt der *Quarterly Re-*

viewer, ›flieht Tumult und Streit und ist ängstlicher Natur.‹ Das ist sehr wahr, aber doch nicht die ganze Wahrheit. Das Kapital hat einen Horror vor Abwesenheit von Profit oder sehr kleinem Profit, wie die Natur vor der Leere. Mit entsprechendem Profit wird Kapital kühn. Zehn Prozent sicher, und man kann es überall anwenden; 20 Prozent, es wird lebhaft; 50 Prozent, positiv waghalsig; für 100 Prozent stampft es alle menschlichen Gesetze unter seinen Fuß; 300 Prozent, und es existiert kein Verbrechen, das es nicht riskiert, selbst auf Gefahr des Galgens.«

Das scheue Reh mit dem großen Geldrucksack ist, so will es die Legende, stets bereit zur Kapitalflucht. Kapitalflucht? Was soll das eigentlich sein in einer Welt, in der das Kapital dreimal am Tag die Erde umrundet? Ulrike Herrmann führt in ihrem Buch *Der Sieg des Kapitals* an etlichen Beispielen aus, wie die Reichen dieser Welt permanent auf der Suche nach neuen Möglichkeiten sind, ihr Vermögen anzulegen. Das machen sie völlig unabhängig von nationalen Grenzen. Ihr Kapital »flieht« also stündlich oder minütlich von einem Land zum nächsten – ganz egal, ob dort Steuerfahnder, Umweltschützer oder andere unangenehme Zeitgenossen aktiv sind oder nicht. Zwar befindet sich eine Menge Vermögen in Steuerfluchtburgen wie Delaware (USA) oder den britischen Cayman Islands – aber doch immer nur ein kleiner Teil aller Vermögen der Welt. Die Burgen sind viel zu eng, um alles Kapital aufnehmen zu können. Das bedeutet: Die große Mehrheit des Kapitals geht in Länder, in denen Unternehmer und Reiche durchaus Steuern zahlen und Gesetze beachten müssen. Salopp gesagt: Das Kapital kann sowas ab. Die Tatsache, dass es in Mosambik keine funktionierende Umweltbehörde gibt, führt nicht dazu, dass Mosambik mit Kapital überschwemmt wird. Wahrscheinlich gibt es sogar eher eine positive Korrelation zwischen Umweltschutz und Investitionen, weil Umweltschutz ein Zeichen von Wohlstand ist, ein Zeichen von Rechtssicherheit, guter Infrastruktur und guten Lebensbedingungen für Wohlhabende.

Nein, es ist nach wie vor eher so, wie es jener Thomas J. Dunning im 19. Jahrhundert beschrieb: Es kommt auf den Profit an:

Wo es nach Rendite riecht, da findet sich schnell das Kapital ein. Welche Tiere können am besten riechen? Insekten. Heuschrecken zum Beispiel; aber die sympathischen Schmetterlinge können es noch besser.

Christophe Zerpka hat 2011 mehrere andere Tiervergleiche vorgeschlagen: »Die Märkte[12] müssen beruhigt werden! Aber was ist das für ein unheimliches Wesen, vor dem selbst die angeblich mächtigen Staatslenker so ohnmächtig erscheinen: der Markt? Es scheint sich um ein fürchterliches Fabelwesen zu handeln, eine Hydra, einen Zyklopen, den man auf keinen Fall reizen darf. Das einzige, was vielleicht hilft, ist begütigendes Einreden, ein leckeres Häppchen, ein paar Streicheleinheiten. Alle stehen ängstlich herum um diese Bestie, die unberechenbar erscheint. (…) Dabei ist dieser bedrohliche Lindwurm nur ein unglaublich gefräßiger verwöhnter Dackel, den alle hätschelten, bis er zum ungekrönten König der Tiere wurde.«[13] In der Tat: Hunde können ebenfalls sehr gut riechen. Lindwurm und Dackel deuten an, dass Kapital ein längliches Tier sein muss. Bleiben wir bei den Schmetterlingen:

Kapital ist eine gefräßige Raupe.

 »Vox populi, vox Rindvieh.«

Das witzige Sprüchlein ist lateinisch-deutsch und heißt wörtlich: »Stimme des Volkes, Stimme des Rindviehs«. Als Autor gilt der konservative Reichstagsabgeordnete und Großagrarier Elard von Oldenburg-Januschau (1855 bis 1937), der es um 1918 verbreitete und dabei wiederum dem preußischen General Friedrich von Wrangel (1784 bis 1877) in den Mund legte. Da liegt es richtig, denn es war Wrangel, der im November 1848 die demokratische Revolution in Berlin niederschlug. Es ist eine Parodie auf die kontroverse Sentenz »vox populi, vox Dei« (»Volkes Stimme ist Gottes Stimme«), die bereits in der Antike bekannt war, etwa bei Homer.

Ich kenne den Spruch aus dem Munde meines Großvaters Hermann von Larcher (1906 bis 1983), Diplom-Ingenieur für Maschinenbau und bis 1944 Mitbesitzer einer Papierfabrik in Siebenbürgen. Er war ein liebenswürdiger und auch kluger Mann, der seine karrieristische Verstrickung mit dem Naziregime kritisch reflektierte, anders als viele andere siebenbürgische Verwandte, die kennen zu lernen ich die Ehre hatte.

Doch dem spritzigen Charme des arroganten Gutsherrendiktums konnte er sich offenbar auch in späterer Zeit nicht entziehen. Es stimmt ja vielleicht auch irgendwie … Wenn es um die Ansiedlung von Flüchtlingen oder Kranken oder gar ehemaligen Straffälligen in der Nachbarschaft geht, möchte auch ich die kolportierte »vox vicinorum« (»die Stimme der Nachbarn«) am liebsten gar nicht erst hören. Doch sind die aggressiven Äußerungen Einzelner, die man dann hört, repräsentativ, sind sie die Stimme *des Volkes?* Erfahrungsgemäß nicht, weil Aggressive lauter sprechen als Friedfertige und deshalb oft ein Schreihals zwei oder drei Besonnene übertönt.

Wie häufig waren die Massen klüger als ihre Anführer! Ja, sie ließen sich zu Beginn des Ersten Weltkriegs wohl mehrheitlich zum Marschieren und Schießen verführen – aber das änderte sich im entsetzlichen Kriegsjahr 1916, im Granatfeuer von Verdun und an der Somme, und als im Steckrübenwinter 1916/17 die hungernden Säuglinge schrien und starben. »Das Volk« vermag aus solchen Katastrophen zu lernen und seine Haltung zu ändern. Die Herrscher nicht, sie bleiben »konsequent«, sie bleiben ihrem Wahn »treu«, sie sagen gnadenlos B, wenn sie einmal so dumm gewesen sind, A zu sagen (siehe Seite 222). Denn sie haben Angst, ihre Macht über die Massen zu verlieren, wenn sie einen Irrtum zugeben.

Genau das meinte Elard von Oldenburg-Januschau, als er 1918 den Spruch prägte. Ihn ekelte und ängstigte, dass die Kriegs- und Kaiserbegeisterung seiner Untertanen von 1914 so schnell verflogen war. Deshalb kam ihm der Ruf nach Frieden und Freiheit, der am Ende eines grauenhaften Krieges ertönte, wie das Muhen von durstigem Rindvieh vor. Doch hört man das

Muhen des Rindviehs nicht viel lieber als das geifernde Kikeriki von Generälen, das Heulen und Donnern von Geschützen?

> *Das Rindvieh hat Recht.*
> *Vox domini, vox galli.*[14]

»*Der kleine Mann kann da gar nichts tun.*«

Oder: »Die da oben tun ja doch, was sie wollen.« Darf ich vorstellen? Das Basta-Dogma schlechthin!

»Moment!«, mögen Sie jetzt einwenden: Dieser Satz stammt doch gar nicht von denen da oben, sondern von denen da unten; er ist vielleicht sogar kritisch gemeint. Wie kann das ein Basta-Dogma sein? Es kann – denn den Basta-Dogmen von oben entsprechen Basta-Dogmen von unten, die sie bestätigen. Gemeinsam ist beiden, dass sie die Herrschaft derer da oben über die da unten zementieren und rechtfertigen.

Die Herkunft der Redensart vom kleinen Mann ist schwer zu ermitteln. Wahrscheinlich geht sie auf Hans Falladas Roman *Kleiner Mann – was nun?* zurück, der 1932 erschien und das Schicksal eines kaufmännischen Angestellten in der großen Wirtschaftskrise dieser Jahre nachzeichnet. Ihre psychologische Funktion ist leichter zu erkennen: Der Spruch dient den Untertanen, den willigen Befehlsempfängern dazu, sie von der Verantwortung für alle Dinge zu entlasten, die auf den ersten Blick außerhalb des eigenen Berufs- und Familienlebens liegen. Aus Sicht der Herrscher hat er eine wichtige politische Funktion: Er sorgt für Ruhe im Betrieb, in dem er die Untertanen davon abhält, ihnen, den Herrschern, öffentlich zu widersprechen.

Zugleich trennt das Dogma wie kaum ein anderes in diesem Buch die Spreu vom Weizen: Wer es *nicht* äußert, ist kein Duckmäuser, kein Anhänger von Basta-Dogmen. Und es ist der typische Fall eines Spruches, den man nicht widerlegen kann. Wer ihn glauben will, findet immer genug Beispiele, die seinen Glauben scheinbar bestätigen.

Es ist wahrscheinlich das mächtigste Dogma der Herrscher dieser Welt. Besonders infam: Es kommt meist im Gewand der Gesellschaftskritik einher; es scheint eine Klage über ungerechte Verhältnisse zu sein. Auch wehrhafte Demokraten werden zuweilen, in Momenten der Schwäche, von ihm umwölkt und fragen sich dann: Haben die Duckmäuser nicht doch Recht? Ist das nicht alles sinnlos, was ich hier mache? Wäre es nicht doch besser, sich ganz auf Beförderung, Bausparvertrag und die Einschulung des Kindes zu konzentrieren? Das alles ist schwierig genug.

Wenn sie Recht hätten, hätte es nie eine Revolution in der Menschheitsgeschichte gegeben. Es *hat* sie aber gegeben: 510 v. Chr. in Rom, 1517 in Deutschland, 1776 in Nordamerika, 1789 in Frankreich, 1830 in Frankreich, Polen und Südamerika, 1848 in Frankreich, Deutschland, Ungarn und Italien, 1866 in Ungarn, 1912 in China und Mexiko, 1917 in Russland, 1918 in Deutschland und Österreich-Ungarn, 1945 in Jugoslawien, 1948 in Indien, 1949 in China, 1954 in Vietnam, 1956 in Ungarn, 1962 in Algerien, 1968 in Frankreich, Westdeutschland und der Tschechoslowakei, 1970 in Chile, 1974 in Portugal, 1975 in Spanien, Vietnam, Kambodscha, Angola und Mosambik, 1978 in Afghanistan, 1979 im Iran und in Nicaragua, 1980 in Polen und Simbabwe, 1986 auf den Philippinen und in der Sowjetunion, 1989 in der DDR, in Polen, der Tschechoslowakei, Ungarn und Rumänien, 1991 in Estland, Lettland, Litauen, Russland und der Ukraine, 1994 in Südafrika, 1998 in Indonesien, 2011 in Tunesien, Ägypten und Libyen. In all diesen Fällen haben »kleine Leute« etwas getan und die scheinbar allmächtigen »da oben« kurzerhand entmachtet. Das geht also.

Und es geht auch eine Nummer kleiner. 1976 bis 1986 haben sich Hunderttausende Westdeutsche in zahlreichen Demonstrationen gegen den Bau von Atomkraftwerken gewehrt. Mit Erfolg, denn der Bau des AKW Wyhl in Baden, der Wiederaufbereitungsanlage im bayerischen Wackersdorf und des Schnellen Brüters im niederrheinischen Kalkar wurden gestoppt; das große

Zubauprogramm der westdeutschen Atomindustrie kam schon damals insgesamt zum Stillstand. 2002 wurde dann erstmals der komplette Ausstieg aus der verstrahlten Technologie Gesetz, das allerdings 2010 rückgängig gemacht wurde. Dann wieder eine große Protestwelle, dazu die Katastrophe von Fukushima, und 2011 wurden sieben Atommeiler auf einmal abgeschaltet. Seht ihr? Geht doch!

Auch die große westdeutsche Friedensbewegung der Jahre 1980 bis 1984, an der ich kräftig mitwirkte, blieb nicht so erfolglos, wie viele gern behaupten: 1987 zog die US-Regierung ihre gefährlichen Mittelstreckenraketen, gegen die wir gekämpft hatten, wieder aus Europa ab. Die Neutronenbombe, die die Protestwelle ursprünglich ausgelöst hatte, verschwand ab 1996. Das Dogma von den bösen Russen, das viele Westdeutsche jahrzehntelang gepflegt hatten, wich 1989/90 einer bis dahin undenkbaren Sympathiewelle für den Generalsekretär Michail Gorbatschow (damals immerhin Chef der zweitgrößten kommunistischen Partei der Welt; zwei Jahre zuvor hatte Bundeskanzler Helmut Kohl diesen Mann noch mit Goebbels verglichen) und einer Welle der Hilfsbereitschaft für die im Winter 1990 frierenden Russen. Und das alles soll überhaupt nichts mit den jahrelangen Versuchen der Friedensbewegung zu tun gehabt haben, Verständnis für die russisch-sowjetische Seite zu wecken? Das glaube, wer will!

Es geht hier auch um »kleine Dinge«, um Persönliches. Der amerikanische Computerkritiker Joseph Weizenbaum erinnerte an jene Sternstunden im Leben von Lehrern, wenn sie den Brief eines ehemaligen Schülers bekommen, in dem der Schüler berichtet, wie eine bestimmte Frage oder Antwort des Lehrers sein Leben verändert habe.[15] Meist, so Weizenbaum, besteht diese Wendung im Leben eines Einzelnen in dem Schritt, sich aus dem Korsett von Glaubenssätzen der Eltern oder anderer Autoritätspersonen zu befreien und den Sprung auf die Insel des Selberdenkens zu wagen. Wer auf solche Weise in das Leben anderer eingreift, tut und bewirkt zweifelsohne etwas. Ebenso natürlich die- oder derjenige, die diesen Schritt geht. Auch die Selbstbefreiung ist eine Revolution (oder Evolution).

1979 hielt in Aachen der konservative Geschichtsprofessor K. in einem Seminar plötzlich eine Schmährede gegen Kriegsdienstverweigerer, die er als Drückeberger bezeichnete. Ein 20-jähriger Student und Kriegsdienstverweigerer ergriff das Wort und widersprach ihm. Der Professor schwieg dazu; es dürfte das letzte Mal gewesen sein, dass er versucht hat, diese Schote unterzubringen. 1987 widersprach ein 26-jähriger Zivi in einer Kölner Altenpflegestation vor Publikum der Stationsschwester, die eine alte Dame ungerecht behandelt hatte. Auch Schwester J. wird später vorsichtiger gewesen sein. 2001 beantragte ein 41-jähriger Webtexter in einer Münsteraner Internet-Agentur die Wahl eines Betriebsrates, der später eine bessere Überstundenregelung für die Belegschaft aushandelte. Man kann vor Ort die Verhältnisse verändern, und außerdem hat derjenige später etwas, worauf er sein Leben lang stolz sein kann.

Das Antidogma stammt von Bertolt Brecht und Hanns Eisler und ist singbar:

> *Es wechseln die Zeiten, die riesigen Pläne*
> *der Mächtigen kommen am Ende zum Halt.*
> *Und gehn sie einher auch wie blutige Hähne*[16]*:*
> *Es wechseln die Zeiten, da hilft kein Gewalt!*

»Das Geld ist knapp.«

1949 kritisierte der Kölner Krätzchensänger Jupp Schmitz mit dem Lied »Wer soll das bezahlen?« die starken Preissteigerungen im Wirtschaftsaufschwung nach der Währungsreform 1948, hinter denen die Einkommen vieler Westdeutscher zurückblieben. Das Lied wurde zu einem der größten Karnevalshits aller Zeiten und zur Hymne der deutschen Inflationsangst, die durch die Währungsreform wiederaufgefrischt worden war.

Diese Angst war damals sehr verständlich und nachvollziehbar. Zweimal innerhalb von 25 Jahren, 1923 und 1948, hatten

Millionen von Deutschen die traumatische Erfahrung gemacht, dass ihre gesamten Ersparnisse in kurzer Zeit oder gar mit einem Schlag entwertet worden waren. Dass beiden Ereignissen jeweils ein Weltkrieg vorausgegangen war, den deutsche Kriegstreiber erst angezettelt und dann verloren hatten – dieser historische und kausale Zusammenhang geriet in der kollektiven Erinnerung an Inflation gerne etwas aus dem Blickfeld. So richtig verstanden, was Inflation eigentlich ist, haben die meisten wohl nie: Dann ist nämlich nicht das Geld knapp (ganz im Gegenteil), sondern die Waren. Geblieben ist stattdessen ein generelles Misstrauen gegenüber der Währung an sich, vor allem gegenüber Änderungen, das sich 2001/2002 in dem Glaubenssatz niederschlug: »Der Euro ist ein Teuro.«

Auf jeden Fall ist bemerkenswert, dass offenbar niemand, dem die große Frage des Jupp Schmitz vorgesungen wurde, auf die Idee kam, sie einfach mal zu beantworten: die Reichen halt; die haben doch die Pinkepinke! Nein, davon redet man in Deutschland nicht gern. Lieber sagt man pauschal und kollektiv: »Das Geld ist knapp.«

Das Geld ist knapp? Dazu folgende Geschichte, die die Wirtschaftsjournalistin Ulrike Herrmann erzählt:[17] Der Bau der deutschen Eisenbahnlinien im 19. Jahrhundert war schweineteuer, und es gab allen Grund zu fragen: Wer soll das bezahlen? Die Antwort wurde jedoch sofort gegeben: Die Finanzierung erfolgte über die Ausgabe von Aktien, und die wurden von den damaligen Reichen gekauft. 1835 gab es die erste Eisenbahnstrecke zwischen Nürnberg und Fürth. Schon ein Jahr später löste die Finanzierung der Linie Magdeburg-Leipzig einen Aktienboom aus: 2,3 Millionen Taler sollten finanziert werden, doch schon in zwei Tagen waren 5,2 Millionen gezeichnet. 1837 war das Kapital für den Bau der Linie Frankfurt/Oder-Breslau sogar schon innerhalb eines einzigen Tages zusammen. Ulrike Herrmann resümiert: »Geld ist nie knapp, sondern stets im Überfluss vorhanden.« Joseph de la Vega beschrieb schon 1688 das Phänomen, dass viele Anleger an die neuen holländischen Aktienbörsen drängten, weil sie nicht wussten, was sie sonst mit ihrem Geld machen sollten.[18]

Manche werden hier einwenden: »Was gehen mich die Reichen an? *Mein* Geld ist jedenfalls knapp.« Das mag richtig sein – doch schon haben wir unseren Blick erweitert und die *Verteilung* des Geldes mit einbezogen: Es ist nicht überall knapp, sondern hier knapp, weil es sich da aufgestaut hat. Und wir sehen auch, dass ein Missverhältnis zwischen Einkommen und Preisen nicht unbedingt, wie man im Land der Inflationsangst traditionell annimmt, an zu hohen Preisen liegt, sondern vielleicht an zu geringen Löhnen, Gehältern, Honoraren, ja, an zu *niedrigen* Preisen: zu niedrigen Preisen fürs Haareschneiden, für Milch, Wäsche, Fotos, Texte. Denn das sind Preise, von denen arbeitende Menschen leben wollen und müssen. Dieses Antidogma passt fasst immer:

> *Die Reichen wissen gar nicht, wohin mit ihrem Geld.*

> »Die öffentlichen Kassen sind leer.«

Das Geld mag vielleicht nicht knapp sein, aber eines weiß jeder: Die öffentlichen Kassen jedenfalls sind leer! Zumindest immer dann, wenn von öffentlichen Aufgaben die Rede ist.

Ach was! Öffentliche Kassen, die es sich leisten, Hunderte von Millionen Euro in den Bau überflüssiger Flughäfen zu stecken, die alle Verluste schreiben, weil sie im Eifer der regionalen Konkurrenz die Start- und Landepreise ins Bodenlose drücken – die sind offensichtlich nicht leer. Ich kann das hier in Westfalen direkt beobachten: Der Flughafen Dortmund ist seit seiner Inbetriebnahme hochgradig defizitär (mit bis zu 28 Millionen Euro pro Jahr). Auch die Flughäfen Münster, Paderborn und Hannover schreiben notorisch rote Zahlen. Dennoch stecken das Land Hessen, die Stadt Kassel und die Gemeinde Calden über 200 Millionen Euro in den Bau eines weiteren Konkurrenzflughafens.[19] Als Mensch, der in der Wirtschaft arbeitet, kann ich den Gedanken nachvollziehen, dass man Schulden macht in der Hoffnung, später mit dem Projekt noch größere Gewinne zu machen. Aber wenn man weiß, dass das Wirtschaftsprojekt bis auf weiteres Verluste machen wird – dann deutet das eher auf überfüllte Kassen.

Öffentliche Kassen, die – so hat es der Bundestag getan – mindestens 14,6 Milliarden Euro für die Anschaffung neuer Kampfflugzeuge bereitstellen, sind anscheinend nicht leer genug.[20] Wie gut man mit modernsten Kampfflugzeugen »moderne« Kriege in den Griff kriegen und »unsere Freiheit« am Hindukusch verteidigen kann, demonstrieren seit 2001 die amerikanischen Truppen in Afghanistan. Muss man Militärstratege sein, um fragen zu dürfen, was wohl ein Kampfflugzeug, das tagsüber herumfliegt, gegen Leute nützen mag, die nachts unter einer einsamen Straße eine Mine verbuddeln? Da sind Yogamatten wahrscheinlich nützlicher.[21] Der Kauf eines Kampfflugzeugs nützt eigentlich nur den Aktionären und Angestellten der Kampfflugzeughersteller. Diese heißen BAE Systems (früher British Aerospace), Lockheed Martin und Airbus Group.

Aber sind Flughäfen nicht Jobmaschinen? Von wegen (siehe Seite 30)! Schafft der Bau von Kampfflugzeugen nicht jede Menge Arbeitsplätze? Von wegen (siehe Seite 65)!

Gut, die öffentlichen Kassen sind schwer verschuldet. Doch wer oder was ist schuld daran? In Usa stieg die Staatsverschuldung rapide an, als der konservative Präsident Ronald Reagan 1981 bis 1988 die Steuern für Reiche und Unternehmer senkte und zugleich eine gigantische Aufrüstung in Auftrag gab. Außerdem erlaubte er den Sparkassendirektoren, das Geld der Sparer an der Börse zu verzocken, und rettete anschließend die ruinierten Sparkassen mit Staatsknete. Das Spiel wiederholte sich, als Präsident George »Warlord« Bush die Steuern für Reiche und Unternehmer noch weiter absenkte und zugleich das Land in mehrere Kriege führte. Außerdem ermunterte er diverse Banken und Versicherungen zu wilden Immobilien- und Kreditspekulationen und rettete anschließend mehrere bankrotte Finanzkonzerne mit Staatsknete. Dennoch schämte sich die militant konservative »Tea-Party-Bewegung« 2011 nicht, Bushs Nachfolger Barack Obama, die von ihm eingeführte Krankenversicherung und die letzten Reste des amerikanischen Sozialstaats für die horrende Staatsverschuldung verantwortlich zu machen. Gegen Staatsverschuldung hilft vermutlich das Gegenteil von Reaganomics:

Steuern kassieren, wo das Geld ist, und abrüsten!

 ### »Politik ist ein schmutziges Geschäft.«

Oder auch: »Korruption ist das Böse und muss gnadenlos bekämpft werden.« Der Sozialdemokrat und frühere Regierungsberater Albrecht Müller, Mitherausgeber des Internetblogs Nachdenkseiten, diskutierte 2007 in Bielefeld öffentlich mit drei lokalen Abgeordneten über Korruption in der Politik. Als er pauschal unterstellte, »früher« (er meinte: in den 1960er und 1970er Jahren) seien die Politiker generell unabhängiger von Konzerninteressen gewesen, reagierte die CDU-Abgeordnete Angelika Gemkow beleidigt. In seinem Buch *Machtwahn* versammelt Müller in einem Kapitel ein wildes Panoptikum von abstoßenden oder anrüchigen Fällen, in denen Politikerinnen und Politiker Unternehmerinteressen bedient hatten und anschließend fette Aufträge oder gut dotierte Stellen der gleichen Unternehmen einheimsen durften.[22]

Es gibt Gründe, sich in diesem sumpfigen und schlüpfrigen Gelände dem von Albrecht Müller, Werner Rügemer[23] und anderen gespurten Pfad nicht anzuvertrauen. Der Historiker Jens Ivo Engels veröffentlichte 2014 eine *Geschichte der Korruption* und widerspricht darin dem weit verbreiteten Eindruck, dass »die Politiker immer korrupter« würden.[24] Sein zentrales Gegenargument kommt aus der Diskurskiste, die auch allerlei nützliche Werkzeuge enthält: Was als korrupt bewertet und skandalisiert wird, unterscheidet sich je nach Epoche und Gesellschaft sehr stark. Eine Häufung von Korruptionsskandalen ist also kein Beweis für eine Häufung von Korruptionsfällen, ja, sie kann sogar mit einer gegenläufigen Realentwicklung einhergehen. In der Tat würde Rudolf Augstein, der sich bei seinem Wunschgegner Franz Josef Strauß an Kalibern wie Onkel Aloys, HS-Schützenpanzer und Starfighter abarbeiten musste[25], über die Meute, die einen Christian Wulff wegen unter anderem eines spendierten Abendessens gehetzt und gerissen hat, vermutlich verständnislos den Kopf schütteln. Zu den Opfern völlig überzogener Pressekampagnen wegen angeblicher Vetternwirtschaft oder Korruption zählen auch die frühere niedersächsische Umweltministerin Monika Griefahn und die frühere Ministerpräsidentin von Schleswig-Holstein, Heide Simonis, die 2008 als UNICEF-Vorsitzende zurücktrat.

Engels führt in seinem Buch viele Fälle an, in denen der Korruptionsvorwurf genutzt wurde, um eine ganze gesellschaftliche Schicht oder Kaste zu delegitimieren. Das war schon bei den ersten Korruptionsskandalen der Geschichte der Fall, als die Jakobiner von 1789 bis 1792 in Paris sich über die angeblich korrupten Verhältnisse am Königshof ereiferten und sich selbst als der Tugend verpflichtete Saubermänner in Szene setzten. Der Abgrund folgte auf dem Fuße: Robespierres Tugendterror kostete Tausende Schuldige, Mit-, Kaum- und Unschuldige das Leben. In den 1920er Jahren nutzten deutsche, italienische, spanische, ungarische, kroatische und andere Faschisten immer wieder Korruptionsskandale, um Parlamente und demokratische Regierungen zu desavouieren und durch »saubere« Diktaturen zu ersetzen.

Leute wie Christoph Blocher (Schweiz), Jörg Haider (Österreich), Pia Kjærsgaard (Dänemark), Jean-Marie und Marine Le-Pen (Frankreich), Viktor Orbán (Ungarn), Wladimir Schirinowski (Russland) arbeiten oder arbeiteten gewohnheitsmäßig mit der Unterstellung, dass ihre Gegner in Politik, Justiz und Medien samt und sonders korrupt seien, und dass »das Volk« ein Recht habe, diesen »verrotteten Haufen auseinanderzujagen«. In Thailand diente der permanente Korruptionsvorwurf gegen die demokratisch gewählten Regierungschefs Thaksin und Yingluck Shinawatra der entmachteten großbürgerlichen Führungsschicht in Bangkok dazu, die von der Bevölkerungsmehrheit auf dem Lande gewählte Reformpartei gewaltsam zu zerschlagen und sich vom putschenden Militär wieder in die gewohnten Führungspositionen einsetzen zu lassen. Die Kampagne der »Gelbhemden« in Bangkok richtete sich ganz offen gegen demokratische Wahlen – mit dem Argument, dass demokratisch gewählte Politiker quasi automatisch korrupt seien. Im Fall Wulff wurde die Bestechlichkeitskeule möglicherweise genutzt, um einen Bundespräsidenten zu entmachten, der betont freundlich auf deutsche Muslime zugegangen war.

In vielen Fällen angeblicher Korruption, die Albrecht Müller aufzählt, kann man sich auch fragen: Was hätten die Leute denn nach ihrem Ausscheiden aus dem politischen Amt sonst tun sollen? Früher konnte man abgewählte Politiker noch auf Verwaltungsstellen oder in der Justiz unterbringen. Durch den seit den 1990er Jahren grassierenden Staatsabbau geht das meist nicht mehr. Sie müssen also in Unternehmen unterkommen. Dass jemand seinen Lebensstandard halten will, ist ein legitimes, keinesfalls ehrenrühriges Ziel, das du und ich vermutlich auch verfolgen. Dass man sein Glück in Branchen versucht, mit denen man zuvor schon beruflich zu tun hatte und sich qualifiziert hat, ist völlig normal. Auch dass man seine Kontakte bei der Stellensuche nutzt, ist normal und unvermeidlich. Wenn solche Verhaltensweisen für böse erklärt werden, sobald es sich um einen abgewählten Politiker handelt, folgt daraus ziemlich schnell, dass das Wählen und Abwählen von Politikern wohl prinzipiell ein Problem sei. Daher die fatale Nähe der Korruptionskritik zur konservativen Demokratiekritik. Damit soll nichts gegen den Vorschlag von Karenzzeiten gesagt werden, die für einen zeitlichen Mindestabstand zwischen Amtsführung und Unternehmensinteresse sorgen.

Wir kommen in diesem Komplex wahrscheinlich nicht weiter, so lange wir uns auf Politiker fixieren. Welche Rolle spielen Politiker in der kapitalistischen Gesellschaft? Doch bestenfalls die von Diplomaten, die zwischen widerstreitenden Mächten innerhalb der Gesellschaft mehr oder weniger geschickt vermitteln. Ein Politiker hat nur dann die Macht, einem Konzernherrn ein

Zugeständnis abzuringen, wenn er eine Gegenmacht zu der des Konzernherrn in seinem Rücken weiß. In Zeiten, in denen es solche Gegenmächte nicht mehr gibt, verkommt die offizielle, staatstragende Politik zu einem Popanz. Sie hat nur noch die Aufgabe, den Unmut der Beherrschten und Ausgebeuteten auf sich zu lenken, damit niemand auf die Idee kommt, sich an die wirklichen Herrscher zu wenden. Was bringt es, Leute zu »entlarven« und bei Lügen zu ertappen, denen ohnehin schon lange niemand mehr ein Wort geglaubt hat?

Albrecht Müller spricht in seinem Buch immerhin auch von Roland Berger, Hans-Olaf Henkel oder der Bertelsmann Stiftung. Und Jens Berger nennt in seinem Buch beispielhaft einige der Familien, denen laut Top-500-Liste des *Manager Magazins* Deutschland gehört, von Albrecht (Aldi) bis von Thurn und Taxis.[26]

Schließen wir die Sache ab mit zwei Sprüchen:

Schmutzige Geschäfte sind ein schmutziges Geschäft.
»Saubermänner« haben oft Blut an den Händen.

»Politik funktioniert wie der Markt.«

In einem merkwürdigen Gegensatz zum Dogma von der Politik, die ein schmutziges Geschäft sei, steht das Dogma von der Politik als Markt. Demnach sind die Parteien Konzerne, die mit ihrer Marke und ihren Waren (Kandidaten, politischen Programmen) um Käufer (Wähler) konkurrieren. Manfred Güllner und andere Meinungsforscher sprechen vom »Wählermarkt«.[27] Politik ist demnach ein sauberes Geschäft, denn der Markt gilt doch sonst vielen Leuten als Inbegriff des sauberen, ehrlichen Wirtschaftens zum allseitigen Nutzen aller Beteiligten. Die häufigste Form, in der uns diese Sichtweise begegnet, ist das Gerede vom »Markenkern« einer Partei. Ja, manch einer trägt vielleicht Schwarz, Rot, Grün oder Gelb, so wie man ein Markenhemd, ein Sakko, eine Jeans oder ein Kleid trägt. Wenn da nur nicht die leidigen Themen wären, mit denen Politiker sich öffentlich herumschlagen müssen: Konjunkturflaute, Arbeitslosigkeit, Staatsverschuldung, Klimawandel, Verkehrskollaps, Kriege, kalte Progression ... Als Werbetexter habe ich gelernt, dass solche Themen der Tod jeder Werbewirkung sind.

Die gemütlich-dörfliche Metapher vom Markt weckt Assoziationen an rüstige Bauersfrauen, die ihre Kartoffeln, Möhren und Tomaten anpreisen. Das hat schon mit der Wirtschaft unserer Zeit so gut wie nichts zu tun, wie John Kenneth Galbraith, Ulrike Herrmann und andere Autoren sagen.[28] Mit der Politik erst recht nichts. Niemand kommt zum Beispiel auf die Idee, politische Ideen oder Vorschläge patentieren zu lassen und jeden juristisch zu verfolgen, der sie übernimmt. Politische Ideen einer Partei setzen sich in der Regel durch, wenn sie von anderen Parteien aufgegriffen werden. So ging es etwa mit den sozialpolitischen Ideen der SPD oder den Umweltschutzideen der Grünen. Dahinter steckt der Wunsch, Einfluss auf Entwicklungen zu gewinnen, die Gesellschaft mitzugestalten, und nicht der Wunsch, sich zu bereichern. Politiker sind keine besseren Menschen als Unternehmer, aber sie sind auf jeden Fall deutlich mehr auf Ruhm fixiert als auf Reichtum, während es bei Unternehmern in der Regel umgekehrt sein dürfte.

In der Demokratie hat jede Bürgerin und jeder Bürger eine Stimme. Man wagt es kaum zu sagen: Zwei Putzfrauen können einen Vorstandsvorsitzenden überstimmen. Auf einem Markt dagegen gilt das Prinzip: ein Euro, eine Stimme. Wer zwei Euro geben kann, wird besser bedient als der, der nur einen Euro geben kann. Das sind grundlegend unterschiedliche Prinzipien. Im Prinzip der Gleichheit der Bürger vor dem Gesetz tönt immer noch das Echo der großen bürgerlichen Revolutionen von 1776, 1789, 1830, 1848, 1861, 1917, 1918. Die Reichen und Mächtigen konnten es noch niemals leiden, und die von heute hassen es ebenso – jedenfalls ihren Fürsprechern zufolge. Das Gerede von Politik als Marktgeschacher ist sicher nicht ganz aus der Luft gegriffen, aber es kann als ein durchtriebener Versuch gesehen werden, ein Grundprinzip

der Demokratie verschwinden zu lassen. Dagegen kann man
sagen:

> *Der Stadtrat ist etwas anderes als der Markt,*
> *und wir brauchen dieses andere.*

....

»Geld kann man nicht essen.«

Das letzte Dogma auf dem Feld von Geld und Macht sei meinen
grünen Freunden gewidmet. Vollständig lautet es: »Erst wenn
der letzte Baum gerodet, der letzte Fluss vergiftet, der letzte Fisch
gefangen ist, werdet ihr merken, dass man Geld nicht essen
kann.« Diese sogenannte Weissagung der Cree[29], die in den
1980er Jahren weite Verbreitung auf Aufklebern der Umweltbewegung fand, ist vermutlich weder indianischen Ursprungs noch
besonders weise. Sie wurde oft mit einem ähnlichen, aber viel
klügeren Satz aus der Rede verwechselt, die Häuptling Seattle
vom Stamme der Suquamish 1854 vor einem Gouverneur der
Weißen hielt:[30] »Und wenn der letzte rote Mann von der Erde verschwunden und die Erinnerung des weißen Mannes an ihn zur
Legende geworden ist, dann werden diese Gestade übervoll sein
von den unsichtbaren Toten meines Stammes, ... dann wimmeln
sie von den wiederkehrenden Scharen, die einst dieses Land be-
völkerten und es immer noch lieben.«

Der amerikanische Filmregisseur Ted Perry verdrehte den op-
timistischen Sinn dieser Sätze beinahe ins apokalyptische Gegenteil, als er 1972 eine Version verbreitete, die seine ökologische
Botschaft unterstützen sollte: »Wenn der letzte rote Mann mit
seiner Wildnis verschwunden und die Erinnerung an ihn nur der
Schatten einer Wolke ist, die sich über die Prärie bewegt, werden
diese Küsten und Wälder dann noch da sein? Wird vom Geist
meines Volkes etwas übrig bleiben?«

Der erste Teil des Satzes mit den Bäumen, Flüssen und Fischen
kommt in einer Version der Legende von den Regenbogenkrie-

gern vor, die die amerikanischen Geographen William Willoya und Vinson Brown 1962 erstmals als Prophezeiung der Hopi veröffentlichten. Auch dieses möglicherweise indianische Original endet nicht mit dem Hungertod der Gierschlünde, sondern mit dem Erscheinen einer Armee von Regenbogenkriegern (Rainbow Warriors), die die Welt retten werden.

Seattle war weise genug, den Weißen keinen Untergang zu prophezeien; auch nicht in Form einer Frage. Er war offenbar tatsächlich von Liebe zur Erde und zu den Menschen erfüllt, und deshalb lag es ihm wahrscheinlich fern, so heilige Dinge wie Bäume, Flüsse und Fische in den Dienst seiner persönlichen Rachephantasie zu stellen. Er war sich sicher, dass die Substanz des Landes und des indianischen Geistes erhalten bleiben wird. Er ahnte vielleicht, dass die Weißen nicht mächtig genug waren, um tatsächlich alle Bäume des Landes roden, alle Flüsse der Erde vergiften und alle Fische aller Gewässer fangen zu können; und er war weise genug, begründet zu hoffen, dass sich auch bei den Weißen – vielleicht Jahrzehnte später – ein ökologischer Umgang mit diesen Dingen zumindest als erstrebenswerte Tugend durchsetzen werde.

Der Glaubenssatz vom Geld, das man nicht essen kann, ist sehr zweifelhaft, weil Bäume, sauberes Wasser und Fische zwar knapp werden können, aber aller Voraussicht nach niemals verschwinden werden. Wenn diese Dinge knapp werden, steigen die Preise – und wer genug Geld hat, wird sie sich weiterhin leisten können.[31] Wenn wir mehr erreichen wollen, etwa Fische für alle Menschen, die sie zum Leben brauchen, oder dass die Donau nicht vergiftet wird, dann müssen wir das anders begründen, zum Beispiel so: »Wer zwanzig arme Familien hungern lässt, nur damit er selber täglich viermal so viel Fisch fressen könnte wie sein Magen verträgt, wird immer in der Angst leben müssen, bei der nächsten Revolution an seinem Kronleuchter aufgeknüpft zu werden.«

Oder so: »Wer Gift in die Donau ablässt, wird uns eine Million Euro Strafe zahlen, weil wir beschlossen haben, die Donau vor Giftmischern zu schützen.«

Die angebliche Weissagung der Cree erinnert an die Fegefeuerphantasien christlicher Pfaffen. Wer einen Menschen liebt, kündigt nicht seinen Untergang an, sondern hilft ihm, sich zu retten. Deshalb biete ich als dritte Version an:

Wenn das neunundneunzigste Untergangsszenario ❮
sich lächerlich gemacht und das hundertste die
Menschen in dem Irrglauben bestärkt hat, dass man
den Untergang ohnehin nicht abwenden könne –
dann werden viele Propheten einsehen, dass man
die meisten Menschen viel besser mit einem
gelungenen Beispiel überzeugt.

Dogmen über
Wirtschaft und Wohlstand

> **»Eine starke Wirtschaft zeigt sich an ihrer Exportstärke.«**

Oder auch: »Wir müssen alles tun, um auf dem Weltmarkt konkurrenzfähig zu bleiben.« Mit solchen Parolen prügelt eine Bande
von Wirtschaftsfunktionären, -professoren, -journalisten und politikern die Deutschen seit 1990 von einer Exportweltmeister-
schaft zur nächsten. In Österreich und der Schweiz sieht es nicht
besser aus – und wenn man die Exportleistung pro Kopf der Bevölkerung angibt, stehen die beiden kleineren deutschsprachi-
gen Länder sogar über dem arroganten großen Bruder im Norden.[1] Bei der Exportquote, also dem Verhältnis zwischen Export
und Bruttoinlandsprodukt (BIP), steht Österreich knapp vor dem
viel gefeierten schwarz-rot-goldenen »Exportweltmeister«; doch
beide weit abgeschlagen hinter der Slowakei, die mit rund
83 Prozent den Spitzenplatz in der EU besetzt.[2] Dieser Umstand
erledigt im Vorbeigehen die einäugige Fixierung auf Exportkenn-
ziffern: Kleine Länder haben nämlich viel eher eine höhere Pro-
Kopf- oder BIP-bezogene Exportquote als größere Länder, weil
kleine Länder einen kleinen Binnenmarkt haben. Ihre Wirtschaft
ist deshalb naturgemäß stärker international orientiert als die
von größeren Ländern wie Deutschland oder gar China und Usa,
wie auch ihre Einwohner im Schnitt mehr internationale Kontakte haben. Über die Stärke der jeweiligen Wirtschaft sagt das
nichts aus.

Der merkwürdige Glaube vieler Deutscher an die Wirtschafts-
wunderkraft der Exporte erinnert an Pfauen, die sich einbilden,
die Größe ihrer Räder sei ein Maß für ihre Vitalität. Seltsam,
denn wer Waren für den Export produziert, kommt selbst nicht

in den Genuss davon. Viele Ostdeutsche kennen das noch von den Volkseigenen Betrieben, in denen »Privileg«-Möbel und Küchengeräte für den Otto- und den Quelle-Versand produziert wurden. Die Worte, die sie dafür bekamen, wärmten besser als die Wintermäntel.

Dauerhafter Exportüberschuss heißt, dass dauerhaft mehr Waren und Dienstleistungen abgegeben werden als eingekauft. Die Erlöse daraus gehen mangels Binnennachfrage in die Spekulation. Fünfzehn Jahre lang hat die Parole, Deutschland müsse »seine Wettbewerbsfähigkeit auf dem Weltmarkt wiedergewinnen« (die in Wirklichkeit nie verloren gegangen war), als Begründung gedient, um Löhne zu drücken, Steuern für Unternehmer abzusenken, Sozialleistungen und staatliche Dienstleistungen abzubauen, Infrastruktur und Bildungswesen verkommen zu lassen. Investitionen in Schulen, Bahnen, Brücken oder Umweltschutz erhöhen die Exportquote nicht, im Gegenteil. Wer auf Export fixiert ist, muss derlei Schnickschnack also unterlassen und verfügt: »Es gibt nichts mehr zu verteilen.« In der Folge konnten deutsche Konzerne mit Dumpingpreisen ihre Konkurrenten in Südeuropa plattmachen. Dies ist zumindest *ein* Aspekt der europäischen Finanzkrise. Ein anderer ist unvermeidlicherweise die Verschuldung derjenigen, die deutsche Autos und andere Exportprodukte gekauft haben.[3]

Zu dieser Strategie deutscher Konzerne gehörte die Absenkung des Lohn- und Gehaltsniveaus in vielen deutschen Branchen durch die breite Einführung von Niedriglöhnen, Zeitarbeit und Scheinselbstständigkeit, also eine allgemeine Absenkung des Lebensstandards, also das Gegenteil von Wohlstand. Exporterfolg geht überspitzt gesagt auf Kosten des Wohlstands der Bürger. Doch vertrackterweise wird dieser Zusammenhang dadurch verdeckt, dass exportorientierte Industrieunternehmen oft in medienwirksamen Vorzeigebereichen, zum Beispiel in der direkten Autoproduktion, überdurchschnittliche Löhne und Gehälter zahlen, während sich die Billiglohn- und Ausbeutungsexzesse vor allem in der Peripherie der Konzerne sowie in binnenmarktorientierten Branchen abspielen: im Einzelhandel, im Gastgewerbe, bei Dienstleistern aller Art, im Bereich von Medien, Kultur und Weiterbildung. Diesen Widerspruch zu analysieren, ist ein weiterer Forschungsauftrag, denn ich vergeben möchte. Bis dahin lautet der Schnellschuss jedenfalls:

Exportoffensiven gehen auf Kosten des Wohlstands. <

»Die Gewinne von heute sind die Investitionen von morgen und die Arbeitsplätze von übermorgen.«

Dieses Dogma der deutschen Wirtschaftspolitik verkündete der damalige Bundeskanzler Helmut Schmidt 1974. Der Kölner Statistiker Gerd Bosbach wollte 2008 wissen, ob dieser angebliche Zusammenhang eigentlich historisch belegt sei. Er stellte fest, dass drei Jahrzehnte lang die Unternehmergewinne überwiegend gestiegen sind, es aber dennoch immer mehr Arbeitslose gab.[4] Die Arbeitslosigkeit verschwindet also offensichtlich nicht, wenn die Unternehmergewinne steigen. Bosbach beziehungsweise einer seiner Studenten fragte bei den üblichen Verdächtigen, den Wirtschaftsforschungsinstituten und Arbeitgeberverbänden, nach, ob ihnen Studien bekannt seien, welche sich mit den Auswirkungen von unternehmerischen Gewinnen auf deren Investitionstätigkeit und in der Folge auf die Schaffung von Arbeitsplätzen beschäftigen: Fehlanzeige! Hans-Werner Sinns ifo-Institut, sonst stets in vorderster Front, wenn es um die Darstellung angeblicher volkswirtschaftlicher Zusammenhänge geht, antwortete überhaupt nicht. Ein Vertreter des arbeitgebernahen Instituts der Deutschen Wirtschaft aus Köln schrieb: »Eine Studie, die direkt Ihr Thema betrifft, ist mir nicht bekannt.« Das Essener Forschungsinstitut RWI bedauerte, »mit Unternehmensgewinnen, Investitionen, Schaffung von Arbeitsplätzen ist allerdings ein sehr komplexes Thema angesprochen, das Sie in dieser Form zumeist nicht fertig aufbereitet vorfinden werden.«

Mit anderen Worten: Schmidts Gleichung ist ein klassisches

Dogma, ein Glaubenssatz. Er stimmt nur dann, wenn man daran glaubt. Beweise oder auch nur Indizien dafür gibt es nicht; es gibt sogar Indizien für einen entgegengesetzten Zusammenhang.

Die Wirtschaftsjournalistin Ulrike Herrmann hat die Geschichte der Weltwirtschaftskrise 1929 dargestellt.[5] Sie nennt Gründe dafür, warum hohe Unternehmergewinne schlecht für die Wirtschaft (genauer: die Volkswirtschaft) sind: Viele Reiche neigen zum Geiz, also dazu, ihr Geld zu horten, statt es auszugeben. Das lehrt uns schon das zwar fiktive, aber dafür sehr bekannte Beispiel des Entenhausener Quinquilliardärs Dagobert Duck. Auch Reiche, die privat viel Geld für Luxus ausgeben, verkonsumieren einen geringeren Anteil ihres Einkommens als Arme oder Normalverbraucher. Wenn sich das Volkseinkommen bei den Reichen konzentriert und die Löhne stagnieren, fehlt es an Nachfrage nach vielen Produkten und Dienstleistungen; viele Investitionen in die Realwirtschaft lohnen sich nicht mehr und bleiben aus. Das einzige, das dann noch blüht, ist das Geschäft der Börsenspekulanten, diverser Berater und Juristen und einiger Luxusanbieter, denn irgendwo muss das viele Geld der Reichen ja hin. Genau so war es in Usa 1927 bis 1929 – und es endete mit dem »Schwarzen Donnerstag« im Oktober 1929. Endete? Der Alptraum dauerte zehn Jahre, und ohne eine sozialistische Kur, wie es Franklin Roosevelts »New Deal« war, ohne Faschismus, gigantische Aufrüstung, Zweiten Weltkrieg und fünfzig Millionen Todesopfer hätte er vielleicht die Geschichte des Kapitalismus zum Abschluss gebracht. Daher:

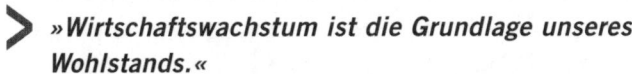

Die Gewinne von heute sind der Crash von morgen.

>»Wirtschaftswachstum ist die Grundlage unseres Wohlstands.«

Für das Mantra der Wirtschaftsminister, Wirtschaftsliberalen und Wirtschaftsjournalisten hier drei Beispiele: die freisinnig-demokratische Fraktion im Schweizer Bundesrat 2001[6], Jürgen

Kluge von McKinsey 2009[7], der konservative Europa-Spitzenkandidat Jean-Claude Juncker 2014[8]. Es beruht auf der Voraussetzung, dass Wohlstand nur durch Arbeit entstehe (und zwar in doppelter Hinsicht: Arbeit erzeugt angeblich die materielle Basis des Wohlstands, und Arbeit vermittelt denjenigen, die einen Arbeitsplatz haben, angeblich eine gesicherte Position in der Gesellschaft). Das ist eine recht einseitige Sicht auf Wohlstand, die damit zusammenhängt, dass er meist über das Bruttoinlandsprodukt gemessen wird und entsprechend definiert ist. Eine Sichtweise, die uns möglicherweise davon abhalten soll, Wohlstand (nämlich angenehmes Leben) im direkten zwischenmenschlichen Austausch zu erzeugen – ohne die Vermittlung durch Waren, die wir erst herstellen, verkaufen und kaufen müssen, ehe sie (hoffentlich) unser Wohlergehen fördern.

Soziologische Untersuchungen zeigen, dass die Lebenszufriedenheit in Deutschland und Usa in den letzten Jahren trotz des anhaltenden Wirtschaftswachstums gesunken ist. Zu den Gründen zählen die immer weiter zunehmenden psychischen Belastungen am Arbeitsplatz, die wachsende Ungleichheit in den Gesellschaften und zunehmende Zukunftsängste. Gleichere Gesellschaften sind im Schnitt glücklicher als extrem ungleiche, weil das permanente Streben, besser zu sein als andere, und die ständige Angst vor dem Abstieg destruktiven Stress und Depressionen erzeugen.[9]

Betrachtet man nur die Arbeiter, Angestellten, Arbeitslosen und Rentner auf der einen Seite und die Güter (Produkte und Dienstleistungen), aus denen ihr Wohlstand besteht, auf der anderen Seite, verliert das Wachstumsdogma schon viel von seiner Macht: Denn »Nullwachstum« heißt nicht, dass es keine Güter mehr gibt, sondern dass dieses Jahr genauso viele Güter produziert werden wie letztes Jahr. Gab es denn letztes Jahr keine Güter? Ich jedenfalls brauche heuer weder mehr Brot noch mehr Benzin noch mehr Telefonverbindungen als letztes Jahr. Wegen *mir*, also für *meinen* Wohlstand, muss die Brot- und Telefonproduktion nicht weiter anwachsen.

Der Oldenburger Ökonom Niko Paech plädiert sogar für die Rücknahme von Wachstum, unter anderem mit der Begründung, dass sehr viele Leute den größten Teil der Dinge, die sie besitzen, niemals verwenden, weil sie gar keine Zeit dafür haben. In einem Interview sagte er: »Die Theorie eines bescheidenen Lebens – man nennt das in der Wissenschaft Suffizienz – führt zu einem Paradox, nämlich zur Aufwertung des Konsums. Was ich tue, tue ich lustvoll. Wir könnten doch sagen, cool ist nicht, wer viel hat, sondern wenig braucht, also autonom ist und damit weniger erpressbar. Das Leben ist unbeschwerter ohne Fernseher, Handy, Mikrowelle, iBook. Befreien wir uns!«[10]

Das sehen die meisten prokapitalistischen Ökonomen ganz anders. Sie sagen: Menschliche Luxusbedürfnisse seien prinzipiell unendlich und deshalb unersättlich. Ethnologen haben aber einige Gesellschaften beschrieben und dokumentiert, in denen das nicht so war. In der nordindischen Region Ladakh zum Beispiel gab es offenbar noch in den 1980er Jahren viele landwirtschaftlich geprägte Dörfer, in denen die Menschen als Selbstversorger auf einem stabilen ökonomischen Niveau offensichtlich zufrieden oder gar glücklich lebten. So eine Reportage von Helena Norberg-Hodge in dem Dokumentarfilm »Ökonomie des Glücks« (2013).[11] Entscheidend für ihre Zufriedenheit waren die vielen Freundschaften, stabile familiäre Verhältnisse, Kooperation zwischen den Nachbarn, geringe Einkommensunterschiede und fehlende Angst vor Verarmung.

Die Wachstumsfetischisten missachten einen psychologischen Zusammenhang: Das Bedürfnis nach Luxus entsteht, um den Verlust anderer Befriedigungen auszugleichen, etwa den Verlust von Freundschaften. Und sie missachten einen psychologischen Unterschied: den zwischen Besitzgier und Neugier. Die menschliche Neugier ist wahrscheinlich wirklich unersättlich. Dafür spricht die wichtige Rolle, die sie bei der »Menschwerdung des Affen« gespielt hat. Die Neugier der Menschen auf neue Geräte, technische Möglichkeiten, Spiele, Stoffe könnte auch anders befriedigt werden als dadurch, dass man sie durch Werbung in Besitzgier verwandelt und Befriedigung durch den Kauf dieser Güter verspricht. Stattdessen könnten die Menschen solche Güter auch leihweise ausprobieren, wie es seit Jahrzehnten bei Büchern und Filmen üblich ist.[12]

Ein anderer angeblich zwingender Grund für Wachstum ist die sonst drohende hohe Arbeitslosigkeit. Angeblich sind in Deutschland sogar sechs Prozent Wirtschaftswachstum im Jahr nötig, um die Arbeitslosigkeit verschwinden zu lassen – ein völlig illusorischer Wert in einer Welt, in der Energieträger und Rohstoffe knapp werden, Klima, Natur, Wasservorräte und die Gesundheit der Beschäftigten bedroht sind, und wo traditionelle Industrieländer unweigerlich Weltmarktanteile verlieren. Denn China, Indien, Brasilien, Indonesien und andere früher bitterarme Länder holen zum Glück endlich auf und übernehmen größere Teile eines Weltmarkts, der sich aus den genannten Gründen nicht unbegrenzt ausdehnen kann.

Dabei gibt es eine einfache Lösung für das Problem der drohenden Arbeitslosigkeit: Arbeitszeitverkürzung! Wenn wir dank höherer Produktivität die gleiche Menge Güter und Leistungen in dreißig Stunden erzeugen können wie vorher in vierzig – was zum Teufel spricht dann dagegen, nach dreißig Stunden mit dem Arbeiten aufzuhören und nach Hause zu gehen? Doch ein Problem des Kapitalismus liegt darin, dass Unternehmer, also Aktionäre, darüber entscheiden, ob Leute eingestellt oder entlassen werden. Der Maßstab, nach dem sie darüber entscheiden, ist meist ihre Profiterwartung. Oft steigen die Aktienkurse, also die Aktionärsprofite, sobald ein Unternehmen seine »Kosten senkt«, also Leute entlässt; und sie sinken, wenn ein Unternehmen die Arbeitszeit verkürzt und die Arbeitslosigkeit verringert.

Wie nannten die Redakteure des *Tagesspiegels* den Ökonomen Paech, der es gewagt hatte zu sagen, dass zwanzig Stunden Termine, Dienstbesprechungen und Tu-dies-tu-das-Mails besser sind als vierzig Stunden davon? Sie ernannten ihn 2012 zum »größten Miesepeter der Nation«. Wes Brot ich ess' … Da kommt mir eine andere Idee:

Das Wachstum sollten wir denen überlassen, die sich damit auskennen: den Kindern und den Bäumen.

»Konkurrenz belebt das Geschäft.«

Das klassische Dogma des Kapitalismus ist längst zur Redensart geworden und fällt fast jedes Mal, wenn ein neuer Laden aufgemacht hat, ein neues Gewerbegebiet eingeweiht wurde oder eine bisher gemeinnützige Wohnungsbaugesellschaft einem Zockerkonzern in die Hände gefallen ist. Dabei ist vielen kritischen Beobachtern klar, dass die reale Wirtschaftsordnung unserer Zeit mit einem Markt nur sehr wenig zu tun hat. Ulrike Herrmann beschreibt einen der vielen Widersprüche: Ein System, das auf permanentes Wachstum angewiesen ist, kann gar nicht wie ein Markt organisiert sein, weil es auf einem Markt um den Tausch von Waren geht, um ein Gleichgewicht zwischen Angebot und Nachfrage. Da wächst normalerweise nichts.[13] Auch der berühmte Ökonom John Kenneth Galbraith wandte sich 2004 gegen den irreführenden Begriff »Marktwirtschaft«.

Konkurrenz oder Wettbewerb ist dennoch in der Wirtschaft allgegenwärtig, wenn auch nicht unbedingt zwischen den Großkonzernen. Deren Trachten liegt meist darin, die Risiken des Wettbewerbs so weit wie möglich auszuschließen, indem sie zum Beispiel lästige Wettbewerber aufkaufen. Konkurrenz hat zweifelsohne Vorteile; sie ist zum Beispiel eine – nicht die einzige! – Triebfeder von Innovationen.[14] Sie liegt teilweise in unserer Natur, zum Beispiel als Konkurrenz um Sexualpartner, um Aufmerksamkeit und so weiter – wobei oft übersehen wird, dass auch Kooperation in unserer Natur liegt (siehe Seite 205). Doch sie hat auch eine dunkle Seite. Die zeigte sich, als VW-Chef Ferdinand Piëch und sein Chefmanager José Ignacio López 1993 in aller Form dem Konkurrenten Opel (General Motors) den Krieg erklärten. »Wettbewerb ist Krieg«, sagte López damals.[15] Oft ist Wettbewerb geradezu schwachsinnig und schadet den Interessen fast aller Beteiligten. Sieben kleine und große Beispiele:

1. Die geschlossene Tür: Im Bahnhof Herford gab es bis 2009 einen direkten Zugang vom Bahnsteig 1 zum angrenzenden Parkhaus. Das war sehr praktisch für Leute, die dort vom Auto auf die Bahn umsteigen wollten. Doch dann wurde der baufällig gewor-

dene Zugang geschlossen, weil sich Bahn AG und Parkhausbetreiber nicht einigen konnten, wer die Kosten der Instandsetzung übernehmen soll. Die Bahn argumentierte, sie dürfe schon aus wettbewerbsrechtlichen Gründen die Kosten nicht übernehmen, denn das würde dem privaten Betreiber des Parkhauses einen Vorteil gegenüber seinen Wettbewerbern verschaffen, die keinen direkten Zugang zum Bahnhof haben. Also bleibt die Tür vom Parkhaus zum Bahnsteig zu. Die Pendler müssen seitdem einen über hundert Meter langen Umweg über Treppen, Ampeln eine lärmige Kreuzung und den Bahnhofsvorplatz in Kauf nehmen.

2. Die verschenkte Billion: Experten und Politiker der EU weisen darauf hin, dass die Steuerkonkurrenz der Staaten allen beteiligten Staaten großen Schaden zufügt. Britta Haßelmann, parlamentarische Geschäftsführerin der Grünen im Bundestag, sagte im März 2014, Gewinner des »aggressiven Steuerwettbewerbs« der EU-Länder seien Großkonzerne, die ihre Steuerlast minimieren könnten. »Die EU schätzt, dass den Mitgliedsländern jedes Jahr 1000 Milliarden Euro durch Steuergestaltung, Steuerhinterziehung und Schattenwirtschaft verloren gehen.«[16] Geld, das fehlt, um zum Beispiel Millionen arbeitsloser Jugendlicher in Südeuropa eine Zukunftsperspektive zu geben. So verspielen dumm konkurrierende Regierungen im Verein mit schlau kooperierenden Konzernlobbyisten die Zukunft Europas.

3. Das versteckte Wissen: Wissensmanager, die an der Universität München und anderswo ausgebildet werden, beschäftigen sich mit dem Problem, dass das in Großbetrieben vorhandene Wissen, der Erfahrungsschatz der Mitarbeiter oft nicht zusammenkommt, dass wichtige Informationen nicht weitergegeben werden. Der neue Berufszweig soll helfen, wenn die Führung seufzt: »Wenn wir nur wüssten, was wir alles wissen!«[17] Dass sie es nicht (mehr) wissen, hängt zusammen mit hoher Mitarbeiterfluktuation, dem Verschwinden von – wie man irrtümlich dachte: überflüssigen – Hierarchie-Ebenen und der scharfen Konkurrenz zwischen leitenden Mitarbeitern, die ihre Wissensvorsprünge bewusst für sich behalten, um die eigene Machtposition zu schützen.

4. Katastrophale Fusionen: Das Schaulaufen der CEOs[18] um das fetteste Portfolio hat in den 1990er und 2000er Jahren zu einer Kette desaströs gescheiterter Konzernfusionen geführt: Daimler/ Chrysler/Mitsubishi, BMW/Rover, Allianz/Dresdner Bank, Credit Suisse/Winterthur, Hypo Real Estate/Depfa als Beispiele. Die Internationale Arbeitsorganisation legte 2001 eine Studie über Bankenfusionen in Westeuropa vor. Danach verschwanden durch Fusionen westeuropäischer Banken von 1998 bis 2002 rund 300 000 Arbeitsplätze. Zwei Drittel der Fusionen verfehlten ihre Ziele bei weitem. Laut Analysen von Beratungsfirmen wurde »bei den meisten Zusammenschlüssen der menschliche Faktor vernachlässigt« – nämlich »die geringe Arbeitsplatzsicherheit, zunehmende Überlastung, Angstzustände und Stress – mit negativen Auswirkungen auf die Leistung in einem Klima intensiver Konkurrenz«.[19]

5. Der Kampf der Seehäfen: Wilhelmshaven, Bremerhaven und Hamburg verbrannten durch ihre Konkurrenz in den Jahren bis 2006 bis zu eine Milliarde Euro an Steuergeldern und zerstörten dabei unnötig große Teile der Umwelt. Das ergab eine Studie, die die Umweltorganisation WWF 2006 vorlegte. Würden die drei Bundesländer ihre Hafenpolitik miteinander abstimmen, statt an allen drei Standorten gleichzeitig Überkapazitäten aufzubauen, käme alles viel billiger.[20]

6. Die Verödung der Städte: Die Konkurrenz der Immobilienbesitzer um die höchste Rendite hat dazu geführt, dass die Ladenmieten in vielen Innenstädten ins Unermessliche gestiegen sind. In der Folge verschwanden fast alle individuellen, ortstypischen, eigenartigen Händler aus den Innenstädten und wurden durch die immer gleichen Douglas-, Christ-, H&M-, Xenos-, Footlocker-, Müller-, O2-, Base- und T-Punkt-Filialen ersetzt.

7. Die Verblödung des Fernsehens: In den 1990er Jahren wurden etliche Fälle aufgedeckt, in denen deutsche Privatsender wie RTL und Sat1 in der Konkurrenz um Einschaltquoten und Werbeeinnahmen frei erfundene und gestellte »Reportagen« über angebliche Terroristen, Faschisten, Rebellen oder schießwütige Jäger durch ihre Nachrichtenmagazine jagten oder Schauspieler als bekennende Detektive, Ex-Scheintote, Wanzenverkäufer, Ho-

teldiebe oder Aids-Infizierte in Talkshows auftreten ließen. Polit-Talker und Starjournalisten in Usa hörten in den 1990er Jahren weitgehend auf, politische Themen und Streitfragen zu untersuchen. Stattdessen inszenierten sie duellartige Machtkämpfe zwischen einzelnen Politikern und verkauften dem Publikum das Theater als »die Politik«.[21]

Das heißt also: Konkurrenz kostet sehr viel Geld. Konkurrenz zerstört die Umwelt. Konkurrenz verhindert vernünftige Lösungen. Konkurrenz zerstört das Geschäft der Eigenartigen. Konkurrenz fördert das Peinliche und Obszöne. Neben das allgegenwärtige Lob des Wettbewerbs stelle ich deshalb das Antidogma:

Konkurrenz ist dumm und macht dumm.

 »Wir haben über unsere Verhältnisse gelebt.«

Der Christdemokrat und Unternehmeranwalt Friedrich Merz ist einer von vielen, die diesen Satz gerne im Munde führen. Im November 2009 sprach er vor dem Bielefelder Verein Gildenhaus für die Gentechnik, gegen »Technik-Skepsis« und gegen Sozialleistungen. Mehr als ein Drittel der volkswirtschaftlichen Leistungen flössen in soziale Sicherungssysteme: »Wir haben die letzten dreißig Jahre über unsere Verhältnisse gelebt.«[22] Auch seine erfolgreiche Rivalin Angela Merkel spielte gerne dieses Instrument und bemühte auf dem CDU-Parteitag in Stuttgart 2008 die angebliche Lebensweisheit einer schwäbischen Hausfrau – allerdings um zu begründen, warum es keine schnellen Steuersenkungen geben könne, was Merz wiederholt gefordert hatte – und sagte: »Man kann nicht auf Dauer über seine Verhältnisse leben.«[23] Im Mai 2010 stimmte Angela Merkel vor dem Ökumenischen Kirchentag das Klagelied wieder an. *Die Zeit* berichtete: »Merkel hat die Bürger auf schmerzhafte Einschnitte vorbereitet. Deutschland habe seit vielen Jahrzehnten über seine Verhältnisse gelebt, sagte die CDU-Vorsitzende … in München.«[24]

Fast alle Sätze, die in der Zeitung stehen und mit dem Wörtchen »wir« anfangen, sind Nebelkerzen, denn wer mit diesem »Wir« gemeint ist, bleibt fast immer im Dunst: *Wer* hat über seine Verhältnisse gelebt? Die sieben Milliarden Menschen der Erde? Die 750 Millionen Europäer? Die 81 Millionen Deutschen? Alle deutschen Journalisten? Alle deutschen Politiker? Herr Merz und seine Zuhörer? Hat Merz tatsächlich im letzten Jahr mehr Geld ausgegeben, als er eingenommen hat, und sich also verschuldet? Angela Merkel hat in dem Zusammenhang von Deutschland gesprochen. Richtig ist: Der deutsche Staat hat mehr Geld ausgegeben, als er eingenommen hat, und sich also verschuldet. Zwei Fragen bleiben offen: Liegt das daran, dass der Staat zu viel Geld ausgegeben hat, oder daran, dass er zu wenig eingenommen hat? Und wer ist schuld daran, dass so viele Menschen Geld aus sozialen Sicherungssystemen brauchen, um ihre Mieten bezahlen zu können, dass sogar Menschen, die in Vollzeit qualifizierte Arbeit leisten, von dem Lohn nicht leben können und zusätzliche Sozialhilfe brauchen?

Einige Meldungen der Jahre 2006 bis 2010 deuten darauf hin, dass der Staat eher zu wenig als zu viel Geld ausgegeben hat: In den Schulen fällt immer mehr Unterricht aus, weil »wir« es uns angeblich nicht mehr leisten können, genügend Lehrerinnen und Lehrer einzustellen. Die Schulen verrotten, weil »wir« es uns angeblich nicht mehr leisten können, unsere Schulen regelmäßig zu renovieren. Die Dächer von Eishallen stürzen ein, weil »wir« es uns angeblich nicht mehr leisten können, die Statik der Dächer regelmäßig zu überprüfen. Imbissbuden verkaufen gammeligen Döner, weil »wir« es uns angeblich nicht mehr leisten können, die Lagerhäuser regelmäßig zu kontrollieren. Die Züge der Bahn fallen immer häufiger aus, weil »wir« es uns angeblich nicht mehr leisten können, genügend Lokführer für Engpässe in Bereitschaft zu halten und die Lokomotiven und Waggons häufig genug zu warten. Prozesse dauern immer länger und müssen immer häufiger ergebnislos abgebrochen werden, weil »wir« es uns angeblich nicht mehr leisten können, genügend Richter und Staatsanwälte einzustellen. Die Gefängnisse werden unsicherer, weil »wir« es uns angeblich nicht mehr leisten können, genügend Strafvollzugsbeamte einzustellen. Die vielen Beratungsstellen für Verschuldete, Aids-Kranke, Migranten, Langzeitarbeitslose, die schließen mussten, weil der Kommune 1000 oder 2000 Euro dafür fehlten – geschenkt!

»Die öffentlichen Kassen sind leer«, werden die Sparkommissare nicht müde zu behaupten (siehe Seite 102), und folglich gibt es für alle diese Aufgaben »nichts mehr zu verteilen«, wie ein anderes, ebenso beliebtes Dogma lautet. Das erinnert an den Säufer, der die Lohntüte leer gesoffen hatte und anderntags vor verzweifelter Frau und hungernden Kindern behauptet, sie hätten über unsere Verhältnisse gelebt. Wenn Papa Staat das Geld wenigstens versoffen hätte! Dann hätte zumindest der Gastwirt etwas davon. Aber Papa hat das Geld, das ihm bei den Reichen zusteht, gar nicht erst abgeholt. Hier also ein Gegenvorschlag:

Wir Konzern-Anwälte <
haben über die Verhältnisse der Gesellschaft gelebt.

> **»Wohltaten sind eine Plage.«**

Die »Renten-Experten« Bernd Raffelhüschen und Bert Rürup empörten sich im April 2014 über die Pläne des Bundesgesundheitsministers Hermann Gröhe, die Leistungen der Pflegeversicherung zu verbessern. Raffelhüschen sagte wörtlich – und man sieht förmlich die Herpesbläschen des Ekels, die ihm dieses Wort auf die Lippen treibt: »Da werden Wohltaten verteilt …«[25] Gröhe hatte wirklich ganz Furchtbares angekündigt: Die Pflegeversicherung soll künftig auch die Pflege von Demenzkranken mitfinanzieren. Da hätten die genannten Herren Gröhe wahrscheinlich liebend gern als sozialistischen Agenten gebrandmarkt, wenn dieser Vorwurf nicht so aus der Mode gekommen wäre. Ganz ähnliche Expertenreaktionen löste es aus, als Arbeitsministerin Andrea Nahles 2014 entsprechend dem Koalitionsvertrag von CDU, CSU und SPD eine Rente ab 63 für Arbeiter mit 45 Versicherungsjahren und eine Mütterrente für die Mütter von vor 1992 geborenen Kindern auf den Weg brachte.

Staunend müssen wir zur Kenntnis nehmen: Wohltaten für Leute wie Dich und mich sind offensichtlich etwas Schlechtes. Da scheint eine Art Gehirnwäsche gefruchtet zu haben, ähnlich wie die, die George Orwell in seinem utopischen Roman *1984* beschrieb: »Freiheit ist Sklaverei.« »Krieg bedeutet Frieden.« »Unwissenheit ist Stärke.« Solche Sätze verkündet Engsoz, die Partei des »Großen Bruders«, in Orwells Vorstellung. Da würde das Dogma von Raffelhüschen & Co. gut hineinpassen.

Entgegnen Sie kühl:

Was uns wohltut, beurteilen wir besser selber.

> ## »Gutmenschen haben keine Ahnung, wo der Wohlstand herkommt.«

Der Journalist Gerhard Henschel berief sich 1994 in seiner Einleitung zum *Wörterbuch des Gutmenschen* auf den früheren FDP-Vorsitzenden und Bundeswirtschaftsminister Otto Graf Lambsdorff, »dem stets anzusehen war, wie sehr er darunter litt, dass die überlebensgroße Gutmenschengluckhenne Hildegard Hamm-Brücher nie geahnt hat noch auch jemals ahnen wird, wo eigentlich die kleinen blauen Scheine alle herkommen«[26] – während er, so darf ich den Satz wohl vollenden, der »Schlechtmensch« Graf Lambsdorff, stets wusste, woher seine blauen Scheine stammten: von Familie Flick.

Ach, welch ein Unsinn! Das Hämewort »Gutmensch« werde ich nicht benutzen, weil es unterstellt, die damit Gemeinten würden sich selber so bezeichnen, was sie nicht tun. Ich übersetze es hier mit »sozial engagierter Pazifist«. Es waren stets sozial engagierte Pazifisten, die wussten, wie man verhindern kann, dass die Menschen in Armut und Elend versinken: indem man nämlich Kriege vermeidet. Es waren der SPD-Vorsitzende Hugo Haase, die Sozialisten Karl Liebknecht und Rosa Luxemburg, die 1911 bis 1914 unermüdlich vor dem Wettrüsten und dem drohenden Krieg gewarnt haben, weil sie wussten, dass dieser den Wohlstand der deutschen Arbeiter, Angestellten, Bauern, Einzelhändler und Rentner zerstören würde. Es waren »Schlechtmenschen«, sogenannte Realpolitiker wie der Reichskanzler Theobald von Bethmann Hollweg, der Generalstabschef Helmuth von Moltke, der Stahlindustrielle Hermann Röchling, der Zeitungszar Alfred Hugenberg, der Alldeutsche Eiferer Heinrich Claß oder der Flottenapostel Alfred Tirpitz, die diesen Krieg – koste er, was er wolle – mit Brachialgewalt durchgesetzt haben. Ihr »Erfolg« waren zwanzig Millionen Tote, Millionen von Krüppeln und Blinden, eine katastrophale Niederlage, eine katastrophale Inflation, Armut, Elend und Enteignung, wohin man schaute – nur nicht bei jenen hundert Familien, denen die deutsche Rüstungsindustrie gehörte.

Hildegard Hamm-Brücher hat als Staatssekretärin für Bildung und Wissenschaft in den 1970er Jahren mit ihrem Einsatz für den Jugendaustausch mit Osteuropa sehr viel für den Frieden und damit für den Wohlstand in Europa getan. Sie wusste, warum sie das tat:

> *Pazifisten schaffen Frieden* ‹
> *und damit die Grundlage für Wohlstand.*

> **»Wir können nicht davon leben, uns gegenseitig die Haare zu schneiden.«**

Mit diesem Basta-Dogma wollte der damalige Bundeskanzler Gerhard Schröder bei einem Besuch im Bochumer Opel-Werk im Bundestagswahlkampf 2002 daran »erinnern«, dass die Industrieproduktion Basis allen deutschen Wohlstandes sei, und dass Dienstleister wie Friseure nur einen Reichtum umverteilten, der anderswo erzeugt werde.[27] Ähnlich äußerte sich die Wirtschaftsredakteurin Jutta Vossieg 1994 im *Kölner Stadt-Anzeiger*.[28] Sie hatte per Statistik festgestellt, dass die Bereiche Energie, verarbeitendes Gewerbe (Industrie) und Bau 1970 noch rund 55 Prozent der westdeutschen Arbeitsplätze stellten, 1992 aber nur noch rund 35 Prozent, während Banken und Versicherungen, kommerzielle Dienstleistungen, Organisationen ohne Erwerbszweck und Gebietskörperschaften gewachsen waren. Ihr verbissener Kommentar dazu: »Nur wenn sie [die Industrie] und ihre mittelständischen Zulieferer konkurrenzfähige Produkte herstellen und verkaufen, kommt Geld herein, um Dienste zu bezahlen und den dort Beschäftigten ebenfalls ein Auskommen zu sichern.«

Diese Lehre geht zum Teil auf Karl Marx zurück, zum Teil wurde sie ihm wohl unterstellt.[29] Und sie ist falsch. Wertschöpfung entsteht – das ist in der Volkswirtschaftslehre eigentlich unbestritten – in der gesamten Wirtschaft und nicht bloß in der Industrie. Überall, wo jemand eine Leistung verkauft, die ein anderer haben will, weil sie ihm nützlich ist, und wo der erzielte Preis die Kosten des Anbieters übersteigt, wird Wert geschöpft.[30]

Schauen wir uns dazu folgendes Szenario an: Die Lehrerin Schulze bringt dem Sohn des Bankkaufmanns Meier Lesen und Schreiben bei und bekommt dafür 50 Euro Gehalt vom Staat. Der Bankkaufmann Meier handelt mit der Damenmodehändlerin Lehmann einen Kredit aus und bekommt dafür 50 Euro Gehalt von der Bank, die diese aus Lehmanns Zinszahlungen finanziert. Die Damenmodehändlerin Lehmann verkauft der Frau des Sachbearbeiters Berger eine Bluse und verdient damit 50 Euro. Der Sachbearbeiter Berger sorgt dafür, dass die Friseurin Schmidt bei Tag und Nacht telefonieren kann, und bekommt dafür 50 Euro Gehalt vom Telefonkonzern, finanziert aus Frau Schmidts Telefonrechnung. Die Friseurin Schmidt schneidet der Lehrerin Schulze die Haare und verdient damit 50 Euro. Ihren Verdienst muss sie versteuern; aus der Einkommensteuer der Friseurin Schmidt finanziert der Staat ein paar Tage Gehalt der Lehrerin Schulze. Dieser Kreislauf der Dienstleistungen funktioniert, und das Statistische Bundesamt registriert 5 mal 50 = 250 Euro Bruttoinlandsprodukt, auch wenn keine einzige Tonne Stahl oder Beton und kein einziges Auto produziert und verkauft wird. Sicher, viele Dienstleistungen sind von Industrieprodukten abhängig, aber das gilt genauso anders herum: Die Industrieproduktion ist auf Dienstleister angewiesen, auf Finanzdienstleister, Logistiker, Händler, Softwaredienstleister, Marketingdienstleister, Unternehmensberater, Juristen, Reinigungskräfte, Kantinenpersonal, Ärzte, Krankenschwestern, Friseurinnen, Lehrerinnen und beamtete Verkehrsplaner.

Das Verrückte ist: Auch der Umstand, dass Industrie ohne Dienstleister nicht funktionieren kann, wird von vielen Autoren als »Beweis« für den Primat der Industrie gedeutet. Sie sagen dann: Industrieunternehmen bilden den Leistungskern der Wirtschaft, und die »unternehmensnahen« Dienstleister die Peripherie, die von den Aufträgen des Kerns lebt.[31] Hier also entscheidet nach dem Glauben der Industriedogmatiker der Auftrag über das Machtverhältnis. Dass in einer Beziehung zwischen Kunde und Lieferant beide Seiten voneinander abhängig sind – der Kunde braucht die Leistungen des Lieferanten, der Lieferant braucht die Aufträge des Kunden –, fällt in dieser Sichtweise unter den Tisch.

Was ist in den vielen umgekehrten Fällen, die es ja schon lange gibt? Telefonunternehmen verkaufen und verwalten Handyverträge, und ihre industriellen Zulieferer liefern die Handys dazu. Medienkonzerne produzieren und verkaufen Fernsehsendungen und Musik; Hersteller von Unterhaltungselektronik liefern die nötigen Geräte dazu. Software-Unternehmen entwickeln und vermarkten faszinierende Computerprogramme; Hardware-Hersteller liefern die dafür nötigen Geräte.[32] Die Deutsche Bahn organisiert und vermarktet Verkehrsdienstleistungen; industrielle Zulieferer produzieren die nötigen Loks und Waggons. Banken und Versicherungen organisieren Finanzdienstleistungen; Büromöbelhersteller liefern ihnen die dafür nötigen Möbel. Krankenhäuser kümmern sich um Gesundheit und Pflege ihrer Patienten; Arzneimittel- und Medizintechnikhersteller liefern die nötigen Hilfsmittel dazu. In allen diesen Fällen bilden Dienstleister den Leistungskern und »unternehmensnahe« Industriebetriebe stellen peripher die nötigen Geräte oder Hilfsmittel her. Wenn die Industriedogmatiker einmal solche Fälle betrachten sollten, dann werden sie entdecken, dass nicht die Aufträge, sondern die Leistungen die Abhängigkeit begründen; dann ist auf einmal nicht der Auftraggeber, sondern der Lieferant entscheidend, denn ohne seine Leistung läuft nichts.

Das Problem ist auch philosophisch interessant. Arbeit, bei der Gegenstände entstehen, die hoffentlich auch menschliche Bedürfnisse befriedigen, gilt als wertvoll. Arbeit, die ganz direkt und ganz bestimmt menschliche Bedürfnisse befriedigt, etwa nach Bildung, Gesundheit oder Schönheit, gilt als zweitrangig. Ist das nicht seltsam? Vermutlich steckt hinter dieser schiefen Sicht und hinter Schröders Opel-Irrtum der Fetischcharakter des Stahls, des Betons; das sind Dinge von scheinbar bleibendem Wert, die ein Gefühl von Sicherheit geben, wie es der Sozialpsychologe Erich Fromm in seinem Werk *Haben oder Sein* beschrieb.[33] Wer in Europa Stahl platt walzt oder Betonklötze in die Gegend stellt, geht mit dem Selbstbewusstsein durchs Land, dass ohne ihn aller Wohlstand, alles Haben sofort verschwände. Wer in Europa bettlägerige Alte pflegt oder Kindern Lesen beibringt oder Frauen die Haare schneidet, hat das untergründige Gefühl, dass er oder sie eine Art Luxus produziert, der »irgendwie« auf Kosten eines Stahlarbeiters oder Betonbauers finanziert wird. Dabei ist eher das Gegenteil der Fall: Den zigtausendsten Betonklotz Niedersachsens würde wohl niemand vermissen. Altenheime, Schulen, Bäckereien, Gemüseläden und Friseursalons sind dagegen unersetzlich. Streiks in der deutschen Stahlindustrie hat es in den vergangenen vierzig Jahren schon mehrere gegeben; Auswirkungen auf das Alltagsleben der Deutschen hatten sie keine. Ein Streik der Lokführer dagegen hatte 2014 spürbare Auswirkungen; ein Streik der Altenpflegerinnen, der Bäckereiverkäuferinnen oder der Beleuchter im Fernsehen würde ebenfalls sofort viele Millionen Menschen betreffen.

Für Dienstleister gilt ein alter Sinn- und Singspruch der Arbeiterbewegung noch, leicht modernisiert:

Alle Glotzen bleiben leer,
wenn du sagst: Ich mag nicht mehr.[34]

Dogmen über
Freiheit und Staat

> **»Es gibt keine Freiheit ohne Kapitalismus.«**

Josef Joffe, Herausgeber der Hamburger Wochenzeitung *Die Zeit*, bewies 2008 Mut zum Tabuwort »Kapitalismus«. In einem Kommentar zur grassierenden Kapitalismuskritik nach der Weltfinanzkrise behauptete er: »Es gibt zwar manchmal Kapitalismus ohne Freiheit (Chile, China), aber nie Freiheit ohne Kapitalismus.«[1] In der Regel vermeiden die Mächtigen in Deutschland den Begriff »Kapitalismus« und sprechen lieber von der »freien Marktwirtschaft« (FDP) oder der »sozialen Marktwirtschaft« (CDU, CSU, SPD) – so zum Beispiel Angela Merkel in ihrer Regierungserklärung im Januar 2014.[2] Der Ex-Manager, Autor und Dampfdiskutant Hans-Olaf Henkel bemühte 2009 nicht die Freiheitsstatue, sondern die Fahne der Volksherrschaft: »Eine Demokratie ohne Marktwirtschaft gibt es nicht ...«[3]

In der von Joffe gewählten Form geht das Basta-Dogma auf den amerikanischen Ökonomen Milton Friedman und sein Werk *Kapitalismus und Freiheit* von 1962 zurück. Friedman verkündete dort ein quasi-religiöses Gut-Böse-Weltbild: Gut ist alles, was einzelne Menschen für sich entscheiden, und böse ist alles, was »der Staat« entscheidet, was also viele Menschen gemeinsam entscheiden. Dabei kritisierte Friedman gelegentlich auch monopolistische Tendenzen der großen Konzerne. Wer die Welt so sehen will wie Friedman, Joffe oder Henkel, muss ein paar historische Episoden, die dem Dogma widersprechen, ausblenden. Zunächst aber möchte ich Joffes allzu kurze Liste zum Phänomen des Kapitalismus ohne Freiheit ein wenig verlängern. Ich beschränke mich auf die schlimmsten und bekanntesten Fälle:

Ägypten bis 2011 und seit 2013, Argentinien 1976–83, Bolivien 1964–82 (mit kurzen Unterbrechungen), Brasilien 1964–85, Deutschland 1933–45, Dominikanische Republik 1930–61, Griechenland 1967–74, Honduras 1933–54, Indonesien 1965–98, Italien 1922–45, Kongo 1965–97, Kuwait seit 1950, Nicaragua 1937–79, Nigeria 1966–79 und 1982–98, Österreich 1934–45, Paraguay 1954–89, Portugal 1926–75, Saudi-Arabien seit 1950, Spanien 1938–76, Süd-Korea 1971–87, Süd-Vietnam 1963–75, Südafrika 1960–94, Thailand 1950–2002 und seit 2014, die Türkei 1980–83, Ungarn 1919–45.

Und jetzt die umgekehrten Fälle, in denen es Freiheit mit Sozialismus und weitgehend ohne Kapitalismus gab; diesmal chronologisch geordnet: Deutschland 1918–19 (Novemberrevolution), Ungarn 1919 (Räterepublik, Béla Kun), die Sowjetunion 1921–23 (Lenins »neue ökonomische Politik«), Ungarn 1956 (Ungarn-Aufstand, Imre Nagy), Kuba 1959–62 (nach der Revolution Fidel Castros), die Tschechoslowakei 1968 (Prager Frühling, Alexander Dubček), Chile 1970–73 (Salvador Allende), Portugal 1975 (Nelkenrevolution), Nicaragua 1979–90 (Sandinistische Revolution), Polen 1980–81 (nach dem Danziger Aufstand), die Sowjetunion 1986–91 (Glasnost und Perestrojka), die DDR, Polen, die Tschechoslowakei und Ungarn 1989–90.

Ende 1918 lagen in Deutschland Regierungsgewalt und die Kontrolle der Großindustrie ein paar Wochen lang in der Hand von Arbeiter- und Soldatenräten. Man kann darüber streiten, inwieweit zum Beispiel in Chile 1970 bis 1973 der Sozialismus eingeführt wurde. Tatsache ist, dass Sozialisten in dieser Zeit versucht haben, die traditionelle Übermacht der Unternehmer zu brechen, und es auch geschafft haben, die Kupferbergwerke zu sozialisieren. Das größte und eindrucksvollste Beispiel unserer Zeit war die Sowjetunion in der Ära Gorbatschow: eine sozialistisch organisierte Gesellschaft, in der im Zuge von Glasnost und Perestrojka Meinungs- und Pressefreiheit weitgehend garantiert waren; Versammlungs- und Vereinigungsfreiheit allerdings noch nicht. Dass diese Gesellschaft nicht kapitalistisch, auch nicht quasi-kapitalistisch organisiert war, sondern im Kern auf Kollek-

tive setzte, verdeutlichte 2007 unfreiwillig eine Fernsehdoku-
mentation über den Kampf der Sowjetunion gegen die Reaktor-
katastrophe von Tschernobyl und ihre Folgen.[4]

Diese Experimente währten meist nur wenige Monate oder
Jahre. Es gab Leute,[5] die die Macht hatten, sie entweder gewalt-
sam abzuwürgen (Ungarn 1956, Invasionsversuch in Kuba 1962,
Tschechoslowakei 1968, Militärputsch in Chile 1973, Contra-Ter-
rorismus gegen Nicaragua um 1981–86, Polen 1981) oder das
Geld, sie aufzukaufen (DDR, Polen und Tschechoslowakei 1991).
Die »Neue Ökonomische Politik« wurde 1923 von Stalin beendet.
Kuba entwickelte als Reaktion auf einen amerikanischen Invasi-
onsversuch ab 1962 diktatorische Strukturen. Das Ende der Sow-
jetunion 1991 ist schwer zu analysieren.

Die Vertreter des Dogmas blenden einen wichtigen Faktor aus
ihrer Rechnung aus: die militärische Gewalt. Sie behaupten eine
Art ökonomisches Grundgesetz, wo in Wirklichkeit, wenn man
die Einzelfälle betrachtet, allzu häufig militärische Gewaltver-
hältnisse entscheidend waren.[6]

> *Da kann man sich nur wundern:* <
> *Schau mal an, das gab es doch:*
> *Freiheit mit Sozialismus.*

> **»Der freie Wille ist eine Illusion.«**

Das hat angeblich die Hirnforschung bewiesen. Die Freiheit, die
uns Kapitalismus und Marktwirtschaft garantieren, bilden wir
uns also nur ein – sagen Neurologen.[7] Der Hirnforscher Wolf Singer behauptete 2004: »Verschaltungen legen uns fest. Wir sollten
aufhören, von Freiheit zu sprechen.«[8] Dabei bezog er sich auf die
Tatsache, dass unsere Entscheidungen in Neuronen (Nervenzel-
len) ablaufen, die über Synapsen miteinander verbunden (ver-
schaltet) sind. Außerdem führte er das Libet-Experiment an: Darin hat der amerikanische Neurologe Benjamin Libet erstmals

1979 festgestellt, dass das Gehirn der Versuchspersonen jeweils bereits eine halbe Sekunde früher aktiv war, als ihnen ihre Entscheidung, eine Hand zu bewegen, bewusst wurde.[9] Diesen Zeitpunkt hatte Libet wie folgt festgestellt: Die Probanden sollten eine Art Uhrzeiger beobachten und sich merken, wo der Zeiger stand, als sie die Entscheidung trafen, ihre Hand zu bewegen. Gleichzeitig registrierte ein Elektroenzephalogramm ihre Hirnströme.

Die Neurologen Wolf Singer und Gerhard Roth schlossen daraus, dass es keinen freien Willen gebe; dass wir in Wirklichkeit die Sklaven von biochemischen Prozessen seien, die außerhalb unserer Kontrolle liegen; dass uns unser Gehirn aber die Illusion verschaffe, wir hätten unsere Entscheidung im freien Willen getroffen. Hunderte von Journalisten druckten diese Behauptungen ab, ohne den Hirnforschern kritische Fragen zu stellen. Das verwundert; denn bei anderen Gelegenheiten brauchen sie unsere (Willens-)Freiheit ganz dringend, um den Kapitalismus zu rechtfertigen oder den Islamismus zu bekämpfen (siehe Seite 40). Der Plurale-Philosoph Richard David Precht wies auf die Ähnlichkeit dieser Interpretation mit dem Grundgedanken des Philosophen Arthur Schopenhauer hin, dass nicht unser Verstand unseren Willen lenke, sondern umgekehrt unser Wille unseren Verstand.[10] Ich ergänze sechs selten gestellte Fragen:

Könnte es sein, dass wir in einem solchen Fall, wie ihn Libet konstruiert hat, in dem unsere Entscheidung also keinerlei Konsequenzen hat, die Entscheidung spielerisch-intuitiv treffen, und dass uns eine intuitive Entscheidung einfach erst mit einer Verzögerung von einer halben Sekunde bewusst wird? (Konkret hirnphysiologisch: dass die intuitive Entscheidung nicht in der Hirnrinde fällt, sondern weiter innen, und mit einer Verzögerung in der Hirnrinde ankommt?)

Wieso setzen Singer und Roth voraus, dass sich unsere Willensfreiheit, wenn es sie gäbe, in der Hirnrinde abspielen müsse? Warum definieren sie das, was in anderen Teilen des Gehirns passiert, aus unserem Willen hinaus? Wiederholen sie da nicht einen alten

Denkfehler, den schon Sigmund Freud machte, als er behauptete: »Das Ich ist nicht Herr im eigenen Haus« (siehe Seite 200)?

Könnte es sein, dass wir dann, wenn wir mit Konsequenzen unserer Entscheidung rechnen, lange vor dem Handeln verschiedene Szenarien in unserer Vorstellung vorwegnehmen? Auch in so einem Fall kann es sein, dass wir die Auswahl eines dieser Szenarien intuitiv treffen, also eine halbe Sekunde, bevor uns die Entscheidung bewusst wird. Da die Szenarien selbst aber Produkte unserer bewussten Vorstellung sind – beruht dann nicht unsere Willensentscheidung auf einer Vorarbeit unseres Bewusstseins?[11]

Wieso sollen plötzlich unsere Synapsen daran schuld sein, dass wir keinen freien Willen haben? Dass unser Gehirn aus Billionen von Synapsen besteht, ist schon seit etwa 1900 bekannt. Jahrzehntelang kam niemand auf die Idee, daraus zu schließen, dass wir keinen freien Willen hätten. Offenbar handelt es sich bei diesem Schluss um eine neue Interpretation alter Erkenntnisse und nicht um etwas, das zwingend aus neuen Forschungsergebnissen folgt.

Verwechselt Singer bei seinem Schluss, es gebe keinen freien Willen, weil unser Gehirn von Synapsen gesteuert werde, nicht Medium und Botschaft? Wenn unser ganzes Denken, Fühlen und Wollen in Synapsen entsteht, sind diese doch nur das Medium, das Gefäß dieser Erscheinungen, und nicht ihr Inhalt. Verschwinden die Menschenrechte, wenn das Papier verschwände, auf dem sie geschrieben stehen? Zeigen solche Deutungen nicht, wie tief eine Wissenschaft geistig herunterkommen kann, wenn sie glaubt, auf die Mithilfe von Geistes- und Gesellschaftswissenschaftlern, von Philosophen verzichten zu können?

Was trieb wohl die Meinungsmacher dazu, das sonst so heilige Konzept der Freiheit so schnell aufzugeben? Wirkte da im Hintergrund eine heimliche Sehnsucht, die Bürde der bürgerlichen Selbstverantwortung endlich wieder loszuwerden und es sich in Huxleys schöner neuer alter Welt als braver Untertan bequem zu machen?

Thomas Assheuer stellte 2005 in der *Zeit*[12] einen interessanten Bezug zwischen den Thesen von Singer und Roth und dem damaligen Abbau sozialer Menschen- und Bürgerrechte her. Gibt es einen Widerspruch zwischen dem Hohen Lied der Eigenverantwortung, das die Zerstörer der sozialen Rechte singen, und den Glaubenssätzen der Hirnforscher, die da sagen, der freie Wille des Menschen sei nur Einbildung? Nach Assheuer ergänzen sich diese Sichtweisen, weil keiner es auf Dauer aushalten könne, als isolierter Einzeller durch den Raum zu irren und für jede Wendung seines Schicksals ausschließlich selbst verantwortlich zu sein. Die Hirnforschung biete da willkommene Entlastung an: Wer Pleite gemacht hat mit seiner Ich-AG, erfährt von Vulgärgenetikern, dass daran »Verlierer-Gene« Schuld waren – tragisch, aber nicht zu ändern.

Assheuer übersah, so scheint mir, einen einfacheren Aspekt: Beide Tendenzen zielen eigentlich auf den gleichen Gegner – auf die Menschenwürde, die Menschenrechte, die Demokratie. Wer die sozialen Rechte der Menschen und ihre Solidarität, ihre Kooperation zerstören will, redet von der Freiheit der Individuen und errichtet nebenbei eine neue Form der Sklaverei: Der »freie« Sub-Sub-Unternehmer ist ohnmächtig und muss jedem potenziellen Auftraggeber die Stiefel lecken für jeden einzelnen Euro, den er verdient – und ob der Auftraggeber am Ende wenigstens seine Rechnung bezahlt, das steht in den Sternen. So erleben wir es 2014 zum Beispiel in Griechenland. Die Sklavenhalter der griechischen Antike dagegen waren gesetzlich verpflichtet, ihre Sklaven nicht verhungern oder erfrieren zu lassen.

Für die neue Form der Sklaverei liefern die Hirnforscher eine ideologische, scheinwissenschaftliche Rechtfertigung: Ein Mensch, der Sklave seiner Gene und Synapsen ist, braucht keine Menschenrechte; Freiheit, Menschenwürde und Menschenrechte sind reine Einbildung, also entbehrlich. Der Mensch ist, wie sie dozieren, willenlos, damit würdelos; und folglich kann man ihn auch rechtlos machen; allenfalls als dankbarer Abnehmer von Almosen wird er ernst genommen. Es fehlt nur noch ein Dreh, mit dem ein Hirnforscher es schafft, Herrscherhirne aus der gedachten Tyrannei der Synapsen auszuklammern.

Für Philosophen ist das Problem des freien Willens ein alter Hut. Ernst Bloch zum Beispiel setzte sich mit der Frage auseinander, wie ein Mensch frei entscheiden kann, der in kausal determinierte Umstände eingebunden ist: »Freisein bedeutet zunächst, dass einem Menschen nichts mehr von außen aufgetragen wird. Er ist vielmehr in den Stand gesetzt zu tun, was er zu tun gewillt ist, was ihm sein eigener Wille zu sein scheint. Die psychologische Freiheit des Willens ist hierbei nur in der Art vorausgesetzt, als den Menschen die Kraft zugestanden wird, zwischen widerstreitenden Antrieben wählen zu können. Sie ist als diese Wahlfreiheit vorausgesetzt, nicht etwa als Erzeugungsfreiheit, dergestalt, dass der freie Wille aus kausalen Zusammenhängen austreten oder gar sie zerreißen könnte. Die Nötigung durch kausale Umstände besteht, der menschliche Entscheid ist, auf die verschiedenste Weise, organisch wie sozial determiniert; jedoch: auch die vorhandene Person ist eine kausale Nötigung. In dieser letzteren eben liegt das zureichende Moment zur Wahlfreiheit, dann nämlich, wenn die Nötigung des subjektiven Faktors die Nötigung durch andere Umstände überwiegt.«[13]

Mit anderen, etwas platteren Worten: Man muss das Konzept des freien Willens nur etwas tiefer hängen, dann funktioniert es wieder. Der Denkfehler lag vielleicht darin, an die Willensfreiheit extrem hohe, unerfüllbare Ansprüche zu stellen. Zu einem ähnlichen Ergebnis kam der Zoologe Björn Brembs 2011 ausgerechnet aufgrund seiner Forschungen mit Fruchtfliegen. Selbst die haben offenbar eine Art freien Willen.[14]

Mein Rat also:

Hol den freien Willen vom Sockel,
gib ihm die Hand, dann ist er bei dir.

»Weniger Staat heißt mehr Freiheit für alle.«

Halten wir also noch ein Weilchen am Konzept der Freiheit fest! Dann stoßen wir alsbald auf Menschen wie den bereits erwähnten Ökonomen Milton Friedman, die der Meinung sind, es gebe einen prinzipiellen Gegensatz zwischen Freiheit und Staat (siehe Seite 130). Mit dieser Parole agitierten im August 2003 die privaten Krankenversicherungen per Anzeige gegen das Konzept einer »Bürgerversicherung« im Gesundheitswesen. Wir finden es auch in zahlreichen Internetdiskussionen, zum Beispiel im November 2014 bei Youtube in einer Diskussion über eine Folge der Kabarettserie »Die Anstalt«. Da sich Max Uthoff und Claus von Wagner dort über Konzerne wie Starbucks und Apple mokiert hatten, die in Europa praktisch keine Steuern auf ihre Millionengewinne zahlen, regte sich der polemisch begabte Benutzer »Fabian Kluth« auf: »Was für ne miese Scheiße. Man sollte sich freuen über jeden einzelnen Euro, der diesem widerlichen Raubtier Staat nicht in die grindigen Griffel fällt.«

Bei Zensurdebatten im Internet sind viele Beiträge von einer zwanghaft anmutenden Staatsfeindlichkeit geprägt. So wurde die damalige Familienministerin Ursula von der Leyen 2009 in zahllosen Foren und Medien monatelang als »Zensursula« verleumdet, weil sie versucht hatte, Internetsperren gegen kinderpornographische Angebote durchzusetzen.[15] Dass der Privat-Staat Facebook ganz ähnlich verfährt, und zwar nicht nur gegen Kinderpornos, sondern gegen sämtliche Pornos, und auf diese Weise seinen 1,3 Milliarden Einwohnern eine viktorianische Prüderie als Standardmoral aufzwingt, hat die gleichen Empörten dagegen offenbar kalt gelassen. Wer Guy-Fawkes-Masken trägt, sollte sich nicht wundern, wenn ihm manches aus dem Blickfeld gerät.[16]

Seltsam: Ein Staat, dessen Parlament und Regierung demokratisch gewählt wurden und auf dessen Politik wir Bürgerinnen und Bürger aktiv Einfluss nehmen können, soll ein widerliches Raubtier sein; ein Konzern aber, dessen Schalten und Walten von einer Handvoll Großaktionäre und womöglich größenwahnsinniger Manager bestimmt wird, denen öffentliche Kritik völlig egal sein kann, ist in den Augen der Staatsfeinde das arme, bedrohte Bambi-Reh, dessen große dunkle Augen vor dem Raubtier Staat gerettet werden müssen.[17] Im Namen der Freiheit, versteht sich – und indirekt im Namen des britischen Philosophen Thomas Hobbes, der 1651 als erster die Idee hatte, einen angeblich allmächtigen Staat mit dem biblischen Seeungeheuer Leviathan zu identifizieren. Doch Hobbes meinte damit einen absolutistischen Staat à la Louis XIV.

Schauen wir uns an, was passiert, wenn der böse Staat verschwindet. In vielen afrikanischen Ländern wie dem Sudan, dem Kongo oder Somalia ist das praktisch der Fall. Wer glaubt, dass er ohne Gesetze, ohne Polizei, ohne Beamte freier lebt, kann das in Somalia einmal ausprobieren. Ohne Staat herrscht das Recht des Stärksten. Der Stärkste kann nur einer sein, und wer das Pech hat, ein anderer zu sein, muss entweder gehorchen oder wird einen Kopf kürzer gemacht. Weniger Staat heißt also mehr Freiheit für *einen* – und null Freiheit für alle anderen.

Das Antidogma, zumindest der zweite Teil, stammt von Marie von Ebner-Eschenbach:

> *Wo kein Staat ist, herrscht der Stärkere.* ❬
> *Das Recht des Stärkeren ist das stärkste Unrecht.*

❭ **»Der Staat kann keine Arbeitsplätze schaffen.«**

Das behauptete zum Beispiel der damalige SPD-Generalsekretär Hubertus Heil 2006 in einem Interview mit der *Frankfurter Allgemeinen Sonntagszeitung*.[18]

Doch, das kann er. Nämlich Arbeitsplätze im öffentlichen Dienst. Der Staat kann zum Beispiel mehr Erzieherinnen, Lehrerinnen und Lehrer einstellen und so die Bildung unserer Kinder verbessern. Der Staat kann mehr Staatsanwälte und Richterinnen einstellen und so dafür sorgen, dass Wirtschaftskriminelle (zum Beispiel Subventionsbetrüger) wieder wirksam juristisch verfolgt werden, und dass die Prozesse schneller erledigt sind. Der Staat kann Naturschützerinnen und Naturschützer einstellen und so dafür sorgen, dass die Wildkatze, der Schwarzstorch, die Knoblauchkröte oder die Bienenragwurz besser überleben.

Die Beispiele zeigen, dass Arbeitsplätze im öffentlichen Dienst zwei Fliegen mit einer Klappe schlagen: Sie bringen qualifizierte Leute in Lohn und Brot und lösen gleichzeitig gesellschaftliche Probleme, die viele Menschen belasten oder bedrücken. Das Verschwinden von naturnahen Wäldern, Wiesen und Auen zähle ich da mit.

Komischerweise gilt das Dogma nicht, wenn es um die vom Staat finanzierte Rüstungsindustrie geht. Da heißt es auf einmal: »Der Bau von Kampfflugzeugen schafft Arbeitsplätze« (siehe Seite 65). Das Dogma wird anscheinend nur dann bemüht, wenn es interessierten Kräften darum geht, sinnvolle und nützliche Aktivitäten des Staates zu diskreditieren oder zu unterbinden. Also:

Der Staat kann Arbeitsplätze schaffen – ◄
nützliche Arbeitsplätze im öffentlichen Dienst.

> ### »Freie Märkte und freie Unternehmer können alles.«

Ach ja? Erzählen wir dazu eine kleine Geschichte! Sie spielt in den Jahren 2001 und 2002.

»Ich glaube an Gott und die freien Märkte.« Dieses Credo deklamierte Kenneth Lay, Chief Executive Officer (CEO) des amerikanischen Energiekonzerns Enron, und sein Vorgänger Jeff Skilling sekundierte: »Wir haben die Engel auf unserer Seite.« Nach dem luziferischen Absturz der Enron-Engel analysierte der amerikanische Journalist Tom Frank die religiösen Aspekte der bis dahin größten Pleite in der amerikanischen Geschichte.[19] Wie ein Sektenguru hatte Lay es verstanden, in der ganzen Welt eine Gemeinde mächtiger, ihm blind ergebener Gefolgsleute um sich zu scharen; keine lächerlichen Schwärmer, sondern ausschließlich harte Machtmenschen, gnadenlose »Realpolitiker«, »Sachverständige«, »Chefredakteure«. Diese Leute waren so mächtig, dass sie Regierung, Gesetzgebung, Rechtsprechung und öffentliche Meinung, alle vier öffentlichen Gewalten mehrerer Staaten, darunter der USA, Großbritanniens und Indiens, im Sinne ihres Gurus manipulieren konnten.

Unter großem Hallo haben die Enronisten die Privatisierung und »Deregulierung« vormals öffentlicher Dienstleistungen betrieben: der Energie- und Wasserversorgung. Sie wurden nicht müde, ihre immer gleiche Heilsbotschaft in die Welt hinauszuposaunen: Nur vollkommen freie, an kein Recht und Gesetz gebundene Unternehmer sind in der Lage, die Menschen mit dem zu versorgen, was sie brauchen. Folgsam schafften die amerikanischen Staaten alle »hemmenden« Vorschriften und behördlichen Kontrollen ab. Die Folge waren zum Beispiel katastrophale Stromausfälle und explodierende Strompreise in Kalifornien. Nur in Los Angeles blieben die Preise stabil, denn die Stadt hatte als eine der wenigen sich der enronistischen Dampfwalze entgegengestellt und ihre kommunale Stromversorgung behalten.

Kenneth Lay hingegen steckte sich für 2001 eine Bonuszahlung von 142 Millionen Dollar in die Tasche und konnte dazu das Gefühl genießen, einer der mächtigsten Männer der Welt zu sein. Zeitungen und Zeitschriften setzten Skilling und Lay auf die Titelseite, Bücher zum Zwecke ihrer Verehrung wurden weltweit vertrieben.[20] Sechsmal in Folge wurde Enron von amerikanischen Fachzeitschriften zum »innovativsten Unternehmen der USA« gewählt. Anfang 2002 verschwand Lay mit seinen Millionen und ließ einen riesigen Bankrott hinter sich zurück. 22 000 Arbeiter und Angestellte verloren ihre Stellen und den größten Teil ihrer privaten Altersvorsorge, denn die war – echt cool, wie es der Zeitgeist befiehlt – in Enron-Aktien angelegt. Lay hat sein Aktienpaket noch rechtzeitig verkauft; der Erlös ist unbekannt.

Lay und Konsorten haben dem Begriff »Global Player« neue Farbe geben und ihn zur Kenntlichkeit entstellt. Dass Enron letztlich mit nichts Reellem mehr gehandelt hat – weder mit Rohren noch mit Kabeln noch mit Gas oder Strom –, sondern mit abstrakten Verträgen, Derivaten, Optionen, Konditionen, wurde von der Wirtschaftspresse immer wieder als besonders genial und zeitgemäß gefeiert. Am Rande des Skandals kam heraus, dass Enron die regelmäßig anreisenden Wallstreet-Analysten mit einer perfekten Kulisse gefoppt hat: Immer wenn die Herren ins Haus kamen, strömten Mitarbeiter in einen sonst leer stehenden Saal, starteten Computer, rannten hektisch hin und her, telefonierten mit anderen Kollegen und simulierten irgendwelche geheimnisvollen Geschäfte. Das Abstraktum, mit dem Enron handelte, war buchstäblich *nichts*. Dass Enron trotzdem ein paar Jahre lang dicke Gewinne ausweisen konnte, lag wohl zunächst an einem gut geölten Schneeballsystem; später wurde mit Bilanzfälschungen nachgeholfen. Enron was a fake.

Also, liebe Leser, seid gewarnt: Die Globalspieler meinen das ernst mit dem Spiel! Sie spielen mit uns und der Welt, und sie organisieren das Ganze so, dass es für sie persönlich immer nur nette Gewinne gibt, aber niemals böse Folgen. Die müssen andere ausbaden.

Damit das funktioniere, brauchten die CEOs ein Umfeld williger Vollstrecker, vor allem in den interessanten staatlichen Gremien. Tom Frank nennt einige Namen: Wendy Gramm, Frau des wichtigen US-Senators Phil Gramm, saß in einer Kommission über die Begrenzung von Warentermingeschäften. Sie setzte durch, dass Enron sich nicht an die 1993 beschlossenen Regeln halten musste. Lord John Wakenham, Abgeordneter der britischen Konservativen, setzte sich massiv für die Privatisierung der britischen Elektrizitätswerke und für den Einstieg von Enron in die britische Wasserwirtschaft ein. Frank Wisner, US-Botschafter in Indien, besorgte Enron Mitte der 1990er Jahre einen 3-Milliarden-Dollar-Auftrag zum Bau des Wasserkraftwerks von Dabhol. Als die betroffene Bevölkerung massiv gegen Umweltzerstörung, Landverlust und überhöhte Stromtarife protestierte und die indische Regierung einen Ausstieg erwog, da war es wieder der brave Frank Wisner, der die Regierung mit massiven Drohungen zurück auf die Enron-Spur trieb. Alle drei Genannten wurden später zum Dank in den Aufsichtsrat von Enron aufgenommen. Da war nicht viel zu tun: einmal im Jahr anreisen und Kontrolle durch die Aktionäre simulieren, dafür gab es eine nette Tantieme.

Bis zuletzt haben die Investmentbanken, darunter J.P. Morgan und die Deutsche Bank, die Enron-Tour gedeckt, alle Verluste in obskuren Tochtergesellschaften zu verstecken. Als der bekannte Wall-Street-Analyst Daniel Scotto im August 2001 als Erster seiner Branche vor dem Kauf von Enron-Aktien warnte, wurde er rasch entlassen. Seine folgsameren Kollegen stimmten noch im November, drei Tage vor Bekanntgabe des Konkurses, mit sechs zu eins für Kaufen beziehungsweise Halten des Lügenpapiers.[21]

Das Enron-Debakel regte den damals 94-jährigen amerikanischen Wirtschaftswissenschaftler und engagierten Demokraten John Kenneth Galbraith zu seinem letzten Buch an: *The economics of innocent fraud (Die Ökonomie des unschuldigen Betrugs)*. Er hatte beobachtet, dass die meisten gläubigen Anhänger der Enron-Ökonomie nicht nur das Publikum, sondern auch sich selbst betrogen hatten; insofern waren sie unschuldige Betrüger. Galbraith geht in dem Buch einigen ihrer Glaubenssätze nach. Dazu gehört der Begriff »freier Markt« oder »freie Marktwirtschaft«, der das Wort »Kapitalismus« weitgehend verdrängt hat. Auch der Sektenführer und Konkursbetrüger Lay berief sich, wie zitiert, auf seinen Glauben an die freien Märkte. Auf einem »freien Markt« bestimmen die Käufer, also die Verbraucher darüber, was produziert wird. So lehren es die volkswirtschaftlichen Lehrbücher. Die Realität sieht anders aus, weil es die Konzerne häufig schaffen, mit millionenschweren Werbe- und PR-Kampagnen die gefühlten Bedürfnisse der Verbraucher zu manipulieren. Wie Galbraith berichtet, wurden seine Hinweise auf dieses Faktum von vielen Berufskollegen regelmäßig beiseitegewischt.[22]

Ein weiterer Betrug und Selbstbetrug, mit dem Galbraith aufräumt, ist der Glaube, es gebe einen unüberbrückbaren Gegensatz zwischen »freien Unternehmen« und dem Staat. Galbraith verweist auf die starken Verflechtungen zwischen Rüstungsindustrie und Militär/Verteidigungsministerien.[23] Inzwischen kennen wir viele weitere Beispiele, wo Privatunternehmen staatliche Aufgaben übernommen haben und dabei ganz eng mit Staatsorganen verbunden sind.[24] Das wird meist nur dann bekannt, wenn etwas schiefgegangen ist wie die Bewachung von Flüchtlingsunterkünften in Nordrhein-Westfalen oder die Passagierkontrollen im Frankfurter Flughafen. In den USA hat das Pentagon sogar das Foltern von Kriegsgefangenen einem Privatunternehmen überlassen.

Wer glaubt, Enron sei ein Einzelfall und in Deutschland sowieso nicht möglich, der sei an die Fälle Toll Collect, Hypo Real Estate, Airbus A400M und Flughafen Berlin erinnert. Da parodieren wir einen Werbespruch:

> *Wir können alles, nur keine Bank führen, keinen*
> *Flughafen bauen, keine Maut kassieren ...*

»Die Unternehmer leiden unter zu hohen Steuern.«

Ach so? Das knappe Prozent, das Amazon, Apple, Deutsche Bank, Eon, Ikea, Pepsi & Co. in Luxemburg gezahlt haben, war noch zu viel?[25] Ebenso die drei Prozent, mit denen Google seine Milliardengewinne in Europa seit vielen Jahren versteuert?[26] Manche dummen Sprüche liegen derart erbärmlich am Boden, dass es mir widerstrebt, da noch mal nachzutreten. Unternehmer zahlen in der Regel viel zu wenig Steuern. Das sagten 2005 die deutschen Unternehmer Horst Baumann und Peter Krämer.[27] Krämer und zwanzig weitere Unternehmer forderten damals die Wiedereinführung einer Vermögensteuer – ähnlich wie die Organisation Attac und das gewerkschaftliche Bündnis Umfairteilen. 2011 meldeten sich der amerikanische Milliardär Warren Buffett und die französische L'Oréal-Erbin Liliane Bettencourt mit ähnlichen Tönen zu Wort: »Besteuert uns!« Buffett erklärte, er habe 2010 lediglich 17,4 Prozent seines stattlichen Einkommens an Steuern gezahlt – seine Angestellten im Schnitt aber 36 Prozent. Die Reichen würden vom Gesetzgeber umhegt, lästerte Buffett, »als seien wir Fleckenkäuze oder eine andere vom Aussterben bedrohte Tierart«[28]. Bettencourts Aufruf für eine Vermögensabgabe hatte sechzehn Mitunterzeichner.[29] Liliane Bettencourt wurde 2011 auf Betreiben ihrer Familie unter Vormundschaft gestellt.

Der Spitzensteuersatz bei der Einkommensteuer sank von 53 Prozent 1998 auf 42 Prozent 2005 (und stieg auf 45 Prozent 2014), die Kapitalertragssteuer sank von 53 Prozent 1998 über 42 Prozent 2005 auf 25 Prozent 2014, die Körperschaftsteuer sank von 45 Prozent 1998 über 25 Prozent 2005 auf 15 Prozent 2014, die Körperschaftsteuer auf Veräußerungsgewinne sank von 45 Prozent 1998 auf 0 Prozent seit 2005, die Vermögensteuer verschwand bereits 1997.[30]

Doch als die Konjunktur im Herbst 2014 zu lahmen schien, kam der oberste Wirtschaftspolitiker der CSU, Peter Ramsauer, auf eine atemberaubend revolutionäre Idee: Man könne ja zur Abwechslung mal wieder eine Steuer für Unternehmer abschaffen, nämlich die Luftverkehrsteuer.[31]

Da greift man sich an den Kopf und zum Erikativ:

Seufz!

....

»Der Sozialstaat führt in die Sklaverei.«

»Hallo, Frau Sozialarbeiterin! Wussten Sie schon, dass Sie eine totalitäre Diktatur führen? Dass Sie Sklaven zu Ihrer Verfügung haben, die Sie nach Herzenslust ausbeuten können?« Ja, ernsthaft! Das alles (und noch viel mehr) behauptete der konservative Medienwissenschaftler Norbert Bolz in der *FAZ* vom 12. Oktober 2011.[32] Kurz sei hier die Generallinie seiner Theorie und seines Dogmas zusammengefasst: Der Sozialstaat, verkörpert von Betreuern (Sozialarbeitern), halte den übrigen Teil der Gesellschaft bewusst in Unfreiheit und Abhängigkeit, und zwar so lange wie irgend möglich. Die Betreuten gäben als »fröhliche Sklaven« ihre Freiheit gerne bei den Diktatoren ab im Austausch gegen Gleichheit und Sicherheit. Es sei ihnen lieber, dass es allen gleichermaßen schlecht gehe, als dass Einzelne unter ihnen die Chance hätten, ein besseres und freieres Leben zu führen. Bolz: »Wer die Freiheit als eigene Möglichkeit versäumt hat, hasst die Freiheit der anderen. Aber dieser Hass verkleidet sich als paternalistische Wohltat. Das ist der Kern aller sozialpolitischen Kontroversen.« Der gleiche Gedanke findet sich, etwas brachialer, altfränkischer und zugleich faschistischer ausgedrückt, bei Friedrich Nietzsche, auf den sich Bolz gelegentlich beruft.[33]

Bolz ist nicht der einzige Ritter dieses grotesken Freiheitskampfes. Thilo Sarrazin (*Deutschland schafft sich ab*, 2010) und seine Laudatorin Necla Kelek äußerten sich ganz ähnlich, wobei sie jeweils speziell die türkischsprachigen Empfänger von Betreuungsleistungen im Auge hatten. Sarrazin wandte sich sogar ausdrücklich dagegen, in die Bildung von Migrantenkindern zu investieren.[34]

Anders als Bolz, wie ich vermute, war ich im Laufe meines Berufslebens mehrere Male arbeitslos. Anders als Bolz habe ich wirklich einmal Leistungen nach SGB II empfangen. Das bescheuerte Wort, das sich dafür eingebürgert hat, mag ich hier nicht wiederholen. Ich verstehe diese Leistungen als eine Art Grundeinkommen, das meine bisherigen Gegenleistungen würdigt, die ich in Studium, Beruf und ehrenamtlicher Arbeit für die Gesellschaft erbracht habe. Anders als Bolz weiß ich, dass keiner meiner Betreuer mir jemals den Mund verboten oder den Stolz – besser: die Würde – geraubt hat. Anders als Bolz habe ich am eigenen Leibe erlebt, wie alle meine Betreuer nur eines versucht haben: mich so schnell wie möglich wieder in den Zustand eines ordentlichen Arbeitsverhältnisses oder einer auskömmlichen Selbständigkeit zu überführen. Und ich habe es erlebt, dass zwei Unternehmer, die mich als freien, unbetreuten Lohnangestellten eingestellt hatten, tatsächlich versucht haben, mir den Mund zu verbieten – und mich in die Arbeitslosigkeit entlassen haben, als ich mir das nicht gefallen ließ.

Also, nichts für ungut, Herr Bolz, ich werde jetzt noch subjektiver: Wer einen Lebenslauf hatte wie ich, kann Ihren Bockmist nur auf den Haufen werfen. Wobei ich selbstverständlich die Regeln der Mülltrennung einhalte, die mir durch gnadenlosen Intensivterror grüner Gutmenschen zur zweiten Natur geworden sind: also in die Biotonne damit!

Apropos Sklaverei: Jener Norbert Bolz ist der gleiche, der 2003 im gleichen Blatt, der *Frankfurter Allgemeinen*, forderte, Frauen dürften nicht mehr berufstätig sein und sich nicht mehr so leicht scheiden lassen können – mit anderen Worten: Sie müssten wieder brave Sex-, Küchen- und Wickeltischsklavinnen ihrer Männer werden, dann wäre endlich alles wieder gut.[35]

Ich erinnere an ein altes, singbares Antidogma der Arbeiterbewegung, das Georg Herwegh 1867 dichtete:[36]

> *Brecht das Doppeljoch entzwei,*
> *Brecht die Not der Sklaverei,*
> *Brecht die Sklaverei der Not!*
> *Brot ist Freiheit, Freiheit Brot!*

Dogmen zwischen Links und Rechts

> »*Dazu gibt es keine Alternative.*«

Das Basta-Dogma schlechthin war und ist einer der Lieblingssätze von NRW-Ministerpräsident beziehungsweise Finanzminister Peer Steinbrück, als er in den Jahren 2003 bis 2005 gemeinsam mit Bundeskanzler Gerhard Schröder und Kanzleramtsminister Frank-Walter Steinmeier unter der euphemistischen Marke »Agenda 2010« den Abbau sozialer und demokratischer Rechte, massive Steuersenkungen für Reiche und Unternehmer und die Deregulierung der Finanzmärkte durchsetzte. Steinbrück sagte in seiner ersten Bundestagsrede als Finanzminister im Dezember 2005, zu den von ihm vorgelegten Einsparungsmaßnahmen und zur geplanten Mehrwertsteuererhöhung gebe es keine Alternative.[1] Im Juni 2009 war es dann die wachsende Staatsverschuldung, zu der es laut Steinbrück keine Alternative gab.[2] Um 2010 sagte er bei einem Vortrag: »Zur EU gibt es keine Alternative.«[3]

Kommt doch einmal eine Alternative in der Diskussion hoch, wird diese meist mit dem Satz abgeschmettert: »Das ist utopisch.« Ein Beispiel folgt unten beim Stichwort »Stress«.

In der Regel erreichte Steinbrück mit diesem apodiktischen Satz, was er wollte: Die öffentliche Diskussion über mögliche Alternativen zu seiner Politik verstummte. Die große Beliebtheit, der sich Steinbrück vor allem seit seinem Ausscheiden aus der Bundesregierung 2009 bei Journalisten, Unternehmer- und Gewerkschaftsfunktionären zunächst erfreute, deutet auf eine gewisse Sehnsucht nach jemandem hin, der uns endlich die unangenehme Pflicht abnimmt, selber über Alternativen nachdenken zu müssen.

Leonardo da Vinci dagegen stellte im 15. Jahrhundert lapidar fest: »Es gibt immer eine andere Möglichkeit.« Ein Satz, der große Ähnlichkeit mit einem Grundsatz der Plurale[4] hat, den der Philosoph Paul Feyerabend 1985 aufstellte: »Anything goes. Alles ist möglich.«[5] Auch das sind natürlich Dogmen – eben Antidogmen zum Ausgangsdogma. Sie glauben nicht an die anderen Möglichkeiten? Das ist Ihr gutes Recht. Der frühere Grünen-Politiker Karl-Martin Hentschel hat 2014 eine ganze Palette von Alternativlösungen in seinem Buch versammelt, darunter viele hierzulande unbekannte Beispiele aus Skandinavien, Frankreich, Japan oder Kanada, die praxiserprobt sind: Wirtschaftsformen, Steuersysteme, Formen kommunaler Mitbestimmung.[6] Unter Stichworten wie »Share Economy«, »Stadt der Commonisten«, »Transition Town« diskutieren Wissenschaftler und Aktivisten weltweit alternative Organisations- und Wirtschaftsformen und probieren sie aus.[7] Hier folgen acht Beispiele aus meinem Treibhaus, willkürlich ausgegraben und alphabetisch sortiert:

Baum im Garten: Die Linde ist zu groß geworden, die Gartenbesitzer zu alt; sie schaffen es nicht mehr mit dem Laub im Herbst – also muss der Baum weg? Nein! Schlagen Sie den Nachbarn, die sich auch an der Linde erfreuen, vor, den alten Leuten das Laubaufkehren im Herbst abzunehmen. Meine eigene Erfahrung: Es ist eine ungemein meditative Tätigkeit, riecht gut und trainiert die Armmuskulatur.

Fleisch essen: Ich muss mich entscheiden, ob ich mich der Kirche der Fleischesser oder der Kirche der Vegetarier (oder gar Veganer) anschließe? Die Alternative steht auf Seite 74.

Fußball: Wenn ein Finalspiel am Ende unentschieden steht, muss man in die Verlängerung, und wenn es dann immer noch unentschieden steht, ins Elfmeterschießen? Nein. Man kann stattdessen die Zahl der Eckstöße oder der Torschüsse entscheiden lassen. So würde die offensivere, also zuschauerfreundlichere Mannschaft mit dem Sieg belohnt.

Globalisierung: Wir müssen in Deutschland die Löhne senken, weil die Chinesen alles so billig produzieren? Nein. Wir könnten stattdessen den Schiffsverkehr zwischen China und Europa verteuern, indem wir die Sicherheits-, Umwelt- und Sozialstandards für Schiffe erhöhen und allen Kähnen, die sie nicht erfüllen, die Anlegeerlaubnis verweigern. Dann würden die Transportkosten stärker auf die Preise durchschlagen.

Numerus clausus: Studienplätze für diverse Fächer sind knapp; Abiturienten knubbeln sich oft in einigen Modefächern; also hilft nur ein Numerus clausus, die knappen Studienplätze zu verteilen? Es gibt andere Lösungen. Eine ist, mehr Geld in die Hochschulen zu stecken und so die Zahl der Studienplätze zu erhöhen. Statt Medizinstudienplätze (und damit Arztkarrieren) bevorzugt an Leute zu vergeben, die in Sport oder Englisch Einsen haben – vielleicht weil ihre Eltern Tenniskurse und Sprachreisen finanzieren können –, könnten wir sie an Leute vergeben, die bei einer ehrenamtlichen Tätigkeit im Gesundheitswesen ihre Empathie mit Patientinnen und Patienten praktisch unter Beweis gestellt haben. Ähnliche Konstellationen gibt es für die meisten NC-Fächer, etwa Anglistik (Theatergruppen), Betriebswirtschaft (Kassenwartposten in einem Verein), Biologie (Naturschutz), Chemie (Umweltschutz), Geographie (Entwicklungshilfe), Germanistik (Poetry-Slams), Informatik (Open-Source-Projekte), Jura (Rechtsberatung), Pädagogik (Leselernhelfer, Volkshochschule), Politologie (Parteien), Psychologie (Beratungsstellen), Publizistik (Medienprojekte). So täten wir etwas gegen das Nachwuchsproblem der Vereine und gegen die einseitige Karriereorientierung. In Sport, Kunst und Musik ist das schon lange Usus.

Staatsverschuldung: Die Staatsverschuldung zwingt uns, Lehrerinnen zu entlassen, Theater und Beratungsstellen zu schließen? Keineswegs. Stattdessen könnte man die Steuern erhöhen, vor allem die für Reiche und Unternehmer. Oder die Vermögensteuer wieder einführen. Zu hoher bürokratischer Aufwand? Gut, dann eben eine ganz simple Steuer für Reiche, die Zaunsteuer: Jedes große Privatgrundstück wird nach Länge und Höhe des Zauns besteuert, der es umgibt.

Straßenbau: Wir müssen immer neue Umgehungsstraßen bauen und Autobahnen verbreitern, weil der Lkw-Verkehr in Deutschland immer weiter zunimmt? Nein. Stattdessen können wir vorschreiben, dass Lkw aus Sicherheitsgründen mit zwei Fahrern besetzt werden müssen. Das würde Lkw-Fahrten erheblich verteuern und die Unternehmen dazu zwingen, ihre Logistik so zu ändern, dass weniger Lkw-Fahrten nötig sind. Es würde sich dann wieder lohnen, die berühmten Krabben direkt an der Nordseeküste puhlen und die Schweine im Oldenburgischen schlachten zu lassen. Krabben und Schweinefleisch würden dann etwas teurer. Ja und?

Stress: Als simples Gegenmittel gegen drohende Burn-outs empfiehlt der Psychologe Stephan Grünewald »den guten alten Mittagsschlaf«. Eine Journalistin konterte 2013 im Interview entsetzt: »Das ist in Fabriken utopisch.«[8] Wieso? Viele Fabriken nehmen riesige Flächen ein und haben immer weniger Personal. Dort kann man locker ein Gebäude finden oder bauen, in dem ein Hotelier ein Stundenhotel der anderen Art betreiben könnte. Die Finanzierung könnte sich der Betrieb mit den Mitarbeitern teilen, die den Service nutzen wollen. Auch in Bürovierteln gibt es meist leerstehende Etagen, in denen das möglich wäre. Alles bräche zusammen, wenn Mitarbeiter schlafen, statt erreichbar zu sein? Wenn Sie in einer Besprechung sind, sind Sie auch nicht erreichbar; der Betrieb geht trotzdem weiter.

Zitieren Sie also Leonardo:

> *Es gibt immer eine andere Möglichkeit.*
....

 ### »Politik verdirbt den Charakter.«

Gegen das Dünkeldogma, das schon im 19. Jahrhundert bekannt war[9] und in Deutschland erneut 1948 aufkam, schrieb der Journalist und Linksdemokrat Axel Eggebrecht 1988 eine wunderbare Polemik.[10] Eggebrecht kommt dort zu dem Ergebnis: Nicht die Politik verdirbt Charaktere, sondern schlechte Charaktere verderben die Politik. Dieses Bonmot wird auch dem früheren österreichischen Bundeskanzler Julius Raab zugeschrieben.

Der alte Spruch ist seltener geworden, tritt aber vereinzelt immer noch auf.[11] Ich stufe ihn als Dünkeldogma ein, weil er meist von Menschen verwendet wurde, die sich als Nichtpolitiker verstanden und deshalb für charaktervoller hielten als der »gemeine Politiker«. Kann man denn von oben auf Politiker herabsehen? Die sind doch selber oben, mögen viele denken. Dass es gesellschaftliche Schichten gab und gibt, die sich selbst weit oberhalb der Ebene gewählter Parlamentarier und Minister ansiedeln, ist dem modernen, allzu sehr auf Politiker fixierten Diskurs aus dem Blickfeld geraten.

Politik ist die Sprache der Demokratie. Wer Politik ablehnt, lehnt die Demokratie ab und sehnt sich nach der Monarchie zurück. In der Tat stammt dieser Spruch, wie Eggebrecht recherchierte, wohl von einer Anhängerin der absoluten Monarchie, die ihn um 1850 äußerte. Königin Marie Antoinette von Frankreich ließ sich um 1780 schon ähnlich vernehmen.[12] Richard Wagner schrieb an Franz Liszt: »Ein politischer Mann ist widerlich.«[13]

Natürlich steckt, wie so oft, auch ein Element der Wahrheit darin. Es ist die Beobachtung, dass persönliche Machtkämpfe, wie sie in der Politik recht häufig vorkommen, bei vielen Beteiligten eher die negativen, destruktiven Charakterzüge hervortreten lassen als die positiven. Solche Machtkämpfe gibt es aber überall, und viel häufiger als in der Politik sind sie im Familienleben. Der Spruch müsste also eigentlich lauten: Familie verdirbt den Charakter. Das sagt aber keiner (außer Karl Kraus[14]), weil man denkt: Familie ist doch viel mehr als das. Nun, genau das Gleiche gilt für die Politik. Wahrscheinlich die meisten Menschen, die sich politisch engagieren, tun das, weil sie bestimmte Ziele für den Staat oder die Gesellschaft für richtig halten und deshalb mithelfen wollen, diese Ziele durchzusetzen; Politiker wollen, platt gesagt, die Welt verbessern. Das gilt sogar für Konservative, denn sie wollen mit ihrem Engagement etwas Altes retten, das sie für gut und bedroht halten. Das gilt in gewisser Weise sogar für Verbandspolitiker und Lobbyisten, denn die sind oft der ehrlichen Überzeugung, dass alles gut wäre, wenn man ihre Interessengruppe nur überall gewähren ließe. Diese Haltung mag auf einen Betrug und Selbstbetrug hinauslaufen, für den John Kenneth Galbraith 2004 den Begriff »unschuldiger Betrug« (»innocent fraud«) geprägt hat.[15] Wer dagegen mit der Haltung politisch aktiv wird, die Politik nur als Vehikel für persönliche Machtinteressen zu missbrauchen, hat wohl genau jenen schlechten Charakter, der die Politik verdirbt, wenn die Bürger nicht aufpassen.

Ijoma Mangold schrieb 2012 in der *Zeit*, unter Berufung auf den Soziologen Max Weber:[16] »Natürlich hat Politik häufig etwas von Geschacher – wie sollte das auch anders sein, wo Menschen um ihre Interessen ringen. Doch verglichen mit den Überheblichkeiten eines Erbschaftsstreits, wie er in jeder Familie ausbricht, die nur ein bisschen was zu verteilen hat, geht es in der Politik gesittet zu.« Das wäre also eine weitere Anti-Variante: Haus- und Grundbesitz verdirbt den Charakter.

Aber ist persönliche Macht nicht für die meisten Politiker ein starkes Motiv? Nein, es dürfte bei den meisten weniger persönliche Macht sein als Eitelkeit oder Ruhmsucht; das wird auch häufig verwechselt.[17] Politiker wollen den Beifall des Publikums genießen – genau wie Schauspieler, Sänger oder Dirigenten –, sie wollen Ruhm ernten als Mann oder Frau, die Geschichte gemacht hat; sie heißen Helmut Schmidt und Helmut Kohl und wollen, dass ihr Name im Geschichtsbuch steht und mit bestimmten Leistungen oder Weichenstellungen verknüpft wird. Ihr Vorgänger Otto von Bismarck konnte noch hoffen, nach dem Tode auf Denkmalsockeln weiterzuleben. Darin ähneln sie Unternehmern, Wissenschaftlern, Erfindern, Künstlern. Persönliche Macht würde bedeuten, für alles verantwortlich zu sein, und wer will das schon?

Resümieren wir die Antidogmen:

Haus- und Grundbesitz verdirbt den Charakter.
Familie verdirbt den Charakter.
Schlechte Charaktere verderben die Politik.

>»Die Politik hat versagt.«

Möglicherweise können jüngere Leser mit dem Streit um Politik und Charakter kaum noch etwas anfangen, da sich inzwischen der Sinn des Wortes Politik gewandelt hat. Mit Politik war bis ins frühe 21. Jahrhundert in der Regel ein Tätigkeits- und Interessengebiet der Menschen gemeint. Politik war etwas, das man *macht;* genauer: etwas, das in einer Demokratie sogar jeder von uns machen kann. »Politik machen« hieß: sich um Angelegenheiten des Staates, der Gesellschaft, des öffentlichen Zusammenlebens der Menschen kümmern; sich informieren, sich eine Meinung bilden, diese Meinung öffentlich äußern, mitdiskutieren, Vereine bilden, demonstrieren, abstimmen, wählen, kandidieren.

Um 2005 änderte sich die Bedeutung des Wortes Politik. In den Zeitungen erschienen nun Sätze wie: »Hier ist die Politik gefragt.«[18] – »Das ist eine Aufgabe der Politik.« – »... nach dem Willen der Politik«[19] – »Flirt mit der Politik«[20] – »Der DGB fordert die Politik auf, ...«[21] – »Ein Chefredakteur wird von der Politik aus dem Amt gedrängt ...«[22] – »Sie sah in der Politik keinen verlässlichen Partner mehr.«[23] – Oder hier, besonders absurd: »Gut Wittenbach‹ stürzt Politik in Existenzkrise.«[24]

Die Politik wurde also vom *Objekt* menschlichen Tuns zum *Subjekt.* Mit »der Politik« waren jetzt bestimmte Menschen gemeint, die Politiker; die Mitglieder der Bundesregierung und des Bundestages, manchmal die einer Landesregierung und eines Landtages; manchmal Oberbürgermeister und Stadtratsmitglieder. Politiker wurden zunächst pauschal als »politische Klasse« bezeichnet, um herauszustellen, wie sehr sie sich angeblich von der Gesellschaft entfremdet haben. Von da aus war der Weg nicht mehr weit, die Politik als eine Art Firma zu sehen wie Bahn oder Post; und die Bürger wurden zu Kunden dieser Firma, die sich routinemäßig über den schlechten Service und die hohen Preise beklagten. In einem Politikforum des Internetnetzwerkes XING wurde 2009 ernsthaft darüber diskutiert, wie man das Gehalt von Politikern an ihrer Leistung ausrichten könne. Immerhin kam einer der Mitdiskutanten auf die Idee zu fragen, wie man denn die Leistung eines verhinderten Krieges bewerten solle.

Regierungen und Parlamente als Dienstleistungsfirma: Ein schlagendes Beispiel für den neuen Sinn des Wortes »die Politik« lieferte der SPD-Vorsitzende Sigmar Gabriel im Juli 2012 in einem Thesenpapier: »Sie [die Banken] betreiben auch heute riskante Geschäfte, als hätte es die Finanzkrise 2008 nicht gegeben. Und wenn es schief geht, bestellen sie bei der Politik Rettungspakete.«[25] Ähnlich lag der Fall bei der Umfrageoption beim ARD-Deutschlandtrend: Die Benzin- und Dieselpreise waren stark gestiegen, und da war, meinten viele Autofahrer, »die Politik gefragt«. Die Preisentwicklung wird zwar bekanntlich von den Ölkonzernen festgelegt, aber fürs Angemeckertwerden sind nicht die, sondern die Bundesregierung zuständig.

Giovanni di Lorenzo, Chefredakteur der *Zeit*, nahm im Juni 2010 in seinem Leitartikel dankenswerterweise die Mitglieder der Bundesregierung und die Fraktionsvorsitzenden im Bundestag gegen sie verächtlich machende Schmähkritik in Schutz. Seine Unterzeile dazu lautete jedoch: »Wer heute die Politik scharf kritisiert, hat Recht.« Statt »die Politik« anzumeckern, sollten die Bürgerinnen und Bürger in einer Demokratie Politik *machen*. Schlechte Politik bekämpft man, indem man eine bessere dagegensetzt. Wer eine bestimmte Politik der Regierung oder bestimmter Politiker öffentlich kritisiert, ist bereits einen Schritt weitergegangen und macht in diesem Moment Politik. Das ist der eigentliche Sinn des Wortes Politik, der durch den neuen Sprachgebrauch verloren zu gehen droht.

Nun mag man einwenden, die Floskel »die Politik« sei halt eine Vereinfachung, deren Sinn in der Praxis jeder verstehe. Doch ich widerspreche erneut: Auch wenn im Groben klar ist, dass mit »der Politik« im Prinzip die jeweils zuständige politische Instanz gemeint ist, verschleiert und vernebelt dieser allzu bequeme Sprachgebrauch permanent die Verantwortlichkeiten. Wer den Bundesverkehrsminister kritisieren will, sollte den Mann beim Namen nennen. Denn es gibt meines Erachtens gute und schlechte Politiker. Was bringt es, die in den gleichen Topf zu werfen? Hannah Arendt antwortet:»Nun, wo alle schuldig sind, ist es keiner; gegen die Entdeckung der wirklich Schuldigen oder Verantwortlichen, die Missstände abstellen könnten, gibt es keinen besseren Schutz als kollektive Schuldbekenntnisse.«[26]

Die Psychologin Marina Weisband, die 2010 bis 2012 politische Geschäftsführerin der Piratenpartei war, sagte im März 2013 in einem Interview etwas Denkwürdiges:»Politik ist nur das Miteinander von Menschen, die einen Weg suchen, wie sie vernünftig leben können … Ich interessiere mich für die Gestaltung der Gesellschaft. Politik ist der rechtsstaatliche Weg dorthin.«[27] Dieser jungen Dame können wir begeistert zustimmen:

Politik muss man machen, nicht anmachen.

....

> **»Rechts und Links haben in der heutigen Gesellschaft keine Bedeutung mehr.«**

Im September 2007 stellte die Zeitschrift *Cicero* ihre Ausgabe unter das Titeldogma, Rechts und Links seien Kategorien von gestern. Sie griff damit eine Debatte wieder auf, die der Hamburger Journalist Josef Joffe im Jahr 2000 auf den Punkt gebracht hatte: Die wahren Revolutionäre des späten 20. Jahrhunderts seien Margaret Thatcher und Ronald Reagan gewesen.[28] Wenn zwei Konservative, also Rechte, so etwas Linkes wie eine Revolution gemacht haben – Joffe meinte damit den »neoliberalen« Abbau des Sozialstaates –, dann scheinen die Begriffe Rechts und Links nichts mehr zu bedeuten.

Um das Dogma zu untermauern, zitierte *Cicero* unter anderem den ehrwürdigen britischen Historiker Eric Hobsbawm ganzseitig mit Foto und dem Satz:»Keines der großen Probleme, vor denen die Menschheit im 21. Jahrhundert steht, kann mit dem Gegensatz *rechts* oder *links* gelöst werden.« Dieses Zitat war gefälscht. Im Kleingedruckten stand, was Hobsbawm wirklich gesagt hat: Keines besagter Probleme könne mit den Grundsätzen »unbegrenztes Wirtschaftswachstum und technischer Fortschritt« gelöst werden. Ein peinlicher Satz für den *Cicero*-Autor Michael Miersch, der das Ganze eingeleitet hatte und sich seit Jahren als antigrüner Wachstums- und Technikapostel profiliert. Doch es kommt noch dicker. Hobsbawm sagte, der Links-Rechts-Gegensatz werde »offensichtlich eine zentrale Rolle behalten in einer Zeit, da die Kluft zwischen Reich und Arm sich vertieft«.

Der 2012 verstorbene Hobsbawm war ein kluger alter Mann und wusste, dass der Lackmustest für Rechts und Links nach wie vor funktioniert: Das ist die Frage, ob es richtig ist oder falsch, wenn Reichtum und Herrschaft in den Händen derjenigen Familien bleiben, die schon seit Jahrzehnten und Jahrhunderten darüber verfügen und sich mit diesen Dingen – so sehen es die Rechten – eben am besten auskennen. Oder deren hemmungslose Gier, deren Hybris – so sehen es die Linken – seit jeher den Rest der Menschheit im Elend hält. *Zeit*-Redakteur Gero von Randow drückte das 2009 so aus: »Die Welt ist schön, das Leben für die meisten hässlich. Und dieser Widerspruch erzeugt unausgesetzt neue Linke.«[29]

Aber auch ohne jedes Pathos bleibt nüchtern festzustellen, dass bei der Präsidentschaftswahl 2007 in Frankreich (Nicolas Sarkozy gegen Ségolène Royal) kein Cicerone irgendwelche Schwierigkeiten mit der Frage hatte, welcher der beiden Kandidaten der Rechte und welche die Linke war. Auch in den Jahresrückblicken waren sich alle einig: »Rechtsruck in Frankreich«. Dass sich an diesem Rechtsruck auch die weit rechts von Sarkozy situierten Nationalisten unter Jean-Marie Le Pen beteiligt hatten, störte niemanden in seinem politischen Orientierungssinn.

Folgern wir mit Eric Hobsbawm:

> *So lange Reiche mehr Macht haben als Arme,*
> *so lange gibt es Rechte und Linke.*

> **»Linke glauben, dass sie immer Recht haben und immer auf der Seite der Guten stehen.«**

Auch der westdeutsche Konservative und Ex-Jungsozialist Jan Fleischhauer hat keine Probleme damit, Rechte und Linke zu unterscheiden. 2011 sagte er sich in einem Buch mit dem Titel *Unter Linken – von einem, der aus Versehen konservativ wurde* süffisant von seinen früheren linken Glaubensinhalten ab. In Schlips und Kragen trat er im März 2011 bei einer Veranstaltung der Konrad-Adenauer-Stiftung in Bielefeld auf. Laut Bericht der *Neuen Westfälischen*[30] widersprach ihm dort niemand. Das sei hiermit nachgeholt. Fleischhauer vertritt die These, die Linken glaubten, sie hätten immer Recht und stünden immer auf Seiten der Guten. Das hat ihn angeblich auf Dauer derart genervt, dass er die Straßenseite gewechselt hat. Ich vertrete die entgegengesetzte These: Die Rechten, die Konservativen, glauben, sie hätten immer Recht und stünden immer auf Seiten – nicht der Guten, aber der Wirklichkeit. Die meisten Konservativen glauben ja allen Ernstes, sie sähen die Menschen und die Welt so, wie sie wirklich sind (siehe auch Seite 210). Als ob das Menschen möglich wäre!

Ein Indiz für meine These ist die Existenz von Fleischhauers Buch. Frank Schirrmacher war einer der ganz wenigen ehemals konservativen Autoren, der sich in den letzten fünfzig Jahren dazu aufgerafft hat, seine früheren Grund- und Glaubenssätze zu kritisieren.[31] Dagegen stehen Dutzende Fälle, in denen Linke oder ehemalige Linke so etwas getan haben, darunter Wolf Biermann, Margarete Buber-Neumann, Stéphane Courtois, Milovan Djilas, Georg Glaser, André Glucksmann, Erich Gniffke, André Gorz, Gerhard Henschel, Alfred Kantorowicz, Arthur Koestler, Wolfgang Leonhard, Detlef Peukert, Ignazio Silone, Manès Sperber, Hermann Weber. Es scheint eher eine linke Tugend zu sein, von seinen Glaubenssätzen abzufallen und Selbstkritik zu üben. Renegatentum hat eine linke Tradition, keine rechte.[32] Das bedeutet aber: Viele Linke glauben gerade nicht, dass sie immer Recht hatten, sondern sie glauben, dass sie sich früher getäuscht haben.

Ein weiteres Indiz für meine These ist die linke Kritik am Stalinismus und an den Verbrechen Stalins. Wo ist das Buch, in dem ein konservativer Autor in den letzten zwanzig Jahren den Beitrag der deutschen Konservativen zu den faschistischen Verbrechen, zum Zweiten Weltkrieg, zum deutschen Überfall auf die Sowjetunion 1941 kritisch analysiert hat?[33] Dagegen gibt es Dutzende deutschsprachige Bücher, in denen linke oder ehemals linke Autoren die stalinistischen Verbrechen und den Stalinismus als Ganzes kritisiert haben.

Auch linke Geistesgrößen wie Karl Marx, Ernst Bloch oder Bertolt Brecht wurden schon Dutzende Male von Linken oder Ex-Linken demontiert und als Heuchler, Feiglinge, Patriarchen und Ausbeuter »entlarvt«. Doch wir warten seit Jahrzehnten vergeblich auf den ersten konservativen Intellektuellen, der es wagt, die faschistischen Züge in der Musik Richard Wagners, in der Philosophie Friedrich Nietzsches und Martin Heideggers, in der Rechtsphilosophie Carl Schmitts oder in den Werken Ernst Jüngers, Arno Brekers und Leni Riefenstahls zu kritisieren. Nein, an dieser Stelle bleiben die Reihen dieser ach so freien, unabhängigen und antitotalitären Denker fest geschlossen. Unter Linken dagegen war es immer mal wieder Mode, sich einem Nietzsche, Heidegger, Schmitt, Jünger oder Breker an den Hals zu werfen. Diese Replik ist eine gute Gelegenheit, die eigentümliche Schwäche vieler Linker für solche Figuren (und ihren sporadisch wiederkehrenden Hass auf die eigenen Helden) einmal in mildem Licht zu betrachten. Danke, Jan, für die Tür zu diesem Gedanken!

Sie dürfen mich anhand von Beispielen gerne eines Besseren belehren, aber bis dahin bleibe ich bei meiner These, dass es die Rechten sind und nicht die Linken, die stets an ihren Dogmen festhalten und immun sind gegen alle Anfälle von Selbstkritik.

»Ja klar tun wir das! Wir *haben* ja auch Recht!« Na, das hat doch bestimmt jetzt gerade der eine oder andere gedacht ... Γνωθι σαυ–τον (Gnothi sautón, Altgriechisch: Erkenne dich selbst).

In diesem Sinne behaupte ich glatt:

Linke sind selbstkritisch, Rechte sind selbstgerecht. ◄

> »Toleranz ist kein Selbstzweck.«

Das Zusammenleben von Linken und Rechten sowie die Gespräche, die unter Zusammenlebenden manchmal nötig sind, erfordern nach unserer Alltagserfahrung eine gewisse gegenseitige Toleranz. Etwa so, wie es der Kölner Kabarettist Jürgen Becker einmal in einem anderen Zusammenhang gesagt hat: »In Nordrhein-Westfalen leben Rheinländer und Westfalen in *einem* Bundesland zusammen. Das ist schrecklich – aber es geht!«

Toleranz macht selten Spaß, und vielleicht war das der Grund, weshalb der Journalist und Polemiker Henryk Broder 2009 so großen Erfolg hatte mit einem Buch namens *Kritik der reinen Toleranz*. Darin vertritt er die These, Toleranz sei kein Selbstzweck. Die »grenzenlose Toleranz« westlicher Gesellschaften »gegenüber Menschen und Kulturen, die ihrerseits nichts von Toleranz halten und die von der Idee der eigenen Überlegenheit dermaßen durchdrungen sind, dass sie es für das Beste halten, wenn die Welt ihrem Beispiel folgt«, führe zur Selbstaufgabe. Damit meinte er nicht Ronald Reagan in seinem Kampf gegen die »Achse des Bösen«, nicht George W. Bush beim Schmieden seiner »Koalition der Willigen«, nicht die »westliche Wertegemeinschaft«, die sich vielleicht für überlegen und beispielhaft hält, sondern natürlich »den Islam«. Broders Argumentation beruht auf einem Kategorienfehler. Toleranz ist tatsächlich kein Wert an sich. Toleranz ist aber ein unverzichtbares Werkzeug, ein Mittel zum Zweck. Dieser Zweck heißt Frieden. Frieden *ist* ein Wert an sich, weil er vielen Menschen das Leben rettet und vielen anderen Gesundheit, Hab und Gut.

Es ist ein uralter Trick, seinen Gegnern eine abstruse Meinung zu unterstellen, die sie nie geäußert haben, und gegen diese dann anzukämpfen. Wer kennt jemanden, der »grenzenlose Toleranz« übt? Toleranz gegenüber »Schwulenhassern, Kinderschändern, Kannibalen und Antisemiten«, wie er 2009 in einem Interview sagte?[34] Ich habe noch keinen solchen Menschen getroffen. Broder baut hier einen Popanz auf.

Er behauptet, Muslime wollten ihre selbst auferlegten religiösen Pflichten der deutschen Gesellschaft aufdrücken. Als Beispiel nennt er das Kopftuch. Von einem Krawattenzwang, der in bestimmten Etablissements herrscht, habe ich schon gehört oder war sogar davon betroffen. In welchem Winkel der deutschen Gesellschaft werden nichtmuslimische Frauen gezwungen, ein Kopftuch zu tragen? Das ist Popanz Nummer zwei.

Broder fordert Widerstand gegen Leute, die sich selbst für überlegen halten und wollen, dass die ganze Welt ihrem Modell folgt, wobei ich ihm gerne folge. Drei Sätze weiter sagt der gleiche Mann, unsere, also die europäisch-amerikanische Gesellschaft, sei »um Lichtjahre besser« als die, aus der die Migranten kommen. Wer ist denn da von der Überlegenheit seiner Gesellschaft und seiner Werte überzeugt?

Ihr Widerspruch:

Frieden ist ein Selbstzweck.

»Das vereinte Volk wird niemals besiegt.«

Broder behauptet zwar, ein Linker zu sein, aber – die echten Linken sollen ebenfalls ihr Fett abkriegen. Der chilenische Sozialist und Dichter Sergio Ortega dichtete 1974, nach dem blutigen Militärputsch des Generals Augusto Pinochet gegen den linken Präsidenten Salvador Allende, das trotzige Lied: »El pueblo unido jamás será vencido!« (»Das vereinte Volk wird niemals besiegt!«) Wie oft habe ich die Parole mitgerufen!

Sie mag zwar richtig sein, nur: Es ist halt niemals vereint. Ein Teil des chilenischen Volkes befürwortete 1973 den Putsch, darunter leider auch die große Mehrheit der chilenischen Soldaten. Und so wurde der andere Teil besiegt. Die Kommunisten und Sozialisten haben oft in der Geschichte versucht, ihre gesellschaftlichen Gegner, zum Beispiel Bauern, selbständige Handwerker, Kleinhändler, Beamte aus dem Volk hinauszudefinieren. Das ergab sich aus ihrer Geschichtsdoktrin, nach der das Proletariat gesetzmäßig den Klassenkampf beenden sollte, durch Revolution,

Diktatur des Proletariats und Schaffung einer klassenlosen Gesellschaft.[35] Sie machten ihre Rechnung buchstäblich ohne den Wirt – denn auch Gastwirte waren im Kalkül nicht vorgesehen.

Wenn das Volk doch einmal weitgehend vereint war, dann meist zum Schlimmen: etwa im August 1914 zum nationalistischen Krieg – und zwar in Deutschland, Österreich, Frankreich und Russland.

Daher denke ich inzwischen:

Besser, das Volk bleibt bunt und widersprüchlich.

Dogmen über Vergangenheit und Zukunft

> **»Früher war alles besser.«**

Das wohl geläufigste Dogma über Geschichte ist der Seufzer aller Alten und Alternden: »Früher (zu *unserer* Zeit) war alles besser.« Schon Heinrich Heine karikierte ihn in einem bekannten Gedicht:

> *Mein Kind, wir waren Kinder*
> *Zwei Kinder, klein und froh;*
> *Wir krochen ins Hühnerhäuschen,*
> *Versteckten uns im Stroh. (...)*
> *Wir saßen auch oft und sprachen*
> *Vernünftig, wie alte Leut,*
> *Und klagten, wie alles besser*
> *Gewesen zu unserer Zeit;*
> *Wie Lieb und Treu und Glauben*
> *Verschwunden aus der Welt,*
> *Und wie so teuer der Kaffee,*
> *Und wie so rar das Geld! –*
> *Vorbei sind die Kinderspiele,*
> *Und alles rollt vorbei –*
> *Das Geld und die Welt und die Zeiten,*
> *Und Glauben und Lieb und Treu.*

Sicher, der psychologische Hintergrund der Täuschung leuchtet schnell ein: Früher waren wir jünger und schöner und gesünder und unbeschwerter und so weiter, und schon deshalb war früher fast alles besser. Gut – aber die Musik war doch wirklich besser (Beatles, Rolling Stones, Tschaikowski, Beethoven, Mozart ...)!

Die Autos waren doch wirklich schöner (VW Käfer, Karman Ghia, Jaguar Typ E, Porsche, Citroën Pallas, Ford Thunderbird, Opel Kapitän ...)! Die Häuser waren schöner, keine Frage (Wallfahrtskirche von Ronchamp, Bauhaus, Crystal Palace, Kölner Dom, Akropolis, Pyramiden von Gizeh...)! »Architektur gibt es nicht mehr – warum nur entstehen so viele hässliche Gebäude? Und warum war es früher besser?« So klagte Hanno Rauterberg in einer Besprechung der Biennale in Venedig 2014.[1]

Die Aufzählungen lassen erahnen, wie dieser Eindruck zustande kommt. Er beruht auf einer Art optischen, besser gesagt: einer chronoskopischen[2] Täuschung: Wenn wir »früher« sagen, vergessen wir in der Regel zu definieren, welche der zahlreichen Epochen der Geschichte wir meinen. Stattdessen greifen wir die besten Musikstücke, Autos, Gebäude und so weiter mehrerer Epochen heraus und vergleichen sie mit der jetzigen Epoche. Was wir herausgreifen, sind die wenigen zeitlosen Werke, die den Sturm der Zeiten überdauert haben, alles Mittelmäßige und Minderwertige ist längst verschwunden. Das Mittelmäßige und Minderwertige der heutigen Epoche ist aber noch da. Was sich als zeitlos herausstellen wird, wissen wir heute noch nicht. Und so vergleichen wir das Mittelmaß von heute mit den Spitzenleistungen der Vergangenheit. Ziemlich unfair, nicht wahr? Trösten Sie sich:

> *Später wird man sagen:*
> *Früher (also heute) war alles besser.*

»Die Leute wollen, dass alles so bleibt, wie es ist.«

Ein Dogma der Betonköpfe, das fast jeder zu hören kriegt, der etwas Wesentliches an einer Institution, einer Stadt oder gar der Gesellschaft verändern will. Wirklich alle? »Gut, okay, Ausnahmen gibt es immer, also sagen wir: fast alle.«

Fast alle? Wer zum Beispiel gerade einen Burn-out erlitten hat, wen seine Arbeit psychisch krank oder depressiv gemacht hat, wer unter chronischen Rückenschmerzen oder Migräne oder Rheuma leidet, wer als Mutter den qualifizierten Beruf behalten will und gezwungen wird, dafür regelmäßig die Kinder im Stich zu lassen, wer in der Altenpflege arbeitet und es jeden Tag wieder grausam findet, wie wenig Zeit für Patientin Meier und Patient Müller bleibt – will der oder die wirklich, dass alles so bleibt, wie es ist? Wollen solche Leute nicht eher, dass sich die Verhältnisse ändern, in denen diese Qualen entstanden sind?

Wenn man diese Menschen fragt, ob die sogenannte freie Marktwirtschaft morgen abgeschafft und durch eine sozialistische Planwirtschaft ersetzt werden soll, werden nicht viele Ja dazu sagen. (Das wird übrigens selten in Umfragen abgefragt.) Fragt man jene Mütter aber, ob sich die Gesellschaft ändern soll, damit der Wunsch nach einem qualifizierten Job und nach Zeit für die Kinder vereinbar werden, werden die meisten von ihnen Ja sagen. Wie grundlegend wir die Machtverhältnisse in der Gesellschaft ändern müssen, um durchzusetzen, dass Arbeit niemanden mehr krank macht und die Familien nicht mehr beschädigt, ist wohl nur wenigen klar.

Es lässt sich vermuten:

> *Wer leidet, möchte, dass das anders wird.*

»Im Mittelalter glaubten die Leute, dass die Erde eine Scheibe sei.«

Selten reicht das Dogma, dass früher alles besser war, bis ins Mittelalter zurück. Denn das war bekanntlich finster; die Leute glaubten damals sogar, die Erde sei eine Scheibe. Behauptete zum Beispiel Jürgen Beetz 2010.[3] Hier muss ich zur Abwechslung einen schlichten, weit verbreiteten Irrtum aufklären und kann ausnahmsweise sagen, wie es wirklich ist: Stimmt nicht. Dass die Erde eine Kugel ist, ist allen Gelehrten und Seefahrern schon seit der Antike bekannt, und dieses Wissen ist auch im Mittelalter nicht verloren gegangen. Sonst hätten Araber, Wikinger, Kreuzfahrer und Venezianer wohl kaum so weite Schiffsreisen machen können. Der Irrtum, den erst Kopernikus, Giordano Bruno und Galilei aufklärten, war ein anderer: Das war die Annahme, dass die Sonne um die Erde kreist statt umgekehrt. Diese beiden Dinge werden leider bis heute häufig verwechselt.

Die falsche Annahme wird häufig eingesetzt, um ein Dogma über das Mittelalter zu illustrieren: den Mythos vom »finsteren Mittelalter«, das wissenschaftlich völlig zurückgeblieben gewesen sei. Deshalb ist der Spruch von der Scheibe hier doch richtig aufgehoben. Einige herausragende Köpfe dieses Zeitalters, das die Historiker ungefähr zwischen den Jahren 500 und 1500 nach Christus ansiedeln, kamen zu Erkenntnissen, deren Modernität bis heute nicht nachgelassen hat und die man auch in heutigen Diskussionen noch fruchtbar einsetzen kann. Ein paar Beispiele:

Der persische Arzt, Gelehrte und Wissenschaftler Ibn Sina (genannt Avicenna, geboren um 980, gestorben 1037) lieferte die historische Vorlage für Noah Gordons Roman *Der Medicus*. Er erkannte, dass Tuberkulose ansteckend ist, und dass Krankheiten von Wasser und Erde übertragen werden können. Er empfahl Diäten und schrieb über den Einfluss des Klimas und der Umwelt auf die Gesundheit. Er riet den Chirurgen, unter oraler Anästhesie Krebsgeschwüre in ihren frühesten Stadien zu beseitigen und darauf zu achten, dass sie alles kranke Gewebe entfernten. Er stellte Regeln auf, wie ein neues Medikament zu prüfen sei, bevor es Patienten verabreicht wird. Er bemerkte die enge Beziehung zwischen Gefühlen und dem körperlichen Zustand und untersuchte die Wirkung von Musik auf Patienten. Zu den vielen psychischen Störungen, die er schilderte, gehört auch die Liebeskrankheit. Er hatte ein einfaches Heilmittel: Der Kranke sollte mit seiner Geliebten vereint werden. Die Astrologie lehnte er ab, weil sie ihm unwissenschaftlich erschien.

Der spanisch-arabische Arzt und Theologe Ibn Ruschd (genannt Averroës, 1126 bis 1198) forderte – ganz ähnlich wie Immanuel Kant 600 Jahre später – die Menschen auf, ihre Vernunft zu gebrauchen, und kam deshalb in Konflikt mit orthodox-konservativen islamischen Geistlichen. In Koran-Versen wie »Denkt nach, die ihr Einsicht habt!« fand er die Aufforderung an die Muslime, über ihren Glauben nachzudenken und nach dem Vorbild des Aristoteles nach Beweisen für ihre Ansichten zu suchen. Er teilte die Suren des Koran, bezogen auf ihre Deutung (Exegese), in drei Gruppen ein: erstens klare und evidente Verse, die direkt und für jedermann verständlich sind (etwa »Es gibt keinen Gott außer Gott«); zweitens in ihrer Aussage klare Verse, die eine über ihren Wortlaut hinausgehende symbolische Bedeutung haben, die von Intellektuellen interpretiert und reflektiert werden könne (etwa »Der Barmherzige hat sich auf dem Thron zurechtgesetzt«); drittens Verse, bei denen nicht klar ist, ob sie wörtlich oder im übertragenen Sinne zu verstehen sind, und bei denen folglich auch die Meinung der Gelehrten abweichen könne. Niemand dürfe, postulierte Ibn Ruschd im 12. Jahrhundert in der damaligen Geistesmetropole Sevilla, wegen einer solchen umstrittenen Deutung verfolgt werden – sein Wort in der Wahhabiten und Salafisten Ohr!

Papst Innozenz III., bürgerlich Lotario de Segni (1160 bis 1216), ein geschickter Diplomat und wahrscheinlich der mächtigste Papst der Geschichte, formulierte in seinem Werk *De miseria humanae conditionis* (Über das Elend des menschlichen Daseins) einige grauenhafte Basta-Dogmen, gegen deren Spätfolgen man heute noch ankämpfen kann:[4] »Geschaffen ist der Mensch aus Staub, und was nichtswürdiger ist, aus ekelerregendem Samen, empfangen in der Geilheit des Fleisches. – Aus Erde geformt ist der Mensch, empfangen in Schuld und geboren zur Pein. Er handelt schlecht, gleichwohl es ihm verboten ist, er verübt Schändliches, das sich nicht geziemt, und setzt seine Hoffnung auf eitle Dinge … Er endet als Raub der Flammen, als Speise der Würmer, oder er vermodert. – Christus hat dreimal geweint, aber er hat nicht ein einziges Mal gelacht. Wer auf Erden lacht, der wird im Himmel weinen.« Die Menschenhasser unter den Menschen können sich hier bis heute nach Herzenslust bedienen.

Sein Zeitgenosse, der deutsche Barde Walther von der Vogelweide (etwa von 1170 bis 1230), war für das lebensfrohe Gegenprogramm zuständig und schenkte uns eine der anmutigsten

Sexszenen der Weltliteratur – gesehen aus der Erinnerung einer Frau:

Under der linden an der heide, / dâ unser zweier bette was, / dâ mugt ir vinden / schône beide gebrochen bluomen unde gras. / vor dem walde in einem tal – / tandaradei! / schöne sanc die nachtigal.

Ich kam gegangen zuo der ouwe, / dô was mîn friedel komen ê. / da wart ich empfangen hêre frouwe, / daz ich bin sælic iemer mê. / kuster mich? wol tûsenstunt! / tandaradei! / seht, wie rôt mir ist der munt ...

Mit Innozenz und Walther will ich sagen: Auch die innere Widersprüchlichkeit einer Epoche ist keine Erfindung der »Moderne«.

Der britische Franziskanermönch und Philosoph Roger Bacon (1214 bis 1294) benannte vier »offendicula« (Hindernisse), die uns oft den Weg zur wahren Erkenntnis der Natur versperren: unser Respekt vor Autoritäten; unsere Gewohnheiten; unsere Fixierung auf die marktgängigen Meinungen der Menge (also den »Mainstream«, wie man heute sagt); die Unbelehrbarkeit unserer natürlichen Sinne. Sein Namensvetter Francis Bacon musste das Thema 350 Jahre später leider wieder aufgreifen – und was hätte sich bis heute daran geändert?

Bacons italienischer Zeitgenosse Thomas von Aquin (etwa 1225 bis 1274), ein Dominikanerpater, hat einen Gottesbeweis zu bieten, der auch ein heutiges Gespräch über Gott und die Welt befruchten kann. Richard David Precht fasste ihn anno Domini 2007 wie folgt zusammen: »Da es die Welt gibt, muss sie irgendwann einmal entstanden sein, denn aus Nichts kommt nichts. Irgendeine erste Wirkungsursache muss alles geschaffen oder in Bewegung gesetzt haben. Und das, was ganz am Anfang von allem steht, ist selbst unbewegt – sonst stünde es ja nicht am Anfang, sondern hätte seinerseits eine Wirkungsursache. Am Anfang von allem steht demnach ein ›unbewegter Beweger‹, ein Begriff, den Thomas vom griechischen Philosophen Aristoteles übernahm.«[5]

Bacons Landsmann, der Franziskanerpater, Theologe und Philosoph Wilhelm von Ockham (circa 1288 bis 1347), prägte ein Gütekriterium für Theorien, das später unter dem Namen »Ockhams Rasiermesser« bekannt wurde. Danach ist von zwei Theorien diejenige vorzuziehen, die weniger Annahmen enthält, also einfacher strukturiert ist. (Die Metapher vom Rasiermesser soll besagen, dass die überflüssigen Annahmen abgeschnitten werden.) Einfachere Theorien haben zwei große Vorteile: Sie können leichter falsifiziert[6] werden (was den Erkenntnisfortschritt der Menschheit insgesamt beschleunigt), und sie sind dem Publikum leichter verständlich. In der Kritik des Dogmas »Uwe Barschel wurde ermordet« werde ich Ockhams Rasiermesser anwenden (siehe Seite 175).

Der Mythos vom »finsteren Mittelalter« ist ein Produkt der Renaissance und teilweise der Aufklärungszeit. Als einer der Väter gilt der italienische Humanist und Dichter Francesco Petrarca (1304 bis 1374). Eine Rolle bei seiner Verbreitung spielte Flammarions Holzstich aus dem Jahr 1888, den man für eine Darstellung aus dem 16. Jahrhundert hielt. Er zeigt die Erde als Scheibe, so wie sie angeblich die Menschen im Mittelalter gesehen haben, und war jahrzehntelang in Schulbüchern beliebt.[7] Der Mythos reflektiert die verbreitete menschliche Schwäche, die Erkenntnisse der eigenen Zeit heller erstrahlen lassen zu wollen, indem man die jeweilige Vorzeit in künstliche Dunkelheit taucht. Im Falle der Renaissance (also der Epoche um 1400 bis 1600) ist das besonders pikant – denn manche Dinge, die viele heute mit dem »finsteren Mittelalter« verbinden, zum Beispiel Hexenverfolgungen und Religionskriege, fanden in Wirklichkeit gar nicht im Mittelalter statt, sondern in der Renaissance.

Kontern Sie mit diesem Antidogma und einer Lebensweisheit:

Ganz schön helle, diese Dunkelmänner![8]
Glaube nie, was jemand über seinen Vorgänger sagt.

> ## »Die Geschichte der Menschheit läuft gesetzmäßig ab.«

Oder mit Erich Honecker: »Den Sozialismus in seinem Lauf / hält weder Ochs noch Esel auf.« Karl Marx und Friedrich Engels behaupteten 1848 in ihrem *Kommunistischen Manifest*: »Die Geschichte aller bisherigen Gesellschaft ist eine Geschichte von Klassenkämpfen.«[9] Es war damals eine bahnbrechende Erkenntnis, die Rolle der Klassenkämpfe in der Geschichte wichtig zu nehmen und zu würdigen. Immerhin dominierten vorher Ansichten wie: »Geschichte ist das Wirken großer Männer.« Oder: »In der Geschichte äußern sich Klima, Volkstum und Nationalcharakter der Völker.« Ansichten, die alle darauf hinausliefen, Geschichte als ein unabänderliches Schicksal zu sehen und zu beschreiben. Demgegenüber war es ein großer Schritt in Richtung Selbstbestimmung der Menschen zu erkennen, dass Klassenkämpfe, also gesellschaftliche Machtverhältnisse, einen starken Einfluss auf die Geschichte haben. Machtverhältnisse kann man ändern, etwa durch Revolutionen, und schon steht die Option am Horizont: Wir Menschen gestalten die Geschichte mit.

Doch Marx und Engels haben wie fast alle Philosophen, die einer neuen Idee zum Durchbruch verhelfen wollten, die Rolle ihres neuen Hauptfaktors überbewertet und andere Einflüsse willkürlich zu Nebenfaktoren degradiert: zum Beispiel die Rolle der individuellen Ruhmsucht und Herrschsucht. Es ist eben nicht nur rationales Profitstreben, das Menschen dazu motiviert, sich über ihre Mitmenschen zu erheben. Andere Menschen wollen unbedingt berühmt werden, wollen, dass Millionen sie anhimmeln oder verfluchen. Wiederum andere wollen einfach nur Herrschaft ausüben, wollen anderen Menschen die Freiheit nehmen und ihnen ihren Willen aufzwingen.

Alle diese Motive treiben Menschen zu Taten, die in die Geschichte eingehen, und lösen zugleich positive und negative Reaktionen der Mitmenschen aus, die ebenfalls die Geschichte mitgestalten: Die Profitgier Einzelner und die damit verbundene Ausbeutung der anderen löst bei manchen Betroffenen Karrierismus aus, also den Versuch, selber oder für die Kinder eine Stellung zu erlangen, in der man mitprofitieren kann. Andere verlegen sich auf Spekulationen und Glücksspiele, um den Reichtum in die eigene Tasche zu lenken. Die dritte Gruppe organisiert sich, um höhere Löhne durchzusetzen. Die vierte Gruppe reagiert mit passiv-anarchischem Widerstand, Dienst nach Vorschrift, Krankheit, innerer Kündigung. Die fünfte Gruppe plant die Revolution; die sechste versucht, einige besonders hässliche Kapitalisten zu ermorden. Ähnlich vielfältig sind die Reaktionen auf Ruhmsucht und Herrschsucht: Die einen bewundern Berühmte, die anderen machen sie nieder; die einen gehorchen dem Herrscher, die anderen leisten Widerstand und kämpfen für ihre Freiheit. Wer diese Vielfalt an geschichtsträchtigen Motiven in das Schema »Klassenkampf« presst, verzerrt die Wirklichkeit und muss vieles ignorieren.

Das mag einer der Gründe gewesen sein, weshalb die sogenannte Postmoderne sich die Vielfalt auf die Fahnen geschrieben hat. Apropos Postmoderne: Als Historiker mit starkem Sprachgefühl finde ich diesen Begriff selten bescheuert und habe deshalb über Alternativen nachgedacht. Ich habe mir die Epochenbegriffe der letzten Jahrhunderte angeschaut: Aha, ganz früher gab es eine Antike; das war die alte Zeit. Dann kam das Mittelalter – das war die Zeit nach der alten Zeit. Dann kam die Neuzeit. Als die Zeit, so neu sie auch war, unverdrossen weiterlief und die frühere Neuzeit veralten ließ, musste man an die Neuzeit die Neueste Zeit anstückeln. An die Neueste Zeit die Moderne. An die Moderne, die man jetzt »klassische Moderne« nannte, die moderne Moderne. An die moderne Moderne die Postmoderne, und an die Postmoderne, die auch schon bald fünfzig Jahre alt wird, die Postpostmoderne. Oder kommt dann die Neomoderne, bald gefolgt von der Neopostmoderne? Eine deprimierende Endlosschleife zeichnet sich ab.

Seit Hunderten von Jahren kreisen diese Epochenbegriffe um immer denselben Gedanken: Es gibt die frühere Zeit und die Jetztzeit. Jetzt ist jetzt, doch plötzlich – Überraschung! – ist das Jetzt vorbei und es kommt das Nach-Jetzt, oder umgekehrt: Das Jetzt von gestern wird jetzt zum Ex-Jetzt. Das ist alles, was uns zum Geist der Epochen eingefallen ist? Ist das nicht arg wenig? Ein zweiter Gedanke behauptet, dass das Neue die Wiederkehr eines schon überwunden geglaubten Alten sei: Romanik, Renaissance, Klassizismus, Neorenaissance, Historismus, Neohistorismus – sechs Epochenbegriffe für den immer gleichen Gedanken.

Ich sprenge hier den Rahmen einer Dogmenkritik sowie der intellektuellen Bescheidenheit und sage: Jede Epoche hat einen zentralen Grundgedanken gehabt, der sie von früheren Epochen unterschied. Lasst uns diesen Gedanken jeweils benennen und daraus den Namen der Epoche ableiten! Was ist der zentrale neue Gedanke der Zeit seit 1970, die man bislang so flachsinnig die Postmoderne nennt? Das ist die Vielfalt, die Pluralität. Also nennen wir diese Epoche doch die »Plurale«!

Was bitte soll eine Moderne sein, die nicht mehr modern ist? Suchen wir lieber den zentralen Gedanken, der die Epoche von 1850 bis 1980 geprägt hat! Das war der Gedanke des unaufhaltsamen Fortschritts. Also nennen wir diese weitgehend abgeschlossene Epoche die »Progressive«. Um fruchtlosen Zäsurdebatten aus dem Wege zu gehen, überlappen sich die Epochen einfach an den Rändern. Die Progressive wurde 1914 bis 1945 unterbrochen durch eine Zwischenepoche, die von einem größenwahnsinnigen Streben nach militärischer Weltherrschaft und brutaler Unterdrückung geprägt war. Diese Zwischenepoche könnten wir die »Oppressive« nennen.

Die Epoche davor, etwa von 1500 (Kopernikus, Luther) bis 1850, war durch den zentralen Gedanken geprägt, dass wir Menschen die Welt durchmessen und ihre Gesetze erkennen können. Nennen wir sie also die »Diametrale«. Das sogenannte Mittelalter schließlich, nach herkömmlicher Definition die Zeit von 500 bis 1500, zerfiel in mindestens zwei Epochen mit unterschiedlichen Grundgedanken: die auf die Metropolen Rom und Konstantinopel, Kaisertum und Papsttum ausgerichtete Epoche von 500 bis 1150, und die stark vom Glaubensstreit, von Kreuzzügen geprägte Epoche von 1100 bis 1550 – wir könnten sie »Metropolitane« und »Fidele« nennen.

Will ich wirklich den ehrwürdigen Begriff »Moderne« verabschieden? Ein gewagtes Unterfangen! Doch schauen wir uns den Eiertanz an, der den Wikipedia-Artikel »Moderne (Architektur)« einleitet: »Moderne bzw. Modernismus bezeichnet in der Geschichte der Architektur eine nicht allgemein abzugrenzende Architekturepoche. Oft meint man damit die international verwendete Formensprache, die sich innerhalb des heute *klassische Moderne* genannten Kunstgebietes zu Beginn des 20. Jahrhunderts entwickelte [...]. Ebenso werden die Tendenzen seit der *Revolutionsarchitektur* und dem *Klassizismus* in der Zeit um 1800 als Moderne bezeichnet, wie auch die jüngsten und zeitgenössischen Strömungen [...]. So können auch die *Postmoderne* oder der heutige *Neohistorismus* als modern bezeichnet werden, abhängig vom Zusammenhang.« Mit anderen Worten: Der Begriff »Moderne« ist praktisch unbrauchbar geworden.

Die Umbenennungen würden uns helfen, Auswege aus der zwanghaften Suche nach Gesetzmäßigkeiten zu finden. Denn auch in der eindimensionalen Sichtweise, die jeweils neueste Zeit bloß als das siegreiche Neue und die vergangene bloß als das überwundene Alte zu sehen, steckt die dogmatische Annahme, die Geschichte habe sich zwangsläufig vom Alten zum Neuen hin entwickelt; sie habe nur dieses *eine* Neue hervorbringen können, das deshalb völlig zurecht das Alte abgelöst habe. Geben wir den Epochen jedoch Namen, die ihre zentralen Ideen repräsentieren, öffnen wir das große Buch der Möglichkeiten. Wo eine bestimmte Idee ist, da kann auch eine andere sein. Die anderen Ideen sind schon längst da; wir haben auf einmal die Wahl, wie sich das in der Plurale gehört. Denn:

Geschichte ist immer für eine Überraschung gut. <

> **»Hitler hat den Deutschen die Autobahnen geschenkt und so die Arbeitslosen wieder in Lohn und Brot gebracht.«**

Diese dogmatische Rechtfertigung des Naziregimes war in der westdeutschen Nachkriegszeit bis in die 1980er Jahre weit verbreitet. Sie war ein Dogma der Betonköpfe und diente zugleich Millionen von ehemaligen Nazi-Mitläufern dazu, ihre damalige Entscheidung für Hitler zu rechtfertigen oder zu entschuldigen. Im ersten Teil enthält sie eine Geschichtslüge, die man leicht widerlegen kann. Der zweite Teil allerdings ist ein typischer Glaubenssatz.

Die Autobahn wurde nachweislich *vor* der Nazizeit erfunden – wenn auch nicht unter diesem Namen. Die erste deutsche Autobahn war die zwischen Köln und Bonn und wurde 1930 bis 1932 gebaut – auf Betreiben des damaligen Kölner Oberbürgermeisters Konrad Adenauer und seiner Parteifreunde vom Zentrum, des Reichskanzlers Heinrich Brüning und des Arbeitsministers Adam Stegerwald. Es muss also richtig heißen: »Das Zentrum hat die Autobahn erfunden.« »Geschenkt« hat es sie natürlich nicht, denn die deutschen Arbeiter mussten ihre Autobahnen schon selber bauen. Darauf fahren konnten die meisten erst Jahrzehnte später – soweit sie den Krieg überlebt hatten.

Dass Hitler die Arbeitslosigkeit abgeschafft habe, kann man so sehen – man sollte es aber vermeiden, drei Sätze vorher oder weiter zu behaupten, dass der Staat keine Arbeitsplätze schaffen könne (siehe Seite 138). Es gibt einen köstlichen Donald-Duck-Film aus der Zeit des Zweiten Weltkriegs, »The Fuhrer's Face« (»Das Gesicht des Führers«). Ein Alptraum, in dem sich Donald Duck als Fließbandarbeiter in einer Granatenfabrik der Nazis wiederfindet. Dieses geniale Propagandafilmchen aus dem Hause Disney erklärt ganz nebenbei, satirisch überspitzt, das Jobwunder der Nazis: Auf einen Arbeiter kamen sechs Schläger und Säbelschwinger, fünf Trommler und Pfeifer und drei Kommandanten. Ein paar Jahre lang konnte offenbar selbst eine derart absurde Ökonomie funktionieren. Die Nazis haben in der Tat jede Menge Arbeitsplätze geschaffen, die ökonomisch sinnlos waren: in parallel aufgebauten, konkurrierenden Bürokratien, im Propaganda- und Unterdrückungsapparat, im Prunk- und Festungsbau, in der Produktion von Fahnen, Uniformen und Ehrenzeichen, in Militär und Rüstungsindustrie. Die wenigsten dieser Tätigkeiten haben etwas geschaffen, das den Wohlstand der breiten Bevölkerung hätte vergrößern können. Fahnen, Bunker und Panzer kann man nicht konsumieren. Ausnahme: die KdF-Schiffe und -Urlaubsanlagen. Das ganze Brimborium sieht eher aus wie ein riesiger Spiel- und Exerzierplatz für große Kinder. Und einer hat es schon 1930 gewusst: Kurt Tucholsky. Er reimte in seinem Nazi-Verriss *Das Dritte Reich*: »Ein Blick in die Statistik: / Wir produzieren viel. Am meisten nationale Mistik.«

Die Mittel für diese Expansion des Unsinns zogen die Nazis aus einer Art Schneeballsystem. Der Staat verschuldete sich maßlos in der Hoffnung, diese Zeche nach einem gewonnenen Krieg den unterjochten Nachbarvölkern aufbürden zu können. Außerdem wurden heimlich, still und leise die Reallöhne der Arbeiter und Angestellten abgesenkt. Die Leute wurden also mitten im Aufschwung ärmer, ohne es zu merken. Sie merkten es nicht, weil sie alle wieder Arbeit hatten, weil sie so viel zu tun hatten und permanent von HJ, BDM, KdF, UFA & Co. bespaßt und beschäftigt wurden. Der schwäbische Schreiner und spätere Attentäter Georg Elser war einer der wenigen Zeitgenossen, die die Verarmung der Arbeiter unter den Nazis bemerkten.[10]

Der Historiker Götz Aly behauptet zwar, dass es im Rahmen der sogenannten »Volksgemeinschaft« der Nazis eine Umverteilung von oben nach unten gegeben habe.[11] Doch er konzentriert sich dabei auf die Kriegsjahre. Der britische Sozialhistoriker Timothy Mason hat schon 1977 auf Basis zahlreicher Statistiken beschrieben, wie die Reallöhne ab 1933 im Schnitt eher gesunken sind und nicht gestiegen, oft durch Kurzarbeit oder Arbeitszeitverkürzung.[12] Das änderte sich erst ab 1936 und besonders 1938/39 in einigen Branchen, in denen qualifizierte Arbeitskräfte besonders knapp wurden, etwa in Bergbau, Stahl- und Bauindustrie. Hier setzten die Arbeiter oft gegen den Widerstand der Nazibehörden Lohnerhöhungen durch. Da zugleich die Arbeitszeit verlängert wurde und die Preise für Konsumartikel stiegen, hielt sich jedoch die reale Steigerung der Stundenlöhne in engen Grenzen. Interessant ist, dass die Nazi-Führung diese Entwicklung nicht förderte, sondern im Gegenteil einzuschränken versuchte.[13] Es kann also keine Rede davon sein, dass die Nazis den Lebensstandard der Arbeiter und Angestellten verbessern wollten. Allerdings haben sie darauf geachtet, Schritte zu vermeiden, die die Arbeiter und Angestellten zum Widerstand hätten reizen können. In diesem Punkt stimmen Aly und Mason überein.

Frei nach Walt Disney lässt sich entgegnen:

> *Hitler hat die Fahnenproduktion angekurbelt*
> *und so die Arbeitslosen beschäftigt.*

 »Uwe Barschel wurde ermordet.«

Prinzessin Diana, Jürgen Möllemann und Jörg Haider natürlich auch. Oder: »Die wahren Hintergründe der Ereignisse sind geheim, und alle ›offiziellen Versionen‹ sind gelogen.« Gegen nervige Verschwörungstheorien dieser Art hilft eine mittelalterliche Waffe – nämlich Ockhams Rasiermesser. Wilhelm von Ockham hat, wie erwähnt, vor 1350 einen Gütetest für Theorien entwickelt und empfiehlt: Wenn dir zwei Theorien angeboten werden, um ein rätselhaftes Phänomen oder Ereignis zu erklären, dann nimm die kürzere (siehe Seite 167f.). Schon alleine deshalb, weil kürzere Theorien leichter falsifizierbar (widerlegbar) sind. Kürzer heißt im Fall Barschel: Selbstmord. Im Fall Diana: Unfall. Im Fall Möllemann: Selbstmord. Im Fall Haider: Unfall. Alle diese Erklärungen haben den schlagenden Vorteil, dass sie keine externen Täter, Motive, Mitwisser und Vorbereitungen brauchen, die wiederum eine Fülle weiterer Fragen aufreißen würden.

Außerdem spricht für die einfachen und offiziellen Erklärungen, dass sie viel wahrscheinlicher sind als Mordtheorien, weil Selbstmorde und Unfälle viel häufiger vorkommen als Morde.[14] In meinem Bekanntenkreis zum Beispiel gibt es mindestens sieben Personen, die Selbstmord begangen haben, und mindestens drei, die bei Unfällen gestorben sind, dazu noch etliche Bekannte zweiten Grades – aber niemanden, der ermordet wurde. Ich ergänze also aus der eigenen Lebenspraxis eine weitere Faustformel[15]: »Von zwei Theorien wähle die, die eine Lösung enthält, die du aus eigener Erfahrung kennst.«

Ein paar Details zu den genannten Fällen: Bei Barschel sprechen sowohl das Motiv als auch die Waffe eindeutig für Selbstmord und gegen Mord. Er befand sich in einer klassischen Selbstmordsituation (Karriere gescheitert, öffentliche Schande, Ehrenwort gegeben und als Lügner ertappt). Ein überzeugendes Mordmotiv konnte dagegen niemand ermitteln. Seine Waffe war eine eindeutig dokumentierte und bewährte Selbstmordwaffe. Als Mordwaffe war sie untauglich, weil kein Mörder das Risiko eingegangen wäre, dass das Opfer rechtzeitig entdeckt wird und überlebt. Bei Prinzessin Diana sprechen alle Umstände für einen Unfall: Der Fahrer war betrunken, kein ausgebildeter Fahrer, und ist viel zu schnell gefahren. Dass ein Attentäter vor (!) dem rasenden Auto hergefahren ist, kann praktisch ausgeschlossen werden. Bei Möllemann gab es, wie bei Barschel, ein klares Selbstmordmotiv (Karriere gescheitert, öffentliche Schande) und eine eindeutige Selbstmordwaffe (der eigene Fallschirm), die als Mordwaffe kaum praktizierbar gewesen wäre. Bei Haider sprachen alle Umstände für einen Unfall (Fahrer war betrunken, ist viel zu schnell gefahren); hier kam als zweite Möglichkeit noch ein bedingt vorsätzlicher Selbstmord in Frage (wegen Beziehungskrach). Für einen Mord gab es weder ein akutes Motiv noch auch nur den Schatten einer technischen Möglichkeit. Haider hat wirklich alles getan, um Mordtheorien vorzubauen – doch vergeblich: Wenn besonders umstrittene oder verehrte Prominente vorzeitig sterben, ist das Bedürfnis nach Mordtheorien so groß, dass sie selbst in diesem Fall aus dem Hut gezaubert wurden.[16]

Wilhelm von Ockham hat offenbar nicht mit dem Egoismus von Rechthabern und Wichtigtuern gerechnet. Die leichtere Falsifizierbarkeit kurzer Theorien ist zwar für die Menschheit von Vorteil, weil falsche Erklärungen dadurch schneller getilgt und durch bessere ersetzt werden können; für die Vertreter dieser Theorien ist sie jedoch von Nachteil. Je komplizierter eine Verschwörungstheorie ist, desto schwerer ist sie zu widerlegen, desto dogmenartiger wird sie, und desto länger können sich ihre Vertreter damit wichtig tun. Kehren Sie hier mal den Spießer heraus:

> *Selbstmord kenne ich,*
> *also wird es wohl Selbstmord gewesen sein.*

»Der Kapitalismus ist das Ende der Geschichte.«

1992, ein Jahr nach dem Zusammenbruch der Sowjetunion, verkündete der amerikanische Politologe Francis Fukuyama das Ende der Geschichte.[17] Er glaubte damals, mit dem »liberalen« Kapitalismus der 1990er Jahre sei das Optimum der Menschheitsgeschichte erreicht, und danach könne nichts anderes, zumindest nichts Besseres mehr kommen. Diese Theorie kollidierte mit der etwa zeitgleich von seinem britischen Kollegen Samuel Huntington aufgestellten Theorie vom »Zusammenstoß der Kulturen« (Clash of Civilizations), der sich später auch Fukuyama anschloss; dazu das Dogma »Der Islam ist kriegerisch ...« (siehe Seite 40). Fukuyamas Sichtweise bleibt populär,[18] weil viele Menschen sich kaum vorstellen können, dass die Geschichte einmal über das, was sie heute für richtig und wertvoll halten, hinweggehen wird; obwohl sie das schon so oft mit Dingen getan hat, die man früher für richtig und wertvoll hielt.

Dass der Kapitalismus ewig währt, ist aus mindestens vier Gründen unwahrscheinlich: Erstens gibt es niemals ein Ende der Geschichte; die Geschichte geht einfach weiter, egal was Historiker, Philosophen oder Betriebswirte darüber denken mögen. Die Menschen können es nun einmal nicht lassen, sich und ihre Welt täglich zu ändern.

Zweitens spricht dagegen etwas, das man den zweiten Hauptsatz der historischen Dynamik[19] nennen könnte, eine Art Entropie der Geschichte: Geschichte strebt tendenziell danach, die Ketten der Unfreiheit für alle Menschen eines Tages zu sprengen – um nun doch eine Art historische Gesetzmäßigkeit zu formulieren, im Widerspruch zu meiner Dogmenkritik auf Seite 168. Eine Gesellschaftsordnung, die es einzelnen Menschen ermöglicht, vielen anderen Menschen jeden Tag aufs Neue zu befehlen, was sie bei der Arbeit zu tun und zu lassen haben, und die Kritik an solchen Befehlen mit Arbeitslosigkeit bedroht, hält viele Menschen in Unfreiheit.

Drittens belohnt der Kapitalismus immer wieder egoistisches, kurzsichtiges Konkurrenzdenken und bestraft Menschen, die mit ihren Mitmenschen kooperieren wollen. Ein System, in dem der Gewinn des einen mit dem Verlust eines anderen verknüpft ist, produziert Nullsummenspiele. Aus dieser Falle kommt der Kapitalismus nur dadurch heraus, dass er die Wirtschaft ständig wachsen lässt; was ihn in die nächste Falle hineinführt, die der begrenzten Ressourcen des Planeten.[20] Die Menschheit bleibt in einem solchen System weit unter ihren Möglichkeiten.

Viertens bleibt es eine Achillesferse des Kapitalismus, dass er dazu neigt, seinen Lohn vor allem für unangenehme und unsinnige Arbeit auszuzahlen. Wer seine Gesundheit damit ruiniert, etwas fertig zu kriegen, das niemand braucht, nur damit es schneller fertig wird als etwas anderes, das auch niemand braucht, der verdient im Kapitalismus gut und kann Geländewagen fahren oder nach Bali fliegen, um dort alle Sinnfragen zu vergessen. Wer aber etwas Sinnvolles tut, das ihm Spaß macht und das er für nützlich hält, von dem wird meistens verlangt, dass er das ehrenamtlich zu tun habe. Im Kapitalismus ist es unüblich, solche Arbeiten mit einem Gehalt zu belohnen. Das hat zwei üble Folgen: Arbeit ist im Kapitalismus eine Qual, und die sinnvollen Dinge bleiben aus Zeitmangel liegen.[21]

Es gibt wenig Grund, dem Kapitalismus eine Träne nachzuweinen, wenn die Menschen Lösungen für diese Probleme finden und über den ehrwürdigen Saurier hinwegschreiten. Daher prophezeie ich:

Die Geschichte geht weiter. Hinterm Kapitalismus kommt ⟨
etwas Besseres, denn wir haben etwas Besseres verdient.

Träumt da etwa jemand von einer besseren Zukunft? Einer Zukunft ohne Fließband, ohne Hetze, ohne die Angst zu versagen und zu verarmen? Das macht die Betonköpfe nervös. Fest, hilf! Der konservative Publizist Joachim Fest stellte 1977 in seinem Essay *Der zerstörte Traum* die These auf, Utopien seien zwangsläufig totalitär und der Sozialismus sei deshalb totalitär geworden, weil er eine Utopie sei, also ein Versuch, eine bessere Gesellschaft aufzubauen. Sein Gedankengang in aller Kürze: Wer eine Utopie aufstelle, konstruiere einen neuen Menschen und zwinge sein künstliches Menschenbild den echten Menschen auf; das eben sei das Totalitäre. Allerdings fällt hier nebenbei eine Art ikonographische[22] Parallele zu den utopischen Romanen auf, die, wie gesehen, eine seltsame Vorliebe für Diktaturen haben (siehe Seite 29).

Der Kölner Journalist Markus Schwering berichtete im Dezember 1991 über eine Diskussion zwischen Fest, dem Schriftsteller Rolf Schneider und dem Bremer Philosophen Claus Offe über das angebliche Ende des utopischen Zeitalters in der Revolution von 1989.[23] Dort wollte niemand so recht Fest widersprechen, obwohl doch hätte auffallen können, dass Fest die Utopie schon vierzehn Jahre zuvor totgesagt hatte, und dass es ohne die Vorstellung von einer besseren Zukunft 1989 wohl kaum gelungen wäre, diverse verknöcherte Regime zu stürzen. Die Totgesagte hatte also länger gelebt als erwartet. Vielleicht lebt sie sogar immer noch? Jedenfalls musste der konservative Historiker François Furet 1995 noch einmal nachtreten.[24]

Zunächst ist es hier an der Zeit, die Begriffe »totalitär« und »Totalitarismus« zu kritisieren. Ihre Erfinderin Hannah Arendt hat gesagt, bezogen auf den Stalinismus: Nicht die Diktatur des Proletariats sei totalitär. Totalitär sei zum Beispiel die Überzeugung, dass nur im Sozialismus eine U-Bahn gebaut werden könne, und dass deshalb alle, die einmal die Pariser oder die Londoner U-Bahn gesehen haben, mundtot oder auch mausetot gemacht werden müssten, weil sie von U-Bahnen erzählen könnten, die ganz ohne Sozialismus entstanden sind.[25] Diktaturen sind also nicht an sich totalitär. Totalitär ist kein Synonym für diktatorisch. Der Unterschied wird häufig verwischt, sobald eine Diktatur ins Wirtschaftssystem eingreift und das »freie Unternehmertum« bedroht; so auch Joachim Fest in der Diskussion von 1991. Was ist denn nun das Totalitäre?

Gemeinhin versteht man darunter eine Diktatur, die den Menschen auf allen Ebenen eine andere Lebensweise aufzwingt. Man kann es allgemeiner fassen: Totalitär ist so etwas wie die kindliche Allmachtsphantasie, alle sollten so sein wie ich, dann wäre alles gut. Das ist aber eine psychologische Kategorie und deshalb für eine kritische Analyse von Politik und Gesellschaft eher ungeeignet. Möglicherweise taugt der Begriff »totalitär« dafür nicht.

Sehr häufig, wenn Menschen etwas glauben, spielen solche im Grunde totalitären Wünsche und Vorstellungen eine Rolle: bei frommen Katholiken, Protestanten und Muslimen ebenso wie bei »in der Wolle gefärbten Sozialdemokraten«, Umweltschützern oder Pazifisten, aber auch bei überzeugten Monarchisten, Technokraten, Neoliberalen oder fanatischen Finanzkapitalisten, die tatsächlich glauben, alles wäre gut, wenn die Menschen sich immer und überall wie Börsenspekulanten verhielten. In mehreren alten sozialdemokratischen Liedern kommt zum Beispiel eine »heilige Schlacht« oder gar ein »heiliger Krieg« vor, also Motive, die man heutzutage als islamistisch-totalitär versteht.[26]

Glauben ist ein menschliches Grundmotiv, das man nicht sinnvoll bekämpfen kann. Was wir dagegen sinnvoll bekämpfen und eines Tages hoffentlich überwinden können, ist die Verherrlichung von Mord und Totschlag. Manche sagen, auch sie sei ein menschliches Grundmotiv und verweisen dazu gerne auf Kain und Abel. Aber nirgendwo in der Bibel wird dieser Mord verherrlicht. Übrigens kippt an dieser Stelle das ganze Gedankengebäude der Totalitarismustheorie plötzlich um: Denn ihr Ausgangspunkt sind die Morde der Kommunisten und der Faschisten; wir sehen das zum Beispiel im *Schwarzbuch Kommunismus* von Stéphane Courtois und anderen. Sinn dieser Übung ist es doch, den Irrweg, der zu diesen Morden geführt hat, zu isolieren und für die Zukunft auszuschließen. Sinn ist es herauszufinden, was totalitäre Menschen vom Rest der Menschheit *unterscheidet*. Wenn man aber sagt, eigentlich seien alle Menschen Mörder, tut man genau das Gegenteil: Man integriert die Morde als angeblich unvermeidlich und allgemein-menschlich; man rehabilitiert also die Mörder (und damit auch den Totalitarismus).

Da folge ich lieber dem Philosophen Ernst Bloch und dem Historiker Eric Hobsbawm: Ohne gesellschaftliche Utopien gibt es keine Hoffnung auf Verbesserung der Verhältnisse – und ohne Hoffnung kein politisches Engagement.[27] Demnach sind Utopien für eine lebendige Demokratie unverzichtbar. Kurz gesagt:

Ohne Hoffnung keine Hoffnung.

Dogmen über Medien, Kunst und Kultur

> **»Ein Bild sagt mehr als tausend Worte.«**

Für diesen Topf kursiert bereits ein hübscher Deckel: »Dann stellen Sie *den* Satz mal mit einem Bild dar!«

Der Bielefelder Fernsehjournalist und Filmunternehmer Michael Teckentrup[1] warb 2008 auf der Bielefelder Kongressmesse »Mehr Erfolg im Mittelstand« mit einem Vortrag über den Menschen als »Augentier« für sein Produkt: Firmenfilme, die man auf der Website zur Verfügung stellen kann. Seiner Meinung nach schlägt der Gesichtssinn bei weitem alle anderen Sinne und vor allem alles Geschriebene. Zum »Beweis« ließ er Filmszenen laufen und mokierte sich immer wieder darüber, dass das Publikum den Szenen im Hintergrund mehr Aufmerksamkeit zu widmen schien als seinen Worten. Der im Publikum anwesende Texter kam leider erst später auf die Idee, Herrn Teckentrup mit einem Zwischenruf zu verunsichern: »Herr Teckentrup!« Da hätte er geguckt und einen Moment geschwiegen, und der Texter hätte gesagt: Sie erleben gerade, wie stark das sprechende Tier Michael Teckentrup auf ein gesprochenes Wort reagiert. Nicht umsonst definiert sich der Mensch schon seit Jahrtausenden gerade über seine Fähigkeit zu sprechen. Das Sprechen hat immer primär mit Schall, mit Hören zu tun. Wir können also das sprechende und hörende Tier gleichberechtigt neben das Augentier stellen. Wie stark Worte wirken können, merken Sie übrigens dann, wenn Ihnen jemand sagt: »Ich liebe dich.«

In die gleiche Kerbe schlagen eigentlich auch Teckentrups eigene Filme: Dort spielen Interviews die Hauptrolle – also sprechende Menschen. Ohne Ton, ohne Text wären diese Filme weitgehend wertlos.

Firmenfilme sind ein interessantes Werbemedium, keine Frage. Teckentrup versuchte, sie gegen die vielen Prospekte auszuspielen, die man auf der Messe mitnimmt und später fast ungelesen wegwirft. Dieses Schicksal trifft vor allem die Mehrheit der schlecht gemachten Prospekte. Doch ein ganz ähnliches Schicksal trifft vermutlich die Mehrheit der schlecht gemachten Firmenfilme. Man hat sie zwar gesehen, aber schon eine Viertelstunde später wieder komplett vergessen. Warum sollte man sich die 63. spiegelnde Marmorfassade vor blauem Himmel merken? Die 48. Lastwagenflotte, die dynamisch und mit fernwehprallen Reifen einen großen Parkplatz verziert? Was Michael Teckentrup über die Werbewirkung von Firmenfilmen gesagt hat, trifft nur für die guten Firmenfilme zu. Gute Werbeprospekte schaffen das aber auch.

Was passiert, wenn jemand einen Prospekt liest? Richtig, er sieht zuerst die Bilder und liest erst später Teile des Textes. Daraus zu schließen, dass Menschen primär optisch gepolt sind, ist zu kurz geschlossen. Der Text wird nämlich ebenfalls über die Augen aufgenommen. Dass das mit Bildern schneller geht als mit Text, liegt daran, dass Bilder direkt im endgültigen Format vorliegen, während geschriebener Text vom Gehirn erst umgewandelt werden muss in gesprochene Sprache; das optische Muster der Buchstaben also in einen akustischen Eindruck. Das ist ein neuronaler Umweg und erfordert Zeit. Dazu kommt, dass die Phantasie tätig wird und die Sprache mit eigenen Bildern überwölbt. Anders bei einem Film: Da liegt die gesprochene Sprache direkt als akustische Spur vor und wird genauso schnell vom Gehirn aufgenommen wie die Bilder. Wenn es darum geht, was wir besser behalten, haben Bilder den Vorteil, dass wir sie besser in Träumen verarbeiten können. Sprache und Text haben den Vorteil, dass wir besser darüber reden können; sie bleiben also besser im Gespräch. Gut geschriebener Text lässt im Kopf selbstgemachte Bilder entstehen, die sind dann auch traumtauglich und oft haltbarer als fremde Bilder. Diesen Mechanismus nutzen die drei wirkmächtigsten Bücher der Geschichte: die Bibel, der Koran und die Mao-Bibel. Fast jeder Mensch der Erde dürfte Worte und Sprüche aus einem dieser drei Bücher im Kopf haben.

In dem Buch *Lügen mit Zahlen* haben Gerd Bosbach und ich auch die Grafiktricks untersucht und aufgedeckt, die zum Beispiel benutzt werden, um Entwicklungen dramatischer aussehen zu lassen, als sie sind. Aus diesem Zusammenhang und aus dem vorher Geschriebenen lassen sich in kecker Übertreibung diese beiden Antidogmen bilden:

> *Ein Wort wirkt länger als drei Bilder.*
> *Ein Bild lügt schneller als tausend Worte.*

»Kunst kommt von Können. Wenn es von Wollen käme, müsste es Wulst heißen.«

Oder, kürzer und noch populärer: »Das soll Kunst sein? Das kann ich auch.« Der erste Satz ist die konservativ-bildungsbürgerliche Variante, ein hübsches Dünkeldogma, das mir in den 1970er Jahren am Kaiser-Karls-Gymnasium zu Aachen begegnete. Es war dort als arroganter Oberlehrerspruch beliebt. Der Urheber des seit dem 19. Jahrhundert kursierenden Aphorismus ist unbekannt. Im Alltag begegnet uns eher die zweite, subjektiv formulierte Variante. In der Form als Frage und Ich-Satz ist sie kein Dogma. Das Dogma dahinter bleibt unausgesprochen: »Sowas ist doch keine Kunst. Dazu ist es viel zu simpel.«

Für die Kunstwerkbezweifler habe ich eine hübsche kleine Falle gebaut, und die geht so: »Na, dann machen Sie mal! Wenn Ihr Werk fertig ist, sprechen wir uns wieder.«

99 Prozent werden es bei der leeren Drohung belassen – und so den entscheidenden Unterschied bestätigen: Die Künstlerin[2] hat es getan. Ein Kunstwerk ist immer eine Tat. Ein dummer Spruch kann zwar auch eine Tat sein, aber bestimmt keine konstruktive. Da ist eben doch etwas, was die Künstlerin konnte und

99 Prozent der Kritiker nicht: Sie konnte etwas schaffen, wo andere nur Phrasen dreschen. Wir bewegen uns hier jedoch hart am Rande des Dogmas »Wer etwas kritisiert, soll es erst mal selber besser machen« (siehe Seite 219). Der Unterschied liegt darin, dass vor allem die bildungsbürgerliche Variante (»Kunst kommt von Können...«) oft aus einer penetrant überheblichen Warte heraus auf die Künstlerin abgefeuert wird – als typisches Dünkeldogma und als destruktiver Störversuch.

Sobald der Kunstkritiker darüber nachzudenken beginnt, wie er es denn anfangen würde, wenn er es selber machte – dann hole ich ihn eine Etage höher wieder ein. Dann hat ihn nämlich das Kunstwerk auf einen neuen Gedanken gebracht und damit ein wesentliches Kriterium für Kunst erfüllt: Ein Kunstwerk ist ein Denkmal – ein von Menschen geschaffener Gegenstand, der unseren Horizont erweitert, uns neue Einsichten verschafft, uns auf neue Gedanken bringt.

Mir fällt dazu ein Ausspruch Karl Valentins ein, der eigentlich nicht dazu passt – oder doch?

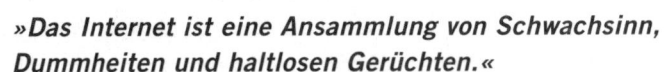

> *Wenn man was ko', is es ka' Kunst nimmer,*
> *und wenn man's net ko', fei gar net.*[3]

»Das Internet ist eine Ansammlung von Schwachsinn, Dummheiten und haltlosen Gerüchten.«

Diese Haltung war nicht nur in den Feuilletons vieler Zeitungen der 2000er Jahre weit verbreitet,[4] sie ist mir auch in vielen privaten Gesprächen überwiegend mit älteren Männern häufig begegnet. Der Bielefelder Biologe Michael S. zum Beispiel beklagte sich 2011 während einer Exkursion darüber, dass in manchen Wikipedia-Artikeln über Pflanzen- oder Tierarten die Autorenabkürzung hinter dem lateinischen Namen fehle. (Als Wikipedianer habe ich ihn natürlich gleich gefragt, warum er die fehlende Abkürzung nicht einfach ergänzt hat. Verständnisloses Schweigen.) Dazu kommt die häufig geäußerte Ansicht, die »Jugend von heute« verliere an Lesekompetenz, weil sie nicht mehr Zeitung lese, sondern stattdessen Internetseiten. Mit dieser »Begründung« startete Kulturstaatsminister Bernd Neumann 2008 zur Freude der Zeitungsverlage eine »Nationale Initiative Printmedien«.[5]

Allerlei kluge Autoren, darunter Christian Stöcker (*Nerd Attack!*) und Thomas Steinschneid (*Die Wahrheit über die Wahrheit*), haben schon darauf hingewiesen, dass dieser Vorwurf vermutlich in ganz ähnlicher Form schon gegen das Fernsehen, gegen das Radio, gegen Comic-Strips[6], gegen Zeitungen[7], ja sogar gegen maschinell gedruckte Bücher (etwa Taschenbücher) erhoben wurde. Es scheint sich um ein Vorurteil zu handeln, das jedes historische neue Medium trifft. Dahinter steckt der bildungsbürgerliche Dünkel, nach dem jeder, dem andere Dinge wichtig sind als die aus dem eigenen Abiturkanon, ein Dummkopf sein müsse. Man könnte auch von einer Art Rassismus sprechen: Wer eine andere Sprache spricht, muss ein Barbar sein. (Das Wort Barbar ist genau aus diesem Gedanken heraus entstanden.) Dabei liegt die Dummheit im Sinne von Ignoranz vielleicht auf der Seite desjenigen, der sich weigert, die neu entstandene Sprache zu verstehen.

Natürlich ist kaum von der Hand zu weisen, dass im Internet jede Menge Schwachsinn steht. Doch auch Fernsehen und Radio senden jede Menge Schwachsinn, im Kino läuft jede Menge Schwachsinn, und selbst in Büchern und Zeitungen steht jede Menge Schwachsinn. Der amerikanische Programmierer und Computerkritiker Joseph Weizenbaum sagte dazu: »Und es scheint beinahe ein Naturgesetz zu sein, dass jedes Massenmedium zu 95 Prozent Unsinn produziert.«[8] Der Eindruck, dass das im jeweils neuesten Medium besonders schlimm sei, beruht auf einer Art optischen Täuschung, der ältere Rezipienten oft erliegen: In den älteren Medien haben wir bereits gelernt, die Spreu vom Weizen zu trennen, deshalb fällt uns die Spreu dort nicht so auf; im neuesten Medium noch nicht so gut, und deshalb haben wir dort mehr mit der Spreu zu kämpfen.[9] Dazu kommt ein paradoxer Effekt, an den Weizenbaum erinnert: Das jeweils neueste Medium ist oft noch mit der Erwartung von Fortschritts- und Technikfetischisten verknüpft, es werde den endgültigen Sieg über die Unbildung bringen. Weizenbaum zitierte eine entsprechende Rede des US-Präsidenten Herbert Hoover über das 1926 neu eingeführte Radio. Die Enttäuschung darüber, dass der Sieg über die Unbildung ausbleibt, schlägt dann wohl gerne in eine pauschale Verdammung des neuen Mediums um.

Stöcker hält dagegen: »Das Internet ist vermutlich das komplexeste Gebilde in der Geschichte der Menschheit, eine Kraft der Veränderung, die es mit dem Buchdruck mindestens aufnehmen kann. Im deutschen Feuilleton aber wird darüber gesprochen, als handele es sich um eine lächerliche Trendsportart, die von ein paar Schwachköpfen betrieben wird.«

Aber was ist mit den Kilotonnen belangloser und überflüssiger E-Mails und Simse, die dank Internet und Mobilfunk jeden Tag um die Welt geistern? Wurde da nicht durch die Leichtigkeit, mit der man diese Kommunikationsmittel benutzen kann, eine neue Dimension der Dummheit eröffnet? Das glaube ich nicht, wenn ich einmal vom Problem der maschinell erzeugten Spam-E-Mails absehe. Jetzt mag es so sein, dass wir Briefe und zum Teil sogar Telefonate nur noch in besonderen Situationen, auf besonders hohem Reflexionsniveau einsetzen. Das war früher, als diese Medien noch dominierten, ganz anders. Schlägt man einen alten Briefwechsel gewöhnlicher Leute, der sich durch Zufall erhalten hat, irgendwo auf, stößt man auch dort in der Regel auf jede Menge Belanglosigkeiten und Floskeln. Das war damals nicht anders als heute bei den E-Mails. Nur die Menge der Briefe war geringer. Das bedeutet aber, wie Lischka und Stöcker 2008 kühl konstatiert haben: E-Mails trainieren die Schreibkompetenz sogar besser als die früher üblichen Briefe. Denn heute schreibt man täglich mehrere E-Mails, während man früher nur alle paar Tage einen Brief geschrieben hat – ohne dass das geistige Niveau dieser Briefe höher gewesen wäre als das heutiger E-Mails.[10]

Soll das etwa heißen, das Internet sei ein harmloses Medium? Nein. Das Internet ist ein mächtiges Medium, mindestens so mächtig, wie Zeitungen, Radio, Kino und Fernsehen es früher waren. Es hat zudem zusätzliche Möglichkeiten eröffnet, Hetzparolen schnell zu verbreiten oder Leute zu verleumden. Es ist zweischneidig wie alle Medien. Da das positive Potenzial in der alltäglichen Praxis der Nutzer das Negative überwiegt, lautet mein Widerspruch:

Google bildet besser als BILD.

> ## »Werbung lügt prinzipiell.«

Oder: »Werbung manipuliert die Verbraucher.« Vor allem linksgerichtete und grün-alternative Kritiker des Kapitalismus und der Konsumgesellschaft (zu denen ich mich selbst ja auch zähle), können sich oft nur schwer erklären, warum so viele Menschen für ihr teures, sauer verdientes Geld fette Autos, große Häuser, Hamburger und andere zweifelhafte Erzeugnisse der kapitalistischen Warenproduktion kaufen und auf diese Weise die Profite der Kapitalisten absichern. Um sich dieses Phänomen zu erklären, stellen sie sich gerne vor, dass die Werbung die Menschen manipuliere und wie Marionetten mit den Absatzinteressen der Konzerne verknüpfe. Zwei Beispiele:

Der Ökonom John Kenneth Galbraith bezeichnete 2004 das Gerede von der »Konsumentensouveränität« (zu Deutsch: vom »König Kunde«) als Täuschung in Anbetracht der Tatsache, dass die Konzerne Milliarden ausgeben, um das Verhalten der Konsumenten durch Werbung zu manipulieren.[11] Galbraith wundert sich dort über den Widerspruch, dass Manipulationen dieser Art einerseits kritiklos akzeptiert, andererseits von Fachleuten bagatellisiert würden.

Die Journalistin Jenni Zylka kritisierte 2007 in ihrem Beitrag »Ökologisch suspekt« Internetportale für Konsumenten, die den modernen Öko-Kunden ansprechen. Solche Portale seien nicht glaubwürdig, weil sie Werbung enthielten – und Werbung, so die *taz*-Journalistin, lüge prinzipiell. Die moralisch unkorrekte Umgebung entwerte die ökologisch korrekten Inhalte und Empfehlungen.[12]

Sicher, Werbung gibt es und sie ist auch wirksam. Doch das pessimistische Menschenbild der Werbungskritiker krankt daran, dass niemand, der es äußert, davon ausgeht, dass es auf ihn selber zutreffe. Marionetten? Das sind die anderen. Werbekampagnen, die sich einbilden, sie könnten den Konsumenten ein neues Bedürfnis einreden, das sie vorher nicht hatten, sind nach meinen Erfahrungen in der Branche zudem häufig zum Scheitern verurteilt. Millionenschwere Kampagnen, die von dieser größenwahnsinnigen Prämisse ausgingen, sind mit Pauken und Trompeten untergegangen. So erging es um 1990 Sony und Philips mit der DAT-Kassette; 2001 Apple mit dem Computer »Cube«; 2004 der Deutschen Bahn mit dem Luxuszug »Metropolitan«; 2004 der Plattenfirma Telstar mit einem Hiphop-Album von Victoria Beckham oder 2012 der Lufthansa mit einer peinlichen Hausfrauen-Rabattkarte. Der Weg der Werbung ist mit Flops gepflastert – aber natürlich auch mit erfolgreichen Kampagnen.

Werbung funktioniert in der Regel nur dann, wenn sie ein Bedürfnis anspricht, das bei einer namhaften Zahl potenzieller Konsumenten schon vorher vorhanden war – vor allem wenn sie es schafft, die Menschen genau in dem Moment zu erwischen, wo sie dieses Bedürfnis empfinden. Wenn ich hungrig aus dem Zug steige und im Bahnhof ein Plakat mit einem knusprigen Hamburger sehe, dann funktioniert die Werbung. Mein Hunger wurde aber nicht von der Werbung ausgelöst, sondern ist unabhängig von ihr entstanden. Die Werbung hat ihn lediglich im passenden Moment aufgegriffen und dafür gesorgt, dass er sich in Hamburger-Appetit verwandelt hat und nicht in Falafel-Appetit. McDonald's hat also, streng genommen, mein Bedürfnis nicht manipuliert, wohl aber die Richtung, in der ich nach Befriedigung des Bedürfnisses gesucht habe. Auch wenn Werbung mir einen Imagevorteil verspricht, etwa dass mich jene Jeans für Frauen attraktiv mache, manipuliert sie nicht mein Bedürfnis, Frauen zu gefallen; das ist unabhängig von der Werbung und den

Profitinteressen der Textilindustrie entstanden. Nur die Verknüpfung dieses Bedürfnisses mit einer konkreten Ware ist ein Werk der Werbung. Diese Verknüpfungen können wir uns auch bewusst machen und beeinflussen. Ich kann mir zum Beispiel antrainieren, Hamburger-Appetit in Falafel-Appetit umzuwandeln.

Internetwerbung, von aggressiven Störbannern abgesehen, funktioniert nur, weil Menschen Probleme haben und im Internet nach Lösungen für diese Probleme suchen, nach bestimmten Wörtern und Sätzen, die mit ihrem Problem zu tun haben. Im Internet gewinnt, wer es schafft, diese Wörter rechtzeitig zu erraten, so zu platzieren, dass die eigene Seite bei der passenden Suche nach oben kommt – und Text und Bild auf der Landeseite so zu gestalten, dass der passende Besucher sofort das Gefühl hat: Hier wird mir geholfen. In diesem ganzen Mechanismus sind Konsumenten und Besucher tatsächlich so etwas wie Herren des Verfahrens. Wer ihnen etwas verkaufen will, muss sich an die Bedürfnisse der Konsumenten und ihre Verhaltensweisen optimal anpassen, und nicht umgekehrt.

Im Internet – und eigentlich in der gesamten Waren- und Dienstleistungswelt – geht es zu, wie es Michel de Montaigne um 1700 und Kurt Tucholsky um 1930 formulierten, jeweils auf Bücher bezogen: »Wenn mich ein Buch verdrießt, greife ich nach einem anderen.« (Montaigne) »Der Leser hat's gut. Er kann sich seine Schriftsteller aussuchen.« (Tucholsky) So ging und geht es Ihnen, liebe Leserin, lieber Leser, mit diesem Buch doch auch. Sie haben es gekauft, weil es Ihnen im richtigen Moment gesagt hat: Da könnte ich etwas finden, das ich schon lange gesucht habe. Warum also sollten Sie glauben, ich oder mein Verlag hätte Sie manipuliert?

Und was ist mit dem ganzen Apple- und Samsung-Kult? Wer zum Teufel hat denn iPhone, iPad, Galaxy vorher vermisst?

Ich zum Beispiel. Ich fuhr zum Kundengespräch, und im Zug fiel mir ein: Ich hatte vergessen, wie der zweite Geschäftsführer des Unternehmens hieß, der mit im Gespräch sein sollte. Den wollte ich aber sofort mit Namen ansprechen können. Ich wusste genau: Im Internet-Auftritt der Firma war er mit Name und Foto zu sehen. Aber wie da jetzt noch drankommen?

Ich zum Beispiel. Ich habe eine Webseite vor meiner Nase auf dem Bildschirm und gehe unwillkürlich mit dem Finger auf einen Menüpunkt: Da will ich jetzt hin. Genau an dieses ursprünglich technikwidrige, aber typisch menschliche Verhalten hat sich der Touchscreen eines Tablet-PC angepasst.

Ich zum Beispiel. Ich nahm früher manchmal einen Stapel Urlaubsfotos mit, um sie nach der Probe in der Kneipe meinen Chorkumpanen zu zeigen; das heißt, ich hatte es vorgehabt, dann aber doch vergessen. Jetzt sind die Fotos digital und liegen als Dateien im Computer. Sehr praktisch, wenn ich sie in einem kleinen Gerät, das ich sowieso dabei habe, mitführen und zeigen kann.

Allerdings gibt es Ebenen, auf denen die allgemeine Manipulation doch zu funktionieren scheint. Gewisse Grundbotschaften und Werte tauchen in sehr vielen Werbespots und Anzeigen immer wieder auf: zum Beispiel Schönheitsideale, Rollenklischees (Männlichkeits- und Weiblichkeitsbilder) und die starke Betonung von Konkurrenzverhalten. Da an solchen Mustern unterschiedlichste Werbebotschaften immer wieder aufgehängt werden, und da Werbung an sich eine Präsentation von Schönheit ist, die in Konkurrenz zu anderen Schönheiten steht, zementiert Werbung insgesamt die dazu passenden Werte und Haltungen vieler Menschen. Der von der Werbung provozierte Selbstvergleich mit bestimmten Schönheitsidealen zum Beispiel erzeugt oft Frustrationen oder gar Depressionen, die Psychologen, Soziologen und Feministinnen wie Naomi Wolf beschrieben haben.[13] Eine permanente Unzufriedenheit mit sich selbst, aus der das jeweils beworbene Produkt einen immer neuen Ausweg verspricht. Die Auswegweiser verblassen schnell – was bleibt, ist die Unzufriedenheit.

Ein Verkäufer im Laden lenkt auch unsere Aufmerksamkeit auf bestimmte Waren, ohne dass wir sagen würden: Der manipuliert uns. In diesem Sinne sage ich:

Werbung spricht wie ein Verkäufer.

Dogmen über Männer, Frauen und Kinder

> **»Männer denken immer nur an Sex.«**

Dass das »immer« gnadenlos übertrieben ist, weiß zumindest jede Frau, die sich an Momente erinnert, in denen *sie* an Sex gedacht hat, *er* aber nicht – zumindest ließ er sich nichts anmerken.

Ich mag mich täuschen, aber ich habe nicht den Eindruck, dass die Deutschen zu häufig vögeln. Studien, bei denen sie gefragt werden, wie oft sie es treiben, gibt es viele; sie sind mit Vorsicht zu genießen. 139-mal im Jahr laut Studie von Pro7 und Deutscher Gesellschaft für Sexualforschung, Stand 2008.[1] 97-mal laut einer Studie, die der *Focus* 2001 veröffentlichte.[2] 2008 nahmen 56000 Personen online teil – übrigens mehr Frauen (53 Prozent) als Männer. Onlinestudien verzerren oft, weil Teilnehmer überrepräsentiert sind, denen das Thema besonders wichtig ist.[3] Außerdem liegt die Vermutung nahe, dass viele Befragten, vor allem Männer, diese Zahl übertreiben, um potenter zu wirken. Der tatsächliche Durchschnitt über alle Altersstufen dürfte also deutlich darunter liegen. Die Sex-Kolumnistin Barbara Ehrenberg hält 24- bis 48-mal im Jahr (also zwei- bis viermal im Monat) für realistisch. Leistungsdruck beim Sex ist eine ziemlich schlechte Idee, denn es ist ja gerade der Leistungsdruck (Stress) in Job und Familie, der, wie die Studie zeigt, oft den Sex killt.

61 Prozent der Männer und 50 Prozent der Frauen würden es gerne öfter tun. Warum tun sie es nicht? 64 Prozent der Männer sagen, die Partnerin will nicht so oft, 43 Prozent sagen: zu viel beruflicher Stress. Bei den Frauen klagen sogar 51 Prozent über störenden Stress, und 18 Prozent haben sowieso keine Lust. Der umgekehrte Fall (sie will öfter als er) taucht in den veröffentlich-

ten Zahlen nicht auf. 72 Prozent der Männer, aber nur 21 Prozent der Frauen kommen beim Sex regelmäßig zum Orgasmus, wie sie hier sagen.

Was folgt daraus für unser Dogma? Viele Männer denken zwar häufig an Sex, schreiten aber viel seltener zur Tat. Frauen natürlich auch; doch da gibt es einen höheren Anteil, der noch nicht einmal an Sex denkt. Wenn sie, die deutsche Durchschnittsdame (DDD), weniger oft will als er, der deutsche Durchschnittsherr (DDH), hängt das wohl oft damit zusammen, dass sie weniger Spaß am Sex hat als er – woran er, stur, ungeschickt und uncharmant, wie er ist, seinen Anteil haben dürfte. »Wir brauchen nicht mehr Sex, sondern mehr guten Sex«, sagt die New Yorker Psychologin Leonore Tiefer, und das sei eine Frage der Übung.[4] Auch die Frage »Woran erkenne ich guten Sex?« kann da hilfreich sein.[5]

Natürlich ist es unbefriedigend, einseitig und zwanghaft, wenn ein Mann in einer Beziehung »immer« (also meistens) »nur« an Sex denkt und andere Aspekte der Zweisamkeit missachtet, etwa Erotik, Zärtlichkeit, Empathie, Liebe. Aber die Klage über dieses »nur an Sex« rutscht schnell in den uralten Graben der katholisch-moralischen Abwertung sexueller Gelüste ab. Papst Innozenz III. wetterte um 1180 gegen den Menschen: »Geschaffen ist der Mensch aus Staub, und was nichtswürdiger ist, aus ekelerregendem Samen, empfangen in der Geilheit des Fleisches.« (Siehe Seite 166.) Einer seiner Nachfolger, Papst Paul VI. (»Pillen-Paul«), agitierte 1968 in seiner Enzyklika »Humanae vitae« gegen die Anti-Baby-Pille, weil sie einen Sex ohne Fortpflanzung gewissermaßen zum Standard machte. Die Körper- und Sexualfeindlichkeit in der katholischen Kirche und speziell beim Kirchenlehrer Augustinus analysierte der Psychologe Tilmann Moser. [6]

Mein Kissenspruch, nach Leonore Tiefer:

Übung macht den Meister. ◄

....

Ein Gastbeitrag von Maria Ast, Lebenskunstcoach in Bielefeld

So sind wir Frauen halt: echte Heulsusen. Kaum geht uns etwas ans Herz: Kino, Kinder, Karriereknick – waah, heulen wir los. Kaum wissen wir nicht mehr weiter, Waschmaschine, Wagen, Weltenlauf funktionieren nicht – heulen wir los. Droht eine ernste Auseinandersetzung mit Chef, Partner, Kfz-Mechaniker, sprich: wichtigen Männern – heulen wir los. Heulende Frauen: lästig, kindisch, anstrengend!

Und heulende Männer? Die gibt's doch gar nicht. Weicheier! Megapeinlich! Außer »natürlich« bei Siegestränen! Oder bei Reuetränen, siehe Uli Hoeneß: Das rührt selbst die Hartgesottensten. Es geht halt hier wie dort um Helden. Darunter tut mann es nicht: heulen.

Ich behaupte: Männer lassen heulen. Frauen lassen wüten. Denn außer Tränen der Rührung, des Berührtseins, die beide Geschlechter in unterschiedlichem Ausmaß absondern, unterscheiden sich Männer und Frauen auch hier eklatant voneinander: Frauen heulen *aus* Wut, oder besser: aus verschiedenen Wuten.

Aus Wut über sich! Weil sie mal wieder im entscheidenden Augenblick nicht gewagt haben, Nein zu sagen, weil Fürsorge mal wieder über Selbstsorge gesiegt hat.

Aus Wut über sich, weil sie mal wieder *vor* dem anderen geweint haben und sich nicht besser im Griff hatten. Schameswut. Wutscham.

Ein Beispiel aus der Praxis: eine Klinik – dritte Umstrukturierungsmaßnahme innerhalb eines Jahres. Dreimal hatte der Chefarzt Frau B. überraschend auf der Treppe abgefangen und, bar jeder Kenntnis der Situation, ungerechterweise heruntergeputzt. Zweimal war sie total verstummt, um drei Minuten später im Büro und drei Stunden später zu Hause noch einmal heulend zusammenzusinken. Beim dritten Mal hatte sie sogar vor dem Chefarzt losgeheult.

Richtigstellen? Für sich einstehen? Fehlanzeige. Sie bangte um ihren Arbeitsplatz. Und heulte heimlich, statt un-heimlich zu wüten. »Unsere Aufgabe ist es, der Welt zu gefallen, zu beschwichtigen und zu bewahren. Wir sind fähig, Beziehungen aufrechtzuerhalten, als ob unser Leben davon abhinge«, schrieb Harriet Lerner.[7] Weinen scheint weniger gefährlich zu sein als Wut. Wut schafft Abstand, birgt die Gefahr, allein im Ostwind zu stehen, und ruft Gegenreaktionen hervor. Typisches Männerterrain. Da schicken wir Frauen allzu gerne Männer vor. Tränen sind der ungefährlichere Weg, denn sie dienen uns als Sozialkitt und zeigen: Ich bin nicht gefährlich. Wer weint, kriegt häufig Trost, schlimmstenfalls ein überhebliches Schulterzucken.

Frauen weinen aus Ohnmachtswut. Die kenne ich besonders gut. Ohnmacht stellt sich ein, wenn ich im Meeting mit meinen gefühlten Argumenten an sogenannten Sachargumenten zerschelle und als gefühlsduseliges Trudchen bloßgestellt werde. Die Ohnmachtswut den Rationalisten, Wissensinhabern, Sachargumentierern gegenüber hat allerdings gute Chancen, zukünftig wegzufallen. Dank Gerd Gigerenzer[8] wissen wir, dass es auch eine Weisheit der Gefühle gibt, und seitdem Mann das entdeckt hat, trauen auch Männer häufiger ihrem Bauch und treffen dort Entscheidungen. Frauen praktizierten diese Weisheit, gefühlt, schon lange. Maja Storch, Mitgründerin des Zürcher Ressourcen-Modells, berichtete auf einem Kongress von Neurobiologen in Bonn 2014, dass sie immer häufiger in Firmen eingeladen wird, um Männern das Fühlen beizubringen und sich mehr auf die Weisheit der Gefühle zu verlassen; denn Weisheit ist eine Integrationsleistung, die Summe unserer Erfahrungen, unseres Wissens, Denkens und Fühlens. Hier sind Frauen der Weisheit einen Schritt näher und damit den Männern voraus.

Ein Cocktail aus Ohnmacht, Neid, Resignation kommt hoch, wenn ich Mitbewerber die Erfolgsstufen und Bestsellerlisten erklimmen sehe, die nur mit markigen Überschriften punkten und mit Kleinratschlägen ihre Kunden an sich binden wollen. Während andere ihre Kunden zur Selbstmächtigkeit befreien wollen – und damit ihren Lebensunterhalt bestreiten.

Eine Ohnmacht anderen Ausmaßes stellt sich ein, wenn ich zusehen muss, wie Körper, Leben, Beziehungen zerbrechen – und ich kann nichts daran ändern. Ohnmachtsakzeptanz.

Ohnmacht ist ein Gefühl, dem sich Männer ungern stellen. Mit Ohnmachtssituationen souverän umzugehen, das ist höhere Lebenskunst. Manchmal heißt die eben, erst mal eine Weile zu heulen, statt in blinden, verdrängenden Aktionismus zu verfallen. Sich Ohnmachtssituationen zu stellen, erfordert Hingucken, Nachfühlen und Nachdenken; und es erfordert den Mut und die Kompetenz, es auszuhalten, dass keine hyperperfekte Lösung oder Antwort parat liegt.

Zur Weisheit gehört Unterscheidungsfähigkeit, wie in dem Sprichwort: »Gib mir die Weisheit, das eine vom anderen zu unterscheiden!« Es gilt, besser unterscheiden zu lernen, zu wollen, zu können, was wann Sinn macht und uns weiterbringt. Heulen oder machen oder wüten – oder heiter-gelassen den Dingen ihren Lauf lassen. Will meinen: Frauen, heult nicht, wenn Handeln dran ist. Männer, handelt nicht, wenn Heulen dran ist. Menschen, weint, wenn Weinen dran ist. Denn:

Weinen ist was für Mutige, Männer! ◄

....

 »Kinder sind schmutzig.«

Das ist ein altes, inzwischen veraltetes Basta-Dogma, bei dem die meisten Eltern von heute wahrscheinlich zusammenzucken. Doch bis in die 1960er Jahre hinein wurde der Umgang mit Säuglingen und Kleinkindern in Deutschland stark von einer faschistischen Ärztin namens Johanna Haarer geprägt. Ihr Standardwerk *Die deutsche Mutter und ihr erstes Kind* erschien erstmals 1934 und in zahlreichen Auflagen bis 1944. 1949 erschien es neu unter dem Titel *Die Mutter und ihr erstes Kind*. Erst 1951 wurden in einer Neuauflage die gröbsten Nazibegriffe aus dem Text entfernt. Eine letzte Auflage des Klassikers erschien 1996 (!). Eine der zentralen Thesen dieses Machwerks lautet: Kinder sind schmutzig, und es ist die erste Aufgabe, der erste Kampfauftrag der Mutter, einen erbarmungslosen Krieg gegen den Schmutz zu führen, den Kinder absondern. Und nicht nur gegen den Schmutz, sondern gegen alles, was das kleine Kind aus eigenem Antrieb will: »Babys schreien aus Veranlagung, zornig und lang anhaltend, zum Zeitvertreib oder um etwas zu erzwingen. Babys und Kleinkinder wollen sich nicht fügen, wollen nicht so, wie die ›Großen‹ wollen, sie erproben diese, widersetzen sich und tyrannisieren. Von Natur aus sind sie unrein, unsauber, schmuddelig, schmieren herum mit allem, was sich bietet … Das schreiende und widerstrebende Kind muss tun, was die Mutter für nötig hält, und wird, falls es sich weiterhin ungezogen aufführt, gewissermaßen ›kaltgestellt‹, in einen Raum ›verbracht‹, wo es allein sein kann, und so lange nicht beachtet, bis es sein Verhalten ändert.«[9]

Über Mütter, die ihr schreiendes Kind aufnahmen, trösteten, anlächelten und mit sich herumtrugen, fällten Haarer und ihre zahllosen Adeptinnen das Urteil, sie praktizierten »Affenliebe«. Der Psychologe Arno Gruen analysierte die verheerenden Folgen, die dieser Feldzug in den Seelen von Millionen Kindern hinterlassen hat[10]: Das Kind ist alleine nicht lebensfähig und existenziell auf eine Harmonie mit den Eltern angewiesen. Es macht die Erfahrung, dass seine inneren Antriebe, zum Beispiel seine Ängste, sein Bedürfnis nach innigem Körperkontakt, diese lebensnotwendige Harmonie gefährden, weil sie zum Verlust der Eltern führen. In der Konsequenz schickt es diese Antriebe, das Eigene, in die Verbannung, erklärt sie zum Fremden – eben dem »Fremden in uns«, den Gruen in seinem Buch analysiert. Die Gefühlskälte und Strenge der Eltern interpretieren viele Betroffene als Ausdruck elterlicher Liebe, weil sie elterliche Liebe so dringend brauchen. Viele Betroffene werden nach Gruen anfällig für autoritäre Strukturen, neigen dazu, einem Befehlshaber bedingungslos zu gehorchen. Das Eigene, nunmehr Fremde, das zu bekämpfen sie früh gelernt haben, suchen sie in äußeren Fremden. Sie werden zum Beispiel Fremdenfeinde, ihr Hass richtet sich nun gegen Juden, Russen, »Neger«, Muslime. Auch die gelten ihren Feinden oft als schmutzig, zügellos, unersättlich, tyrannisch. Das waren Eigenschaften, die Haarer den Babys unterstellte.

Der von Gruen beschriebene Mechanismus erscheint in dieser kurzen Zusammenfassung recht schematisch. Es gibt sicher auch andere Möglichkeiten, das Haarer-Trauma zu verarbeiten. Aber eine nachhaltige Erschütterung des Selbstvertrauens, des Eigensinns, der Eigenliebe dürfte fast immer damit verbunden gewesen sein. Sogar das Umkippen ins andere Extrem, das man heute oft beobachten kann, mag noch damit zusammenhängen; denn Eltern, denen es schwer fällt, die eigenen Interessen gegenüber ihrem Kind geltend zu machen, haben offenbar ein Problem mit ihrem Eigensinn und zeigen eine Form von Gehorsam, diesmal dem Kind gegenüber.

Haarers Haltung atmet den gleichen lebensfeindlichen Geist, der aus dem öffentlich vorgetragenen Ekel des Papstes Innozenz III. vor dem menschlichen Körper und seiner Natur, vor dem tierischen, naturverbundenen Charakter des Menschen herauswehte; ich habe die Stelle im Zusammenhang mit dem Mittelalter zitiert (siehe Seite 166). Diese Herrschaften versuchen, uns in einen Krieg gegen uns selbst zu verwickeln. Wir sollen uns selber versklaven, damit sie ein leichteres Spiel mit uns haben. Adolf Hitler war davon überzeugt, dass das funktioniert. 1938 sagte er in einer Rede vor HJ-Funktionären in Reichenbach: »Diese Jugend lernt ja nichts anderes als deutsch denken, deutsch handeln, und wenn diese Knaben mit zehn Jahren in unsere Organisation hineinkommen und dort oft zum erstenmal überhaupt eine frische Luft bekommen und fühlen, dann kommen sie vier Jahre später vom Jungvolk in die Hitler-Jugend …, dann kommen sie in den Arbeitsdienst und werden dort wieder sechs und sieben Monate geschliffen, alles mit einem Symbol, dem deutschen Spaten. Und was dann … noch an Klassenbewusstsein oder Standesdünkel da … sein sollte, das übernimmt dann die Wehrmacht zur weiteren Behandlung auf zwei Jahre, und wenn sie … zurückkehren, dann nehmen wir sie, damit sie auf keinen Fall rückfällig werden, sofort wieder in die SA, SS und so weiter, und sie werden nicht mehr frei ihr ganzes Leben …«[11]

Ich finde:

Kinder sind lebendig. Ihre Eltern auch. ◄

»Kinder sind unsere Zukunft.«

Von der Schwarzen Pädagogik der Nazis springen wir direkt in die rosenrötlich-himmelblaue Pädagogik des 21. Jahrhunderts. Daran wird doch nichts falsch sein?? Nun, wer einmal ein kritisches Wort über ein bestimmtes Verhalten eines bestimmten Kindes gewagt hat, sieht sich womöglich mit dem Vorwurf konfrontiert, er habe sich am Fortbestand der Menschheit im Allgemeinen und des christlichen Abendlandes im Besonderen versündigt. Denn Kinder sind bekanntlich unsere Zukunft, ihre düdelnden und wimmelnden Spielkonsolen folglich die Speerspitze des kulturellen Fortschritts.

Der Spruch mit der Zukunft ist zunächst eine Binsenweisheit. Ja, natürlich »sind« Kinder unsere Zukunft, da sie zukünftige Erwachsene sind, also in Zukunft unsere Welt gestalten werden. Und doch haftet dem Spruch ein Klang an, der ihn zum Dogma macht: Da ist zum Beispiel die krampfhafte Penetranz, mit der Susanne Gaschke, Eva Herman, Gertrud Höhler und andere in den 2000er Jahren diesen Spruch benutzt haben, um ihre moralisierenden Kampagnen für bedingungsloses Kinderkriegen und gegen kinderlose »Doppelverdiener«, also berufstätige Ehefrauen und ganz besonders Akademikerinnen, gängig zu machen. 2007 war es Titel einer ARD-Themenwoche.[12] Hier zeigt sich, was das Konservative an dem Dogma ist: Es will Frauen wieder auf Kinder-Küche-Kirche verpflichten und aus dem Berufsleben verdrängen.

Das Dogma verfing aber auch in gesellschaftskritischen Kreisen, weil es eine alte, von Links kommende Kritik an der »kinderfeindlichen Gesellschaft« aufgriff. Auch die Umweltbewegung verwendete jahrelang einen ähnlichen Topos: »Wir haben die Erde von unseren Kindern nur geborgt.« Herbert Grönemeyer, der Referenz-Liedermacher der Jahrtausendwende, bediente sie ebenfalls mit seiner gesungenen Parole: »Die Welt gehört in Kinderhände! Kinder an die Macht!«

Ich erlaube mir, das Dogma anzuzweifeln, mit folgenden Gründen:

1. Kinder sind Gegenwart. Das Dogma vernachlässigt die Gegenwart der Kinder und instrumentalisiert sie als Vorboten einer

Zukunft, also als Vorboten zukünftiger Erwachsener, deren Ansichten wir noch gar nicht kennen.

2. Auch Erwachsene sind Zukunft. Das Dogma tut so, als hätten Erwachsene ihr ganzes Leben schon hinter sich und keine Möglichkeit mehr, ihre eigene Zukunft zu gestalten.

3. Auch Kinderlose sorgen für die Zukunft. Im Dogma spiegelt sich die Anmaßung der Eltern, sie seien die Einzigen, die für die Zukunft sorgten. Aber Kinderlose haben genau wie Eltern in der Friedens- und Umweltbewegung dafür gekämpft, dass diese Welt ein bewohnbarer und genießbarer Ort bleibt. Kinderlose können als Lehrerinnen, Sozialpädagogen oder Kulturschaffende viel dafür tun, dass Kinder in einer humanen Gesellschaft aufwachsen. Oft tun sie sogar mehr dafür als viele Eltern, die sich allzu sehr aufs isolierte Familienleben und den privaten Wohlstand konzentrieren.

4. Wir leben im Jetzt. Das Dogma richtet die ganze Betrachtung zu sehr nach der Zukunft aus und vernachlässigt das gegenwärtige Leben. In dem Satz schwingt der alte Elternfehler mit, die Hoffnungen, die man an das eigene Leben knüpfte, an die Kinder zu delegieren. Das nimmt den Kindern aber die Freiheit, ihr Leben selbst zu gestalten; es versucht es zumindest. Und den Erwachsenen nimmt es die Freiheit, ihr eigenes künftiges Leben anders zu gestalten.

Dem stellen wir gleich vier lächelnde und plärrende Antidogmen gegenüber:

Kinder sind Gegenwart.
Erwachsene sind Zukunft.
Kinderlose machen Zukunft.
Wir leben im Jetzt.

»Das Ich ist nicht Herr im eigenen Haus.«

Sigmund Freud sprach 1917 von »drei großen Kränkungen«, die uns (der Menschheit) drei wissenschaftliche Entdeckungen (und die jeweiligen Entdecker) bereitet hätten: Nikolaus Kopernikus, als er die Sonne anstelle der Erde in den Mittelpunkt des damals bekannten Universums rückte; Charles Darwin, als er die »Krone der Schöpfung« zum avancierten Affen machte; und er selbst, als er feststellte, dass das Ich, nämlich Bewusstsein und Vernunft[13], nicht Herr im eigenen Hause (genauer: im Oberstübchen) sei, sondern diese Rolle dem Es, dem Unbewussten, einem dunklen Konglomerat rätselhafter Gefühle, Leidenschaften und Triebe, überlassen müsse.

Mich persönlich kränkt keine dieser Erkenntnisse, und das freudsche Diktum vom Ich und vom Es erkläre ich hier vorwitzig zum Dogma, dem man auch mal widersprechen sollte. Freuds Gedankengebäude[14] ist recht komplex und teilweise widersprüchlich; es kann also sein, dass er selbst den einen oder anderen Widerspruch, den ich vorbringe, bereits gesehen hat. Ein Dogma wurde sein Satz wohl erst bei seinen zahlreichen Epigonen, und es taucht in etwas abgewandelter Gestalt auch in der Behauptung heutiger Hirnforscher auf, dass wir keinen freien Willen hätten (siehe Seite 132). Die Ansicht von Benjamin Libet, Wolf Singer und Gerhard Roth, dass eine Art dunkle Macht im Gehirn unsere Entscheidungen treffe und dann dem Bewusstsein vorspiegele, seine Entscheidungen aus eigenem, freiem Willen getroffen zu haben, findet sich bereits in Freuds Modell vom Ich und vom Es: Das Ich pflegt demnach »den Willen des Es in Handlung umzusetzen, als ob es der eigene wäre«.[15]

Bei der Freud-Lektüre fällt auf, dass ständig irgendwelche Kräfte andere innere Kräfte bekämpfen: Im Es bekämpfen sich Libido und Todestrieb, das Ich bekämpft das Verdrängte, das Über-Ich bekämpft das Ich, und so weiter. Kopf und Herz – ein einziges Schlachtfeld! Könnte es sein, dass Freuds Denken in den Jahren nach dem Ersten Weltkrieg allzu sehr vom traumatischen Erlebnis des Krieges geprägt war?[16] Könnte es sein, dass die inneren Antriebe eines Menschen auch einmal kooperieren, statt einander zu bekämpfen? Die Menschen als Ganzes kooperieren schließlich auch in der Regel und bekämpfen einander nur in Ausnahmesituationen.[17] Wenn das im Makrokosmos der zwischenmenschlichen Beziehungen klappt, liegt die Vermutung nahe, dass es auch im Mikrokosmos der Gefühle und Gedanken eines Einzelmenschen funktioniert.

Das ganze Konstrukt des Es, das Freud von dem Arzt Georg Groddeck übernahm, erscheint mir fragwürdig. Der Auftritt einer unbekannten, unbeherrschbaren, dunklen Macht löst Mythen-Alarm aus. Freuds Annahme, dass unbewusste, angeborene Instinkte und Reflexe ohne Kontakt zur Außenwelt in unserem Innern schlummern und gären, ist offenbar falsch. Eigenreflexe wie der Patellarsehnenreflex sind angeboren, laufen unbewusst ab, aber immer als Reaktion auf einen Außenreiz. Instinkte wie das Sexualverhalten von Tieren und auch von Menschen sind weitgehend angeboren, sie laufen – anders als die Reflexe – bewusst ab und werden, nach dem klassischen Modell der Verhaltensbiologie, in der Regel von einem äußeren Schlüsselreiz ausgelöst: etwa vom Anblick eines potenziellen Sexualpartners.[18] Die Dampfkessel-Hypothese des Verhaltensforschers Konrad Lorenz, nach der sich Aggressionen in Tieren und Menschen aufstauen, wenn es über längere Zeit keinen Schlüsselreiz gibt, gilt schon seit 1990 als widerlegt.[19] Auch aggressives Territorialverhalten und Rivalenkämpfe werden durch Außenreize ausgelöst. Sie brauchen demnach nicht, wie Freud annahm, eine Instanz wie das Ich, die zwischen ihnen und der Außenwelt vermittelt.[20] Damit fällt aber letztlich die ganze Konstruktion in sich zusammen.

In dieser Konstruktion steckt der Denkansatz, nur das vernunftgeleitete Bewusstsein als Instanz des Ich gelten zu lassen und wesentliche Emotionen gewissermaßen aus dem Ich zu verbannen. Obwohl Freud mit seiner ganzen Lehre Verstand und Vernunft vom Sockel holte, waren seine eigenen Interpretationen, Bilder und Methoden noch von einer Verabsolutierung von Verstand und Vernunft geprägt. Heute frage ich: Wer sollte das sonst sein, der mein Blut in Wallung bringt, mich zusammenzucken lässt oder mir Tränen auf die Wangen treibt? Das bin doch ich! *Ich* bin geil, *ich* bin wütend, *ich* bin traurig, *ich* habe Angst. Insofern ist *mein* Ich durchaus Herr im eigenen Haus. Vorausgesetzt, ich akzeptiere diese Emotionen als das Meine und Eigene.

Doch das mit dem Herrn im Haus stimmt auch wieder nicht. Denn diese verschiedenen Antriebe bilden zusammen keinen Herrn, sondern eher eine Volksversammlung[21] – oder eine Jazzcombo, frei nach Jürgen Beetz:[22] »Jeder spielt, was ihm Spaß macht, achtet auf die anderen und stellt sich auf sie ein. Der Gesamt-Spaß ist größer, als wenn jeder für sich alleine spielen würde.« Dass wir das heute so sehen können, dazu allerdings hat Sigmund Freud einiges beigetragen. Ich behaupte nun glatt:

Mein Es gehört mir.

»Körpersprache und Stimme sind wichtiger als das, was wir sagen.«

2006 war Charisma das große Thema der Personalberater. Der Managementtrainer Rolf Ruhleder behauptete damals: »Äußerlichkeiten bestimmen zu über 50 Prozent den Erfolg unseres Auftretens«, und die Journalistin Gunda Achterhold bestätigte seine Behauptung sogleich ohne Nachfrage durch den Zusatz: »… betont Ruhleder und verweist auf die Macht des Faktischen.«[23] Das »Faktische« hat natürlich Zahlenform. Demnach beruht der Erfolg eines Redners zu 50 Prozent auf seiner Körpersprache, zu 40 Prozent auf dem Klang seiner Stimme, und nur sieben Prozent »haben mit dem zu tun, was er sagt.« Die gleichen Zahlen verwendete 2009 eine Verlagsanzeige für ein Buch von Barbara Pease.[24] Bevor ich der Frage nachgehe, woher diese Zahlen stammen, fällt mir auf, dass Achterhold ihr Dogma schon im nächsten Absatz ad absurdum führt, ohne es zu merken. Sie zitiert Heiko Ernst, Chefredakteur von *Psychologie heute*, der behauptet: Leute mit Charisma wollen nicht cool sein. »Sie … setzen den Faktor Gefühl ein.« Bill Clinton zum Beispiel machte Eindruck, indem er im Gespräch mit einem Bürger zugab, er könne den Schmerz seines Gesprächspartners nachfühlen. Ich frage: War das denn eine Äußerlichkeit? War das nur der Klang einer schönen

Stimme? Oder hatte das vielleicht doch etwas mit dem zu tun, *was* Clinton da gesagt hatte?

Die 50, 40 und 7 Prozent der Wirkung (genauer: 55, 38 und 7 Prozent), die wir angeblich mit Körpersprache, Stimme und Inhalt unserer Worte erzielen, stammen aus einer Studie des amerikanischen Psychologen Albert Mehrabian aus dem Jahr 1967. Diese Studie ist also knapp fünfzig Jahre alt, wurde seither niemals reproduziert, und ihre Interpretation hat sehr wenig mit dem zu tun, was Mehrabian damals wirklich gemessen hat. Er hat die Reaktionen von Studentinnen getestet, denen zum Beispiel Bilder von Menschen gezeigt wurden, die ihnen zulächelten oder die Augen abwandten, während per Tonband persönliche Botschaften wie »Ich mag dich« oder »Ich mag dich nicht« abgespielt wurden. Wie reagieren Menschen, wenn sie einen Widerspruch zwischen den gesprochenen Worten und der Mimik oder der Stimme wahrnehmen, wenn ihnen also zum Beispiel jemand »Ich mag dich« sagt und dabei den Blickkontakt vermeidet? In solchen Fällen glaubten die Versuchspersonen offenbar mehr der Mimik oder Stimme als den ihr widersprechenden Worten.[25] Allerdings halte ich es für sehr unwahrscheinlich, dass viele Menschen positiv auf einen Menschen reagieren, der ihnen lächelnd ins Gesicht sagt: »Ich mag dich nicht.« Wer darauf negativ reagiert, »glaubt« in dem Moment nicht der Mimik, sondern dem gesprochenen Wort.

Über die Wirkung von sachlichen Vorträgen, Verkaufsgesprächen oder Ähnlichem sagt die Mehrabian-Studie nichts aus,[26] und auch nichts über den gewöhnlichen Fall, in dem Gestik, Mimik, Stimme und Worte weitgehend die gleiche Botschaft überbringen. Als Hans-Dietrich Genscher 1989 auf dem Balkon der Prager Botschaft sprach, konnten die Zuhörer sein Gesicht kaum erkennen. Auch seine Stimme war nichtssagend. Sie reagierten jedoch heftig auf seine Worte »Ihre Ausreise«.

Es gibt auch moderne Erkenntnisse, die deutlich eine andere Sprache sprechen: Die amerikanische Verkehrssicherheitsbehörde TSA versuchte ab 2004, potenzielle Terroristen in Flughäfen an ihrer Körpersprache zu erkennen. Das Personal wurde nach einer von Paul Ekman entwickelten Methode mit einem Computerprogramm geschult. 2009 entwickelte man voll automatische »Lügenscanner«, die verräterische Maße wie Pupillengröße oder Herzfrequenz beim Vorbeigehen der Passagiere messen sollten. Der Erfolg dieser Maßnahmen wurde 2010 stark bezweifelt. Dagegen hat die israelische Fluggesellschaft El Al schon seit vielen Jahren Erfolg mit kurzen Interviews. Jeder Passagier wird dort mit einem individuellen Fragenkatalog gelöchert. Die Beurteilungskriterien ähneln denen für die Begutachtung von Zeugenaussagen vor Gericht. Man achtet zum Beispiel auf logische Konsequenz und Detailreichtum einer Aussage.[27] Also auf Sachen, die die Leute sagen.

Ihr Widerspruch:

Es gibt Worte, die bewegen. ❮

»Menschen sind von Natur aus Egoisten.«

Der Kampf aller gegen alle, eines jeden gegen jeden, ist ein ungeheuer beliebter Topos (Gemeinplatz) von Philosophen und Wissenschaftlern. Wir finden ihn bereits 1651 bei dem britischen Philosophen Thomas Hobbes (siehe Seite 49). 1798 tauchte er in dem berüchtigten Werk des britischen Ökonomen Thomas Robert Malthus wieder auf, in dem er »bewies«, dass sich die Menschen zwangsläufig exponentiell vermehren, die Nahrungsmittelproduktion aber nur linear gesteigert werden könne, weshalb Hungersnöte, Chaos, Kriege und Untergang zahlreicher Völker unausweichlich seien.[28] Wir finden den Topos bei Charles Darwin, der die gesamte Naturgeschichte unter dem Blickwinkel eines »war of nature« (»Krieg der Natur«), eines ewigen »struggle for life« (»Kampf ums Dasein«, eigentlich: »Ringen ums Überleben«) sah – eine sehr einseitige und problematische Sichtweise, wie die Biologen Lynn Margulis, Conway Morris und Joachim Bauer feststellen, die vor allem in Deutschland üble ideologische

Folgen hatte.[29] Sigmund Freud verlegte den Kampfplatz ins Innere des menschlichen Gehirns (siehe Seite 200). Den krönenden Abschluss bildeten in den 1970er Jahren die Soziobiologen mit ihrer Theorie vom »egoistischen Gen« (Richard Dawkins 1976), das angeblich nichts anderes »im Sinn« hat, als sich so lange rücksichtslos zu vermehren, bis es eine Art Weltherrschaft ergriffen hat.

Das Bild vom Ego-Shooter Mensch ist als angeblicher Stand der Wissenschaft allenthalben in der Welt. Ein Beispiel, wie es als Basta-Dogma eingesetzt wird: 2008 sprach der Wirtschaftswissenschaftler Franz Josef Radermacher in Bielefeld darüber, eine globale Ordnungsstruktur zu schaffen, die Umweltschutz über einen Ausgleich zwischen reichen und armen Ländern gewährleistet. Der Bielefelder Journalist Carsten Heil kritisierte das im Interview wie folgt: »Bei allem Respekt: Die Hoffnung darauf ist etwas naiv angesichts einer Menschheit, in der jeder Einzelne nur seinen kurzfristigen Vorteil sucht.«[30] Radermacher antwortete: »Es ist ein Fehlschluss zu glauben, dass der Mensch immer nur seinen kurzfristigen eigenen Vorteil sucht. Viele Menschen denken langfristig, viele Menschen denken an andere, in der Familie und weit darüber hinaus. Vertrauen und Kooperationsfähigkeit sind die Basis von Gesellschaften und enorm wertschöpfend.«

Wenn Naturwissenschaftler die Welt deuten, sind sie, wie andere Menschen auch, oft in Ideologien ihrer jeweiligen Zeit gefangen. Geisteswissenschaftler, zum Beispiel Historiker, haben für solche Fälle Methoden der Ideologiekritik zur Verfügung. Als Historiker fällt mir auf, dass die Vorstellung vom Kampf aller gegen alle (bellum omnium contra omnes)[31] in der Zeit vor Hobbes nicht auftaucht – weder in der Renaissance noch im Christentum, im Islam, in der antiken Philosophie oder im alten China. Zugleich fällt mir auf, dass sie sich verdächtig gut in die Zeit von Malthus, Darwin, Freud und vielleicht auch Dawkins einfügt,[32] in eine Wirtschafts- und Gesellschaftsform, die auf der Konkurrenz von Einzelunternehmern aufgebaut ist. Sie passt schlecht zu früheren Wirtschafts- und Gesellschaftsformen wie dem Feudalismus. Wenn aber schon die Menschheit erst relativ spät auf dieses Prinzip gekommen ist, wird es schwierig, es schlüssig aus der Natur abzuleiten. Die Überlieferungskette wäre für einige Jahrtausende unterbrochen.

Dem Biologen Joachim Bauer ist aufgefallen, dass von den drei Begründern der Soziobiologie, Edward Wilson, William Hamilton und Richard Dawkins, keiner selbst genetisch geforscht hat. Bei ihrer Theorie handelt es sich demnach nicht um neue wissenschaftliche Erkenntnisse, sondern eher um philosophisch-politologische, teilweise geradezu literarische Interpretationen solcher Erkenntnisse.[33] Doch die passten offenbar so gut in den Zeitgeist, dass sie weitgehend kritiklos in Schulbücher aufgenommen wurden.

Bauer stellt die Gegenthese auf, dass wir Menschen von Natur aus primär auf Kooperation, auf soziale Anerkennung ausgerichtet sind, dass sich das mit Erkenntnissen der Hirnforschung nachweisen lässt, dass Gene von ihrer Konstruktion her gar nicht »egoistisch« sein können und dass schon die Entstehung des Lebens, die Entwicklung von Zellen und Lebewesen viel besser mit einem Prinzip der Kooperation erklärt werden kann als mit einem Prinzip des Kampfes, wie Darwin es propagiert hat. Ich kann das hier nur in wenigen Schlaglichtern anreißen.

Das menschliche Gehirn reagiert sehr stark auf verschiedene Botenstoffe, sogenannte Motivationssysteme, darunter das »Tu-was-Hormon« Dopamin und das »Kuschelhormon« Oxytocin. Beide wirken wie Drogen und versetzen uns in Euphorie oder Wohlbehagen. Beide könnten gut als stoffliche Träger des freudschen »Es« durchgehen, die tatsächlich eine Art Regierungsgewalt haben (siehe Seite 200). Doch anders als Freud glaubte, stehen Dopamin und Oxytocin ständig in einer Beziehung zur Außenwelt, genauer: zu unseren Mitmenschen. Dopamin wird vor allem dann ausgeschüttet, wenn wir von einem Mitmenschen ein Wort oder eine Geste der Zuneigung, der Anerkennung oder der Liebe erwarten, und aktiviert uns dazu, noch einen Schritt in diese Richtung zu gehen. Oxytocin kommt hinzu, wenn es sich um eine Person handelt, die uns besonders lieb ist; ganze Kaskaden dieses Glücksstoffes durchströmen uns, wenn wir Zärtlich-keiten austauschen, uns küssen.[34]

Apropos Küsse: Der Verhaltensforscher Frans de Waal erzählt in seinem Buch *Der gute Affe* (1997) Szenen wie diese, die er be-obachtet hat: Zwei Schimpansen-Männchen, die sich gestritten haben, sitzen beklommen mit mehreren Metern Abstand neben-einander, vermeiden jeden Blickkontakt. Jeder wartet, dass der andere den ersten Schritt zur Versöhnung unternimmt. Ein Weib-chen kommt schließlich herbei, fängt an, mit einem der beiden zu schmusen, zieht ihn langsam in die Nähe des anderen. Beide Männchen schmusen mit dem Weibchen, und nachdem es fort-gegangen ist, schmusen sie miteinander weiter. Die Versöhnung ist vollzogen. Als de Waal in seinem Bericht schreiben wollte, dass eine Versöhnung unter Schimpansen oft mit einem Kuss be-siegelt wird, rieten ihm Kollegen, stattdessen von einer »Inter-aktion mit Mund-zu-Mund-Kontakt« zu sprechen. Es war näm-lich sehr unschicklich, freundliches Verhalten unter Tieren beim Namen zu nennen. Wenn es dagegen hieß, dass Tiere bösartig oder arglistig gewesen seien, nahm niemand Anstoß. De Waal kritisiert in diesem Zusammenhang ausdrücklich die Soziobiolo-gen und Dawkins' fragwürdige Metapher vom »egoistischen Gen«.[35]

Zurück zu Bauer! Die Rolle von Dopamin und Oxytocin zeigt, dass Menschen offenbar primär auf positive zwischenmenschliche Kontakte ausgerichtet sind. Aggressiv werden sie vor allem dann, wenn ihre sozialen Bindungen in Gefahr geraten oder wenn sie von Anerkennung und Zuwendung systematisch ausgeschlossen wurden.[36] Dann werden Stresshormone wie Cortisol und Noradre-nalin ausgeschüttet, die, wenn das häufig passiert, der Gesundheit schaden. Menschen, die so leben würden, wie Darwin und Dawkins es von ihnen verlangen, also im Kampf gegen alle, wür-den früh sterben und hätten gerade *keinen* Fortpflanzungsvorteil.

Dawkins' »egoistische Gene« kritisiert Bauer molekularbiolo-gisch: Ein Gen, also ein DNA-Molekül, kann sich überhaupt nicht selber verdoppeln. Dazu braucht es eine Reihe von Proteinen, mit denen es kooperieren muss. Es kann also gar nicht auf die

»Idee« kommen – um in Dawkins' schräger Metapher zu bleiben –, sich egoistisch und eigenmächtig vermehren zu wollen. Gene in den Zellen von Lebewesen sind keineswegs Diktatoren, die eine Zelle zur »Überlebensmaschine« degradieren könnten, wie Dawkins behauptet.[37] Sie regulieren Vorgänge in der Zelle und werden gleichzeitig selber reguliert; Gene können gewissermaßen an- und abgeschaltet werden. Sie sind keine autonomen Einheiten, keine Lonesome Riders, sondern stehen in ständigem Austausch mit anderen Molekülen und mit der Außenwelt. Sie kooperieren. Dazu kommt die Epigenetik: Manche Gene werden offenbar durch Umwelterfahrungen verändert. Bestimmte Erfahrungen können dazu führen, dass die biochemische Verpackung von Genen teilweise entfernt wird und diese Gene dadurch stärker aktiv werden. Spätestens hier landet das Modell eines autonomen, diktatorischen Gens, das die Zelle und das ganze Lebewesen »egoistisch« manipuliert, im Ordner »Frühere Weltbilder«.

Frans de Waal argumentiert auf anderem Wege: Wenn Tiere Feinde haben können, können sie auch Freunde haben; wenn sie einander täuschen können, können sie auch ehrlich sein; wenn sie boshaft sein können, können sie auch freundlich sein. Offenbar haben die Menschen ihre Moral nicht aus dem Nichts geschaffen, sondern aus Verhaltensweisen, die bereits die natürliche Evolution herausgebildet hat.

Es ist ohnehin ratsam, die menschliche Schöpfungskraft nicht zu überschätzen. Bauers Gedanke bietet noch eine Erweiterungsmöglichkeit: Es könnte auch sein, dass Kooperation und Konkurrenz nicht nur konkurrieren, sondern auch kooperieren. Welchen Sinn hat es, einzelne menschliche Antriebe herauszugreifen und zu behaupten, nur diese seien natürlich? Wieso die anderen nicht?

Kurt Tucholsky sagte einmal: »Das ist wohl die Fundamentalregel allen Seins: Das Leben ist gar nicht so. Es ist ganz anders.« Daran anknüpfend lautet mein Antidogma:

Menschen sind gar nicht so.
Sie sind ganz anders.

Dogmen zwischen Tugend und Laster

> »Wir sind Realisten. Wir sehen die Welt so, wie sie ist.«

Dröhnend und rumpelnd walzen die Planierraupen der Beton-köpfe durch den Garten der Philosophie und pflanzen ihre Klötze hin: REALISTEN. Die Welt, WIE SIE IST. Regenwürmer, drei- oder vierblättrige Kleeblätter, Orchideen, Hirschkäfer, Kreuzkrö-ten, Feuersalamander, Flechten, Feldhamster – diese Teile der Welt kommen in der Welt der Realisten nicht vor, da man sie vom Führerstand einer Planierraupe aus nicht sehen kann. Von einer Million Details der Welt sieht der »Realist« bestenfalls drei – und glaubt dann allen Ernstes, er sehe die Welt »so, wie sie ist«. Na-türlich ist er sich absolut sicher, dass diese drei Dinge die einzig wichtigen sind, und die 999 997 anderen Dinge samt und son-ders unwichtig. Der Maßstab, anhand dessen er entscheidet, was wichtig ist in der Welt und was nicht – diesen Maßstab bezieht der »Realist« aus seiner Ideologie. Etwa den Dogmen vom Geld, das angeblich die Welt regiert (siehe Seite 89), vom Wirtschafts-wachstum, das angeblich die Basis unseres Wohlstandes ist (siehe Seite 115), oder vom Eisen und Blut, das angeblich die Fragen der Geschichte entscheidet (siehe Seite 55).

Und dennoch ist er sich ganz sicher, dass er der Realist ist – und dass jeder, der von Orchideen oder Kooperation oder Gefüh-len spricht, ein Ideologe ist, der nur seinen Hirngespinsten folgt und sich dem unausweichlichen Fortschritt in den Weg stellt.

Sie meinen, ich übertreibe? Dann achten Sie einmal darauf, was gemeint ist, wenn in einer Filmkritik das Wort »realistisch« auftaucht. Gemeint ist damit, dass viel Blut und Hirnmasse an die Wand spritzt. Natürlich nicht echt, sondern nachgemacht.

Also, wenn nachgemachtes Blut an die Wand spritzt, ist das »realistisch«, und wenn zwei Menschen sich ganz real küssen, ist das »unrealistisch«, »Friede, Freude, Eierkuchen«. Es hat einmal eine Zeit gegeben, in der ein Film über Fahrraddiebe[1] als neorealistisch bezeichnet wurde. Aber das ist schon lange her.

Was könnte man dagegen setzen? Maria Ast erinnert daran, dass es ein »Sowohl als auch« geben kann, gepaart mit dem richtigen Maß von »Realismus« und »Idealismus«. Mir fällt Sarkastisches ein. Sarkasmus wirkt meistens nicht. Ich schreib's trotzdem mal hin:

> *Ich bin also Idealist. Ich sehe nur das Unwichtige und* <
> *Eingebildete: Liebe, Freundschaft, Muße, Lebewesen.*

> *»›Geht nicht‹ gibt's nicht.«*

Immer wenn der Betriebsratsvorsitzende der Baumarktkette Praktiker, die diesen Spruch um 2001 in die Welt gesetzt hat, zum Geschäftsführer ging und sagte: »Wir könnten unseren Kundendienst entscheidend verbessern, wenn wir in jedem Baumarkt fünf zusätzliche Berater einstellen.« Dann pflegte der Geschäftsführer zu antworten: »Geht nicht!« Dieser Dialog mag erfunden sein, aber damit ist schon fast alles über den dummen Praktikerspruch gesagt. Er ist immer gelogen, und jeder weiß das eigentlich. Es lohnt sich aber, noch ein wenig bei dem Spruch zu verweilen, denn hinter ihm verbirgt sich ein Zug der Zeit.

Als Paul Hochscherf, oberster Verkäufer des Kölner Klöckner-Humboldt-Deutz-Konzerns, 1994 mit Saudi-Arabien den Bau einer Zementfabrik für 100 Millionen DM innerhalb von fünf Monaten vereinbarte (die Werte sind geschätzt), da hat sich offenbar niemand im KHD-Konzern getraut, ihm zu sagen: Das geht nicht; das schaffen wir nicht. Ein Jahr später war KHD pleite; die Konventionalstrafen für den unvermeidbaren Bruch mehrerer unrealistischer Verträge hatten dem Konzern den Rest gegeben.

Als der Vorstand des Robert-Bosch-Konzerns um 2003 die Entlassung von Hunderten von Fachkräften verfügte und das mittlere Management zerschlug – eine »überflüssige Hierarchieebene« in Zeiten des »lean management«[2] und der »flachen Hierarchien«, so hatten die Unternehmensberater von ChaosConsult getönt –, da hat den Herren anscheinend niemand gesagt: Das geht nicht; so können wir nicht mehr sauber produzieren. Oder wer es gesagt hat, wurde umgehend ebenfalls entlassen. Zwei Jahre später musste DaimlerChrysler, der wichtigste Kunde von Bosch, über eine Million Neuwagen mit defekten Einspritzpumpen von Bosch in die Werkstatt zurückrufen.

Wer rechtzeitig weiß oder ahnt, dass etwas nicht geht, ist ein »Bedenkenträger« und wird in die Wüste geschickt. Der Spruch »›Geht nicht‹ gibt's nicht« ist die Parole derjenigen, die jede kritische Analyse von Projekten verhindern und jeden aus dem Weg räumen wollen, der sich ihrem kurzsichtigen Größenwahn in den Weg stellt. Mit diesem Spruch begründeten viele Betonköpfe um die Jahrtausendwende ihren Herrschaftsanspruch. Die Baumarktkette Praktiker ging 2013 pleite. Das war das Einzige, das dann noch ging.

Der Physiker Niels Bohr formulierte einst ein Antidogma: »Experten sind Leute, die genau wissen, was alles nicht geht.« Und Joschka Fischer formulierte 2009 die Retourkutsche, bezogen auf Leute, die behaupteten, es gebe keinen von Menschen gemachten Klimawandel:[3]

Gibt's nicht geht nicht. <

....

> *»Viel hilft viel.«*

Oder noch krasser: »Alles oder nichts!« Der amerikanische Grillexperte Steven Raichlen gab 2011 in einem Interview als eine von drei goldenen Regeln für das Grillen an: »Vermeide das ›Männersyndrom‹. Das ›Männersyndrom‹ meint: Wenn etwas gut ist, ist mehr davon noch besser. Also: Wenn *etwas* Salz gut ist, ist *noch mehr* Salz besser.«[4] So ist es bekanntlich nicht. Noch mehr Salz versalzt das Essen.

In Deutschland ist das Männersyndrom vor allem in Form der Floskel »Viel hilft viel« bekannt, einem Dogma der Betonköpfe. Düngen hilft beim Ackerbau. Folglich kippen deutsche Landwirte so viel Dünger auf die Äcker, dass Heideflächen, Moore, Grundwasser, Seen, Nordsee und Ostsee gleich mitgedüngt werden. In der Folge wuchern Brennnesseln, Indisches Springkraut und Algen.

Schneller fahren hilft dabei, früher anzukommen. Folglich rasen deutsche Autofahrer mit Tempo 200 über die Autobahn und verursachen dadurch viele überflüssige Staus, in denen sie dann selber stecken bleiben (siehe Seite 27).

Beton hilft dabei, vielen Leuten ein Dach über dem Kopf zu verschaffen. Folglich buddeln deutsche Baustoffhersteller riesige Löcher in die Landschaft, um Sand und Kies für gigantische Mengen von Beton zu gewinnen, und deutsche Bauunternehmer stellen den Rest der Landschaft mit hunderttausenden von Betonkästen zu, die niemand vermissen würde. Deutsche Wirtschaftsweise messen diese Erd- und Geldbewegungen und sagen dazu: Schaut her, die Wirtschaft boomt, der Wohlstand wächst!

Auch Wissenschaftler sind nicht vor dem Dogma gefeit. Manche »Wirtschaftsweisen« glauben zum Beispiel, dass ihre Einschätzung der Zukunft immer besser wird, je mehr berechenbare Daten ihnen zur Verfügung stehen. Stimmt aber gar nicht: In allen Fragen, wo der Ausgang wegen unbekannten Risiken ungewiss ist, führen, wie Gerd Gigerenzer gezeigt hat, einfache Faustregeln, sogenannte Heuristiken, häufig zu schnelleren und besseren Entscheidungen als komplizierte Berechnungen.[5] Ein Beispiel: Die amerikanischen Piloten, die 2009 ihr vollbesetztes Flugzeug nach einem doppelten Triebwerksausfall im Hudson River notwasserten, hatten sich nach einer Faustregel zu diesem Schritt entschlossen: Sie sahen, dass der Tower des Flughafens sich im Cockpitfenster nach oben bewegte. Deshalb war ihnen klar, dass sie den Flughafen im Sinkflug nicht mehr würden erreichen können.[6]

Den Grundsatz »Alles oder nichts« haben wir bereits am Beispiel des Fleischkonsums untersucht (siehe Seite 74). Warum fällt es vielen so schwer, ein bisschen zu salzen, ein bisschen zu düngen, etwas langsamer zu fahren, etwas weniger zu bauen, nicht mehr jeden Tag, aber doch ab und zu ein bisschen Fleisch zu essen? Warum ist es so undenkbar, das graue Recyclingpapier mit einer kleinen Zugabe von frischem Zellstoff etwas heller, gefälliger und druckerkompatibler zu machen?

Der westfälische Barde Franz Josef Degenhardt dichtete und sang, um 1965 die Zeilen:

Und den Mischer zweier Farben
federte und teerte man
oder drohte ihm für nach dem Leben
Feuerqualen an,
In den guten alten Zeiten.

Die populären Schimpfworte »Warmduscher« und »Weichei« zielen auch in diese Richtung: Pfui, ein Warmduscher mischt kaltes und heißes Wasser. Deshalb hier die Parole für alle Warmduscher und Weicheier: Misch mal! Am besten nach dem abgewandelten Motto meiner Großmutter:[7]

Gerade richtig hilft am meisten.

»Einigkeit macht stark.«

Ein anderes häufiges Wort meiner Großmutter war: »Säd inig!« (»Seid einig!«) Ihr gefiel der Meinungsstreit nicht, aus dem Politik meist besteht. Wie schön wäre es doch, wenn die Politiker stattdessen einig wären![8] Andererseits gelten Staaten, in denen es keine Opposition gibt, also alle die Meinung der Regierung wiederholen, gemeinhin als Diktaturen oder sogar als totalitär.

In Diskussionen über Staat und Wirtschaft bringen Unternehmerfreunde gerne das Argument, dass es im (demokratischen) Staat zu viele widerstreitende Interessen und Interessengruppen gebe. Wie effektiv sei dagegen ein Unternehmen organisiert! Da entscheide im Zweifel nach alter Sitte einfach der Chef.

»Einigkeit« ist das erste Wort der gültigen deutschen Nationalhymne. Als August Heinrich Hoffmann 1841 das »Lied der Deutschen« dichtete, meinte er damit die historisch überfällige Gründung eines einheitlichen deutschen Nationalstaates. Achtzig Jahre später war der Appell an die Einigkeit eine Lieblingsparole der Nazis und ihrer konservativ-deutschnationalen Vorläufer.[9] Deutschland hatte, davon waren sie überzeugt, die ihm eingeborenen Siege und die ihm zustehende Weltherrschaft immer nur deshalb verspielt, weil die Deutschen im entscheidenden Moment nicht einig waren. Doch Hitler war ja gekommen (die Vorsehung hatte ihn geschickt), um deutsche Zwietracht auszumerzen und stählerne Einigkeit an ihre Stelle zu setzen.

Wie unsinnig das war, konnte schon in den 1920er Jahren jeder sehen, der seinen kritischen Verstand bemühte: Weder Frankreich noch Großbritannien noch Usa waren bis dahin durch ausgeprägte Einigkeit aufgefallen. In Frankreich hatte eine Revolution die nächste gejagt; in England hatten sich Konservative und Liberale und später Konservative und Sozialdemokraten jahrhundertelange Kämpfe geliefert; Usa hatte einen mörderischen Bürgerkrieg überlebt, wurde von Rassenunruhen erschüttert und leistete sich ebenfalls zwei ewig streitsüchtige Parteien. Und dennoch hatten diese drei Mächte, die natürlich auch untereinander heftig zerstritten waren, den Ersten Weltkrieg gewonnen. Streit und Zwietracht hatten also im einzigen Test, den deutsche Blut-und-Eisen-Dogmatiker (siehe Seite 55) akzeptierten, hervorragend abgeschnitten.

Auch das Naziregime selbst führte ständig seine eigene Einigkeitsparole ad absurdum. Es war in den ersten neun Jahren erstaunlich erfolgreich – und wurde zugleich von permanenten Machtkämpfen und Rivalitäten der verschiedensten Partei- und Staatsinstitutionen erschüttert. Der Schriftsteller Klaus Mann analysierte in seinem Roman *Mephisto*, der schon 1936 in Amsterdam erschien, den Kulturbetrieb des Naziregimes. Als Leser erleben wir mit, wie der Schauspieler und Regisseur Hendrik Höfgen (frei nach Gustaf Gründgens) das Naziregime stabilisierte: Höfgen gab sich antijüdisch und antibolschewistisch, war es aber nicht. Als Theaterintendant bemühte er sich verzweifelt, spielbare und unterhaltsame Theaterstücke zu finden in einer Zeit, als die besten Stücke nicht mehr gespielt werden durften und regimetreue Dramatiker nur minderwertige Machwerke ablieferten.[10] Er sah das als heldenhaften Kampf um die Bewahrung der Theaterkultur in Deutschland, also eine Art Widerstand, leistete sich als Star gleichzeitig den Luxus, einen kommunistischen Schauspieler und einen halbjüdischen Privatsekretär zu schützen. Aber sein Gönner, der Nazi Hermann Göring, war der politisch Klügere; er ließ seinen Schützling gewähren und förderte ihn, weil er um die Schwäche der Nazidramatiker und Nazischauspieler wusste. Er wusste, dass nur ein Nichtnazi wie Gründgens gut und stark genug war, dem Naziregime zu einer international konkurrenzfähigen Theaterszene zu verhelfen. Görings Rivale Joseph Goebbels und der Filmregisseur Veit Harlan[11] bildeten ein ganz ähnliches Paar.

Meine These ist: Gerade seine innere Zerrissenheit machte Höfgen/Gründgens stärker als die gläubigen Hitlerjünger. Die Faschisten irrten im Kern ihrer Lehre: Einigkeit und Geschlossenheit machen nicht stark, zumindest nicht auf Dauer. Eine starke Persönlichkeit erkennt man an ihren inneren Zwiespälten, und eine solche Gruppe, eine fruchtbare Gesellschaft erkennt man an ihrer Diskussionsfreude und Streitkultur. Wo dieser freie Austausch unterdrückt wird, werden die Menschen blind und taub und können bald auch nicht mehr nachdenken. Da das Denken die große Stärke der Menschen ist, schwächt es sie, wenn sie nicht mehr nachdenken.

Auch die sozialistische Arbeiterbewegung kennt den Ruf nach Einigkeit oder Einheit. Wir finden die Parole »Einigkeit macht stark« auf der berühmten Parteifahne des 1863 gegründeten Allgemeinen Deutschen Arbeitervereins. Sie hat wohl eine Berechtigung am Anfang, wenn marginalisierte und unterdrückte Menschen sich erstmals zusammenschließen, um sich gemeinsam zu wehren – oder um, siehe Hoffmann von Fallersleben, erstmals einen Nationalstaat zu gründen. Je selbstverständlicher die Existenz einer Arbeiterbewegung und ihrer Organisationen wurde, desto häufiger wurde die Parole »Einigkeit« durch »Einheit« abgelöst. Gemeint war die Einheit einer großen Gewerkschaft ohne konkurrierende Organisationen. Gemeint war und ist auch die Tugend der Solidarität, die zur Zeit der Französischen Revolution noch Brüderlichkeit hieß. Solidarität und Geschwisterlichkeit bedeuten nicht, dass man sich nicht mehr streitet. Sie bedeuten, dass man in der Not einander hilft, und dass man einander grundsätzlich mit Wohlwollen begegnet. Wenn wir aber zu lange an der Einigkeit festhalten und darunter ein Streitverbot verstehen, erstarren wir geistig. Meine neue deutsche Weisheit lautet also:

Einigkeit macht starr.

»Ehrlich währt am längsten.«

Zu der deutschen Redensart, die bei mir unwillkürlich das Bild eines kitschig bestickten Sofakissens heraufbeschwört, gibt es bereits eine Art Antidogma von Ulrich Wickert, der 1994 ein kulturpessimistisches Buch über den »Verlust der Werte« schrieb mit dem Titel *Der Ehrliche ist der Dumme*. Man möchte gleich das Wörtchen »immer« ergänzen und eine neue Redensart daraus machen: »Der Ehrliche ist immer der Dumme.«

Obwohl Dogma und Antidogma einander gehörig widersprechen, scheinen sie eine muntere Koexistenz führen zu können. Die alte deutsche Redensart ist immer noch aktuell: 2011 nannten 60 Prozent der deutschen Bürger (aber nur 38 Prozent der Parlamentarier) bei einer Umfrage die Ehrlichkeit als wichtigste Tugend.[12] Gleichwohl nehmen es viele dieser Bürger in der Praxis mit der Ehrlichkeit nicht so genau. Alexander Krex berichtete im *Zeit-Magazin* 47/2011 über ein Experiment der Universität Konstanz: Die Studienteilnehmer durften unbeobachtet würfeln und ihre Augenzahl aufschreiben. Danach bekamen sie Geld je nach Augenzahl. Viele Teilnehmer hatten deutlich häufiger hohe Augenzahlen notiert, als nach den Regeln der Wahrscheinlichkeit hätten fallen können.

Doch das Antidogma überzeugt mich auch nicht recht, schon gar nicht als Immer-Satz. Immer-Sätze sind fast immer falsch. Sie lassen jeden Ehekrach eskalieren, weil sie fast immer jemanden schmähen, missachten, verzerren, und fast immer einen wichtigen Aspekt des Themas ignorieren. Sollte es nicht besser heißen: Nur der Dumme ist immer ehrlich? Denn wenn wir ehrlich sind, dann wissen wir, dass wir nicht immer ehrlich sind. Jeder, der einigermaßen intelligent und sozialverträglich ist, kennt Situationen, in denen er oder sie geflissentlich *nicht* die Wahrheit sagt. Es fängt ja schon damit an, dass Sie irgendwelchen Leuten, die Sie kaum kennen, einen guten Morgen wünschen. Aus guten Gründen denken wir nicht darüber nach, ob wir einer der Personen wirklich einen guten Morgen wünschen oder nicht. Solches Verhalten ist vernünftig, sozialverträglich und gesund, aber im strengen Sinne nicht ehrlich. Könnten wir jemanden, der immer ehrlich ist, überhaupt ertragen? Psychologen sprechen von »weißen Lügen«, die soziale Netzwerke stabilisieren, und unterscheiden davon die schwarzen, egoistischen, destruktiven Lügen, die das zwischenmenschliche Vertrauen und auf Dauer den sozialen Zusammenhalt zerstören.[13]

Als ich im Jahr 2000 arbeitslos wurde, steckte mich das Bielefelder Arbeitsamt (damals hieß es, glaube ich, noch so) in eine Fortbildungsmaßnahme der Deutschen Angestellten-Akademie. Dort lernte ich zusammen mit zehn anderen arbeitslosen Angestellten, wie man sich in Bewerbungsverfahren besser verkauft. Jeder von uns hielt eine kleine Rede, in der er versuchte, einige besondere Qualitäten seiner Person werbewirksam darzustellen. Fast alle, mich selbst eingeschlossen, betonten in dieser Rede ihre Ehrlichkeit. Und alle diese Ehrlichen waren arbeitslos. Ich war wohl der Einzige, der sich in diesem Moment die Frage stellte, ob das eine wohl mit dem anderen zusammenhängt. Werden Ehrliche eher arbeitslos? Das würde Wickerts These in gewissem Sinne bestätigen.

Als Politologe deutete ich das Ergebnis dieser kleinen Stichprobe so: Ehrlichkeit scheint eine Untertanentugend zu sein. Denn es gab noch eine Gemeinsamkeit von uns Elfen: Keiner von uns hatte jemals eine Führungstätigkeit ausgeübt. Dass Chefs nicht immer ehrlich sind, weiß jeder. Wer Chef werden will, muss also beizeiten lernen, geschickt zu lügen und bestimmte Wahrheiten geschickt zu verschweigen. Ist es nicht seltsam, dass die Ehrlichkeit einen so hohen Stellenwert in der Gesellschaft genießt, die bekannte Unehrlichkeit der Chefs ihrer gesellschaftlichen Position aber offensichtlich nicht schadet?

Und doch stört mich an Wickerts Weisheit eine selbstgefällige und larmoyante Note: »Ach ja, wir sind die Ehrlichen, mit uns können sie es ja machen. Der kleine Mann kann halt gar nichts tun (siehe Seite 97).«

Ein Antidogma könnte lauten:

Wer sich selbst für durch und durch ehrlich hält, ist wahrscheinlich nicht ganz ehrlich zu sich selbst.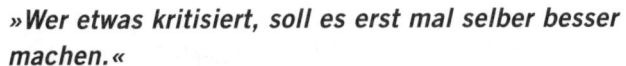

»Wer etwas kritisiert, soll es erst mal selber besser machen.«

Zugegeben: Das ist kein richtiges Dogma im Sinne meiner Definition, weil der Spruch eher eine Norm aufstellt. Aber sei's drum: Mit diesem Satz kritisierte zum Beispiel der ehemalige Schlagersänger Tony Marshall im Januar 2007 den ehemaligen Kollegen und späteren Zirkusdirektor Dieter Bohlen, weil der in seiner Casting-Show »Deutschland sucht den Superstar« Bewerber wegen ihrer Stimme beleidige, obwohl er selber auch keine besonders gute Stimme habe.[14] Bohlens widerliche Auftritte kann man aus vielen Gründen kritisieren, aber diese Begründung geht daneben. Ein Musikproduzent muss nicht gut singen können; es reicht, wenn er gut zuhören kann.

Muss ein Musikkritiker, der der Meinung ist, der Cellist Mstislaw Rostropowitsch habe schon einmal besser gespielt als heute, diesen Eindruck verschweigen, bis er gelernt hat, besser Cello zu spielen als Rostropowitsch? Darf man die Kriegsführung amerikanischer Generäle im Irak erst dann kritisieren, wenn man selbst irgendwo als General einen Krieg gewonnen hat?

Mit Fragen wie diesen mussten sich Erich Kästner und Kurt Tucholsky schon 1930 herumschlagen. Kästner veröffentlichte damals die berühmten Zeilen an seine Kritiker, die ihm vorwarfen, er würde immer nur kritisieren:

> *Und immer wieder schickt ihr mir Briefe,*
> *in denen ihr, dick unterstrichen, schreibt:*
> *»Herr Kästner, wo bleibt das Positive?«*
> *Ja, weiß der Teufel, wo das bleibt.*

Und Tucholsky antwortete in seiner Rezension des Gedichtbandes: »… es ist auch ehrlich, in dem unsereinem aufs Fell geschriebenen Gedicht ›Und wo bleibt das Positive, Herr Kästner‹ zu sagen, dass wir ein Weltbild nicht aus dem Boden stampfen können und zunächst nur wissen: Also dieses da nicht.«[15]

Bei einer anderen Gelegenheit sagte er schlicht (und ich liebe ihn dafür):

> *Wer in der Öffentlichkeit Kegel schiebt,*
> *muss sich gefallen lassen, dass nachgezählt wird,*
> *wieviel er getroffen hat.*

> »Altruismus gibt es nicht.«

Über Altruismus, also nicht-egoistisches, selbstloses Verhalten von Menschen, sowie analoges Verhalten von Tieren, sogar von

Pflanzen, Bakterien und Einzellern gibt es eine umfangreiche philosophische, theologische, biologische, sozialpsychologische und soziologische Diskussion, die hier nicht wiedergegeben werden kann.[16] In Diskussionen taucht immer wieder das Argument auf, »echten Altruismus« gebe es nicht, weil auch der Altruist oft, zumindest langfristig, einen Nutzen von seinem Verhalten habe. Und schon haben die Verteidiger des Egoismus (siehe Seite 205) scheinbar Recht behalten – mit der alten Methode: Hänge den Maßstab für das Gegenteil so hoch, dass ihn niemand erreichen kann.

Der Gedanke, altruistisches Verhalten über den genannten Widerspruch wegzudisputieren, taucht schon bei Max Stirner und Friedrich Nietzsche[17] auf. Schauen wir uns die heutige Praxis an!

Der bengalische Bankier und Friedensnobelpreisträger Muhammad Yunus schlug 2008 vor, Unternehmen sollten lernen, zugleich Geld zu verdienen und Gutes für die Menschen zu tun, statt wie gewohnt das eine vom anderen strikt zu trennen. Die *Zeit*-Journalistin Petra Pinzler kritisierte diesen Ansatz in einem Interview mit Yunus wiederholt, indem sie einwandte, Unternehmen, die so etwas täten, betrieben »doch nur Imagepflege«. Der Danone-Konzern, der auf Betreiben von Yunus in Bangladesh ein besonders gutes, mit Nährstoffen angereichertes Joghurt für die unterernährten Armen produziert, wolle doch »damit auch seinen Ruf verbessern«.[18] Sie meinte, dass dieses Ziel das andere, den Nutzen für die armen Bengalen, ungültig mache oder entwerte.

Die Szene wiederholte sich, als die *Zeit* Ende 2009 den Schweizer Theologen Hans Küng interviewte. Küng wies darauf hin, dass Firmen wie der Hamburger Otto-Versand in ihr wirtschaftliches Handeln moralische Maßstäbe integrierten. Da fragten ihn die Journalisten: »Aus Überzeugung oder weil es gut für das Marketing ist?« Küng fragte zurück: »Warum nicht aus beiden Gründen? Moral und persönliches Interesse können doch Hand in Hand gehen. Liebe deinen Nächsten wie dich selbst. Aber liebe dich ruhig auch selbst.«

Wieso gehen ausgerechnet Journalisten davon aus, dass ein guter Ruf etwas Schlechtes sei, etwas Unmoralisches oder zumindest Amoralisches? Woher kommt die Ansicht, das Streben nach einem guten Ruf sei verwerflich und beschmutze alles, was man tut, um den guten Ruf zu erwerben? Könnte es nicht sein, dass der gute Ruf in Wirklichkeit etwas Gutes ist? Dass sich darin gesellschaftliche Normen widerspiegeln, die darauf gerichtet sind, die Menschen zu sozial verträglichem oder sogar gemeinnützigem Verhalten zu bewegen? Dass der gute Ruf der Lohn ist, den die Gesellschaft für Menschen bereit hält, die sich anständig oder gar gemeinnützig verhalten?

Könnte es sein, dass Verteidiger des Brutalkapitalismus wie Nietzsche[19] diesen seit Alters her wirksamen sozialen Mechanismus deshalb verächtlich machen, weil sie nicht vertragen können, dass es neben ihren kurzsichtigen, platt egoistischen, ganovenhaften Maßstäben noch andere gibt? Ist es nicht seltsam, dass die gleichen Leute einerseits das kapitalistische Profitstreben zum einzig natürlichen, einzig menschenmöglichen Verhalten verklären, und andererseits genau dieses Verhalten als verwerflich brandmarken, sobald es in einer Mischung mit anderen Verhaltensmaßstäben auftritt?

Mein Antidogma dazu ist pragmatisch:

> *Wer Gutes tut und damit ein Geschäft macht,*
> *ist besser als der, der Schlechtes tut*
> *und damit ein Geschäft macht.*

»Wer A sagt, muss auch B sagen.«

Diese altväterliche deutsche Spießerweisheit hat schon Bertolt Brecht genervt, von dem das Antidogma stammt:

> *Wer A sagt, muss nicht B sagen.*
> *Er kann auch erkennen, dass A falsch gewesen ist.*

Konrad Adenauer, sonst ein strenger Antikommunist, pflichtete dem Dichter sinngemäß bei mit seinem nonchalant rheinischen Bonmot:

Wat jeht mich mein dummet Jeschwätz von jestern an?

Eigentlich ist Brechts Hinweis eine Selbstverständlichkeit. In einer aufgeklärten Gesellschaft gibt es ein Menschenrecht auf Irrtum. Und doch halten vor allem Konservative bis heute mit eiserner »Nibelungentreue« an ihrem kuriosen Konsequenzgebot fest. Carsten Heil, Chefredakteur der *Neuen Westfälischen* zu Bielefeld, eröffnete im August 2011 seine Antwort auf die Frage, ob Politiker besonders strengen moralischen Maßstäben unterworfen werden müssten, mit dem A-und-B-Satz. Seine Fortsetzung: »Wer sich entschieden hat, in der Politik Karriere zu machen, muss diesem Ziel andere Dinge unterordnen. Ganz besonders seinen Lebensstil und sein Wertegerüst, denn darin zeigt sich die Wertigkeit und Zuverlässigkeit eines Menschen.«[20] Die Wertigkeit eines Menschen, hört, hört! Das klingt bedrohlich und wirft die Frage auf: Wie viel wert ist denn ein Chefredakteur, der einer Frau Geld dafür anbietet, dass sie ihm etwas über die sexuellen Vorlieben eines Mannes erzählt, mit dem sie einst im Bett war; und der dann in seinem Leitartikel ein moralisches Urteil über jenen Mann fällt? 1992 zum Beispiel stellte das konservative britische Schmierblatt *The Sun* aus dem Hause Rupert Murdoch den Liberaldemokraten Paddy Ashdown als »Paddy Pantsdown« (»Hosenrunter«) bloß.

Die beiläufige Gleichsetzung von Politik und Karrierismus, die Heil vornimmt, erinnert an das Dogma »Politik verdirbt den Charakter« (siehe Seite 150), was Heils Argumentation eigentlich ad absurdum führt: Wenn politischer Karrierismus ohnehin unmoralisch ist oder macht, welchen Zweck haben dann verschärfte moralische Maßstäbe für Politiker?

Heils verbaler Missgriff lenkt vom Thema ab, um das es hier gehen soll: das konservative Konsequenzgebot; das Ressentiment gegen Leute, die ihre Meinung und Haltung geändert haben und auf einmal etwas tun, was sie früher nicht getan haben.

Es findet, nebenbei, seine Grenze bei Leuten, die von Links nach Rechts oder vom Islam zum Christentum gewechselt haben; in solchen Fällen sind Konservative meist des Lobes voll und nutzen die Renegaten und Konvertiten als Kronzeugen gegen die Linke beziehungsweise den Islam (siehe Seite 157).

Was steckt dahinter? Konservativ sein bedeutet ja gerade, an einem traditionellen »Lebensstil und Wertegerüst« (Carsten Heil) festzuhalten; genauer: an einem Wertegerüst, das mit wirklichen oder auch nur vermeintlichen gesellschaftlichen Führungspositionen verknüpft ist.[21] Das Festhalten, das Nicht-Ändern, das Verehren, das, was adlige Offiziere früher »Treue« genannt haben – alles das sind Ingredienzien konservativen Denkens und konservativer Haltung, die es allerdings auch als Parole auf einen berüchtigten Dolch geschafft haben.[22]

In einer Diskussion über den 1921 ermordeten Zentrumspolitiker und Staatsmann Matthias Erzberger, der 1918 auf Geheiß der Obersten Heeresleitung den Waffenstillstand von Compiègne unterschrieb und deshalb später als »Novemberverbrecher« gehetzt wurde, schrieb der *Zeit*-Leser »Meine@Meinung« im August 2011 erhellende Zeilen über einen »Dünkel, der im Ergebnis unermessliches Leid über die Menschen gebracht hat«: »Die Angst vor einem Gesichtsverlust bei einem eventuellen Umkehren aus der Sackgasse, in die man sich selbst manövriert hat, die Unfähigkeit, eigene Fehler einzugestehen, oder gar das Unvermögen, überhaupt einen Irrtum auf eigener Seite sehen zu wollen – all das Symptome einer sich selbst überhebenden Kaste von abstrakt ›Ehrwilligen‹ ...«[23]

Ja, im Dünkel der Generäle Hindenburg und Ludendorff, die 1917/18 glaubten, ihren größenwahnsinnigen, zum Scheitern verurteilten Krieg nicht aufgeben zu können, bis alles zu spät war – auch dort finden wir jenes furchtbare »Wer A sagt, muss auch B sagen«. Ihre Nachfolger Walter Model, Alfred Jodl, Wilhelm Keitel, Heinz Guderian ergänzten 1944/45 den Vers: »... und wenn die Welt / in Scherben fällt«.

Darum, liebe Intellektuelle und vaterlandslose Gesellen, erhebe ich mein Glas auf eine unserer glorreichsten Errungenschaften: Unsere Fähigkeit, unsere Fehler zu erkennen und aus Sackgassen umzukehren! Sie möge uns zur Ehre gereichen!

Übrigens: Die Diskussion ist ab sofort eröffnet auf www.widersprechen.net

Anmerkungen

Dumme Sprüche und dreierlei Dogmen

1 Früher Bilfinger Berger – bekannt geworden durch den Bau der Kölner U-Bahn und den Einsturz des Kölner Stadtarchivs
2 Heinrich Heine: *Deutschland. Ein Wintermärchen*, Cap. III
3 Michel de Montaigne: *Essais*, 2, 12
4 Jürgen Beetz geht in seiner *Phantastischen Reise durch Wissenschaft und Philosophie* (2012, S. 67–73) auf einige Fälle ein, in denen kontroverse Thesen keine Sätze der Logik sind, die einander und eine dritte Lösung ausschließen (tertium non datur). Stattdessen behalten beide Thesen ihre jeweils begrenzte Berechtigung oder lassen sich sogar auf höherer Ebene zu einer Synthese vereinen.
5 Rede beim Lord Mayor's Banquet, 11.1.1986, zitiert nach Ulrike Herrmann: *Der Sieg des Kapitals*, 2013, S. 95
6 Johann Wolfgang Goethe: *West-östlicher Divan*, Mikmet Nameh: Buch der Sprüche

Dogmen über Autos und Ökos

1 Schlagzeile der *Neuen Westfälischen* vom 14.9.2011
2 So zum Beispiel eine Umfrage auf *focus.de*, 14.10.2014 (Kurzlink: bit.ly/statussymbol2). Ähnlich eine Markenstudie der GMK Markenberatung, nach *wz-newsline.de,* 20.8.2013 (Kurzlink: bit.ly/statussymbol3). Deutlich anders jedoch eine Forsa-Studie auf *tz.de,* 8.9.2014 (Kurzlink: bit.ly/statussymbol4), die nur unter Autofahrern durchgeführt wurde.
3 *Neue Westfälische*, 4.12.2008. Merkels Rede auf bundesregierung.de siehe bit.ly/jeder-siebte
4 Nämlich 4,9 Millionen, Stand 2011, laut Pressemitteilung des Statistischen Bundesamtes vom 30.1.2013 (siehe bit.ly/4-komma-9)
5 »Die Grünen wollen uns das Fleisch verbieten!« titelte die *Bild*-Zeitung am 5.8.2013. Zum ganzen Ablauf de.wikipedia.org: Kontroverse um den Veggieday. Interessant am Rande: In vier von fünf Umfragen zum Thema befürwortete eine Mehrheit der Befragten den Veggieday.
6 Höhn und Göring-Eckardt sind Politikerinnen der Grünen, Weiger ist Bundesvorsitzender des BUND, Piëch, Winterkorn und Zetsche sind Repräsentanten deutscher Autokonzerne, Teyssen und Terium Repräsentanten deutscher Energiekonzerne.
7 2011 diskutierten die Grünen erstmals darüber, ob es einen grünen Innenminister oder -senator geben sollte. zeit.de 28.7.2011 (Kurzlink: bit.ly/gruene-innen). Mit Stand Ende 2014 gab es jedoch noch keinen einzigen.

8 Stalin soll 1945 (nach anderen Angaben 1935) gesagt haben: »Der Papst? Wie viele Divisionen hat der Papst?« Es gibt jedoch keine eindeutigen Belege dafür.

9 Timo Reuter: »Das Frankfurter Job-Märchen«, 18.9.2012 (Kurzlink: bit.ly/flugarbeit)

10 Die Seite auf berlin-airport.de ist nicht mehr online, aber auf web.archive.org noch zu finden: Kurzlink: bit.ly/baum-bbi-2005

11 Zur Magie der genauen Zahl siehe Walter Krämer: *So lügt man mit Statistik* (1998), S. 15. Viele Beispiele auch in G. Bosbach, J. Korff: *Lügen mit Zahlen* (2011); S. 11, 111 f., 116 f., 178 f. u. a.

12 *Kölner Stadt-Anzeiger*, 23.10.1998

13 T. Reuter: »Das Frankfurter Job-Märchen«, *taz.de*, 18.9.2012 (Kurzlink: bit.ly/flugarbeit)

14 So wörtlich bei Franz Walter: »Milieu-Studie: Deutsche schieben Öko-Frust«, *spiegel.de*, 13.7.2009 (Kurzlink: bit.ly/oekoreiche)

15 Aus der Streit-Kolumne »Schwarz-Weiß« in der *Neuen Westfälischen*, 13.4.2013

Dogmen über Krieg und Frieden

1 Bassam Tibi zum Beispiel äußerte es im Mai 2005, lt. Patrick Bahners: *Die Panikmacher* (München 2011), S. 67. Zur Allgegenwart des Begriffs: Bahners, S. 89

2 Der Historiker und evangelische Sozialdemokrat Johannes Kandel monierte 2010 in einem Interview, dass die Öffentlichkeit nicht alles erfahre, was hinter den Türen islamischer Moscheevereine besprochen werde. Bahners, S. 74

3 Siehe dazu Wladimir Kaminers ebenso köstliche wie beunruhigende Dokumentation *Mein Leben im Schrebergarten* (2008).

4 »Maria und Josef im Ghetto des Geldes«, *Die Zeit*, 22.12.2011

5 Patrick Bahners: *Die Panikmacher*, München 2011, S. 64

6 Zum Popanz Putin siehe Matthias Bröckers, Paul Schreyer: *Wir sind die Guten. Ansichten eines Putinverstehers oder wie uns die Medien manipulieren* (2014).

7 Hier wähle ich bewusst die Sprache der Rassisten, weil die Rolle eines Bösewichts zu besetzen ist.

8 *Der Freitag*, 28.7.2011 (Kurzlink: bit.ly/dollar-pro-soldat)

9 Damals wandte ich mich vor dem SPD-Bezirksparteitag Mittelrhein gegen die »afghanischen Freiheitskämpfer«, die der SPD-Außenpolitiker Horst Ehmke zuvor in seiner Rede gelobt hatte. Ich stieß auf heftigen Widerspruch. Ich warte bis heute vergeblich darauf, dass Ehmke, Hans-Dietrich Genscher, Zbigniew Brzezinski, Richard Allen, Alexander Haig und andere ihre Mithilfe beim Aufbau islamistischer Terrortruppen selbstkritisch beleuchten. Auch die Rolle des saudi-arabischen Königshauses dabei bleibt fast stets im Dunkeln.

10 Das war bei der iranischen Revolution 1979 noch anders, hat sich aber auch im Iran später geändert. Mahmud Ahmadinejad zum Beispiel ist Offizier und Ingenieur von Beruf. Osama bin Laden, Gründer und Anführer der Truppe El Kaida, war Bauingenieur und Manager. Sein Nachfolger, der Ägypter Aiman az-Zawahiri, ist Chirurg. Abu Bakr al-Baghdadi, Gründer und Anführer der Truppe »Islamischer Staat« in Syrien und dem Irak, ist angeblich Islamwissenschaftler. Mohammed Mursi, Führer der

Muslimbruderschaft in Ägypten und gewählter Staatspräsident, ist Ingenieurwissenschaftler. Ustaz Mohammed Yusuf, Gründer der Sekte Boko Haram in Nigeria, war allerdings Prediger; weitere Geistliche wie Ali Khamenei im Iran und Mullah Omar in Afghanistan spielen ebenfalls eine wichtige Rolle.

11 Usa ist eine Vereinfachung des grammatikalisch und phonetisch umständlichen Ausdrucks »die USA«. Zudem hat der Begriff Usa den Vorteil, dass das gemeinte Land dadurch aus seiner selbst gewählten Extraposition herausgenommen und zu einem Land wird wie jedes andere: Uganda, Ukraine, Ungarn, Uruguay, Usa, Usbekistan ... Das Adjektiv dazu heißt »usamisch«. Um meine Leser nicht zu sehr zu nerven, verwende ich in diesem Buch aber das konventionelle und ungenaue Adjektiv »amerikanisch«.

12 Patrick Bahners: *Die Panikmacher*, München 2011, S. 53

13 Bahners, S. 77 f.

14 »Das Böse mit großem B«, *Die Welt*, 15.4.2003

15 Unter Pazifisten verstehe ich Menschen, die aktiv gegen konkrete Kriege vorgegangen sind. Dafür ist es nicht nötig, eine Haltung zu haben, die den Einsatz von Waffengewalt unter allen denkbaren Umständen ausschließt. Auch Pazifisten dürfen zum Beispiel in Notwehrsituationen eine Waffe benutzen, ohne dadurch unglaubwürdig zu werden. Das wurde in den westdeutschen »Gewissensprüfungen« der 1970er und 1980er Jahre auch anerkannten Kriegsdienstverweigerern zugestanden.

16 So gingen zum Beispiel die *Spiegel*-Redakteure vor, die im August 2014 die Pazifistin Margot Käßmann interviewten und dabei diskreditieren wollten (*Der Spiegel*, 11.8.2014). Sie verglichen den damaligen Krieg gegen die Truppe »Islamischer Staat« mit dem Krieg der Alliierten gegen Nazideutschland.

17 »Beten mit den Taliban«, *Der Spiegel*, 11.8.2014

18 Nikolaus Schneider: »Nicht zusehen, wie andere gequält werden«, *Die Zeit Online*, 31.8.2014 (Kurzlink: bit.ly/nicht-zusehen)

19 Er geht auf einen Satz des römischen Komödiendichters Titus Maccius Plautus zurück. de.wikipedia.org: homo homini lupus

20 Zitiert nach Hans Jürgen Krysmanski: *0,1%. Das Imperium der Milliardäre*, Frankfurt 2012, S. 16

21 Lucyan David Mech: »Leadership in wolf, Canis Lupus, packs«, *Canadian Field Naturalist 114* (2000), S. 259–63. Nach lausitz-wolf.de (Kurzlink: bit.ly/alphawolf1), abgerufen 2014

22 Drei Beispiele: *Die Zeit* begann am 2.9.2014 eine Serie mit dem Titel »Von Kriegen umzingelt« (Kurzlink: bit.ly/umzingelt). Im Auftaktartikel behauptet Bernd Ulrich: »Die Welt ist verrückt ... Ukraine, Gaza, Syrien, Irak – die Vielzahl der Krisen bringt den Westen ins Wanken.« – Bundespräsident Joachim Gauck behauptete im September 2014 in einem Interview: »An der Peripherie unseres Friedens und unseres Wohlstands sind wir umgeben von manchen sehr bedrohlichen Szenarien.« *Neue Westfälische*, 19.9.2014 – Can Merey, Michael Donhauser: »Guter Tag für die Kinder der Welt« (*Neue Westfälische*, 11.10.2014). Der Bericht beginnt mit dem Satz: »Während überall auf der Welt Kriege wüten, erhält ein 17-jähriges Mädchen aus Pakistan den Friedensnobelpreis.«

23 Zum Beispiel schrieb die dpa am 2. Mai 2009 in einer Meldung über den 70. Geburtstag der französischen Dramatikerin Ariane Mnouchkine: »Und weil unsere Welt voller Gewalt, Unehrlichkeit und Hoffnungslosigkeit ist, schlägt die französische Regisseurin ... regelmäßig und unüberhörbar Alarm.«. *Neue Westfälische* vom 3.3.2009

24 »Welsch« ist ein alter deutscher Ausdruck für »italienisch« oder »französisch«. Zwei Beispiele für das Gegensatzpaar »weibisch«-»maskulin«: Friedrich Nietzsche: *Also sprach Zarathustra* (1883), vierter und letzter Teil, »Vom höheren Menschen«: »Was von Weibsart ist, was von Knechtsart stammt und sonderlich der Pöbel-Mischmasch: das will nun Herr werden alles Menschen-Schicksals – oh Ekel! Ekel! Ekel! / Das frägt und frägt und wird nicht müde: ›Wie erhält sich der Mensch, am besten, am längsten, am angenehmsten?‹« – Thomas Mann: *Betrachtungen eines Unpolitischen* (1918), Vorrede, Seite XXV, über das 19. Jahrhundert: »Und wieviel von seinem brutalen und redlichen Pessimismus, von seinem besonderen strengen, maskulinen und ›bedürfnislosen‹ Ethos waltet noch in Bismarcks ›Realpolitik‹ und Anti-Ideologie!« Auf Seite 46 schlägt Mann den Bogen von Nietzsche über die Frauenverachtung zum Franzosen- und Britenhass: »Die ungeheure Männlichkeit seiner [Nietzsches] Seele, sein Antifeminismus, Antidemokratismus – was wäre deutscher? Was wäre deutscher als seine Verachtung der ›modernen Ideen‹, der ›Ideen des achtzehnten Jahrhunderts‹ [der Aufklärung], der ›französischen Ideen‹, auf deren englischen Ursprung er besteht: die Franzosen, sagt er, seien nur ihre Affen, Schauspieler, Soldaten gewesen…«

25 WDR 3, *Mosaik,* 19.10.2014

26 Vollständig: »Jeder Kommunist muss diese Wahrheit begreifen: ›Die politische Macht kommt aus den Gewehrläufen.‹« Mao Zedong: *Probleme des Krieges und der Strategie* (6.11.1938), nach de.wikiquote.org: Mao Zedong.

27 Erich Fromm analysiert als Beispiel das *Futuristische Manifest* von Filippo Tommaso Marinetti (1909), in dem die Geschwindigkeit von Autos und Flugzeugen, moderne Städte mit ihren Fabriken, Bahnhöfen und Brücken ebenso verherrlicht werden wie Gewalt, Krieg und Hass. *Anatomie der menschlichen Destruktivität,* 1973, S. 386–388

28 de.wikipedia.org: »Blut und Eisen«

29 »Beten mit den Taliban«, *Der Spiegel,* 11.8.2014. Dazu auch das Dogma »Pazisten sehen tatenlos zu, wie andere gequält werden«, siehe Seite 46

30 Zum Beispiel im Januar 1994, nach Markus Schwering, *Kölner Stadt-Anzeiger* vom 13.1.1994, und im November 2001, nach Thomas Assheuer, *Die Zeit* vom 15.11.2001. 2008 behaupteten Leonard Landois und Götz Aly in zwei Büchern, Schmitt habe die 1968er-Bewegung stark geprägt.

31 *Merkur,* November 2001, nach Thomas Assheuer, *Die Zeit* vom 15.11.2001

32 *Die Zeit* vom 30.8.2007 (mit Giovanni di Lorenzo), im Web: Kurzlink bit. ly/kriegsscheisse

33 *Merkur,* November 2001. Zum Stichwort »Wolf« siehe das Dogma »Homo hominis lupus«, Seite 49

34 Ein Beispiel: Susanne Patzelt: »Technik und Innovation: Der Krieg als ›Vater aller Dinge‹?« (2014). Eine Unterrichtseinheit auf lehrer-online.de (Kurzlink: bit.ly/kriegvater). Dort sogar in kritischer Absicht.

35 Detmar Doering nennt als Beispiele William Beveridge, Otto Neurath, John Maynard Keynes, Paul Krugman. Weblog *Denken für die Freiheit,* 6.1.2013 (bit.ly/kriegvater2)

36 So schätzt es auch der Historiker Heinrich August Winkler ein. Winkler: »Deutschland, eine Jahrhundertfrage«, *Der Spiegel,* 17.2.2007, S. 52–59

37 Viele Belege lieferte Fritz Fischer in seinen Büchern *Griff nach der Weltmacht* (1961) und *Krieg der Illusionen* (1969). Mit dem ersten Buch löste der Hamburger Historiker die sogenannte Fischer-Kontroverse aus. Seine Methodik wird bis heute kritisiert, etwa von Herfried Münkler: *Der Große Krieg* (2013).

38 F. Schiller: *Wilhelm Tell.* Dritte Szene, »Die hohle Gasse bei Küssnacht«
39 Ich meine die Schlager »Ein ehrenwertes Haus« und »Lass sie reden«.

Dogmen aus Arbeit und Freizeit

1 »Ich bin Soldat, doch bin ich es nicht gerne«, wahrscheinlich von Max Kegel (1850–1902), erstmals in einem sozialdemokratischen Liederbuch von 1872. Nach Wolfgang Steinitz: *Deutsche Volkslieder demokratischen Charakters aus sechs Jahrhunderten*, Bd. 1 (1955), S. 399 ff.
2 So Armin Papperger, Chef von Rheinmetall und Präsident des Bundesverbands der deutschen Sicherheits- und Verteidigungsindustrie laut sueddeutsche.de vom 20.9.2014. Dass die IG Metall Baden-Württemberg sich im Sommer 2014 für leichtere Waffenexporte ausgesprochen hätte, war eine Falschmeldung. In Wirklichkeit hatte sich ihr rüstungspolitischer Sprecher Jürgen Kerner in einem Interview vom 30.8.2014 auf www.dgb.de eindeutig gegen Rüstungsexporte in Krisengebiete und Länder mit Menschenrechtsverletzungen ausgesprochen.
3 Ich selber habe da einiges zu vergeben. Sie können in diesem Fall also direkt denjenigen fragen, der die Behauptung aufgestellt hat (vergleiche das folgende Dogma: »Wer arbeiten will, findet auch Arbeit«).
4 www.jobcenter-ichbingut.de, 2014
5 *Kölner Stadt-Anzeiger*, 1.9.1995
6 Ja, ja, Besitz ist nicht das Gleiche wie Eigentum. Besitzrechte sind zum Beispiel die, die ein Mieter über seine Wohnung hat.
7 *Kleine Zeitung* vom 27.10.2003; nach Wikipedia: Besitzstandswahrer
8 *Salzburger Nachrichten*, 18.12.2003; nach Wikipedia: Besitzstandswahrer
9 Neues Testament, 2. Thessalonicher 3, 10
10 Neues Testament, 2. Thessalonicher 3, 15
11 Altes Testament, Jeremia 22, 13 (Rede gegen den König von Juda)
12 Bergpredigt, nach dem Neuen Testament, Matthäus 6, 26
13 So etwa Richard David Precht: *Wer bin ich, und wenn ja, wie viele?* Dort im Kapitel: »Oxford. Jenseits von Wurst und Käse – Dürfen wir Tiere essen?« Precht beruft sich dort auf Peter Singer als Kritiker und ungenannte Philosophen der Antike als Verteidiger des Fleischessens.
14 Laut de.wikipedia.org: Medaillenspiegel

Dogmen über Arm und Reich

1 Fritz Stern in einer Buchrezension in *Foreign Affairs*, Winter 1988–89 (Kurzlink: bit.ly/toeten)
2 Carmen Pförtner: »Endstation Baumheide«, in: *Neue Westfälische,* 29.9.2011
3 »Maria und Josef im Ghetto des Geldes«, in: *Die Zeit,* 22.12.2011 (Dossier)
4 Laut *taz.de* vom 26.9.2014 (Kurzlink: bit.ly/afd-rassismus)
5 Allerdings beruht diese Rücklage, worauf Gerd Bosbach hinweist, auch auf den realen Rentenkürzungen der letzten Jahre.
6 So zum Beispiel der Freiburger Wirtschaftswissenschaftler Lars Feld, Mitglied des Sachverständigenrats zur Begutachtung der gesamtwirt-

schaftlichen Entwicklung (die »Wirtschaftsweisen«), laut P. Carstens: »Bezahlt wird später«, in der *Frankfurter Allgemeinen Sonntagszeitung* vom 23.11.2014. Oder der FDP-Vorsitzende Christian Lindner in einem Interview: »Die Generation der Enkel braucht die FDP, weil die Große Koalition die Rentenkasse für Wahlgeschenke plündert.« In: *Neue Westfälische*, 29.9.2014.

7 Gerd Bosbach: »Das Rentenkomplott«, in *Der Tagesspiegel*, 30.12.2007. Auch in G. Bosbach, J. J. Korff: *Lügen mit Zahlen* (2011), Seiten 77–80 (zum angeblich drohenden Aussterben der Kinder und Jugendlichen in Deutschland); Seite 139 (zur Aussagekraft von 25-Jahres-Prognosen); Seiten 191–193 (zum Anteil der Hochbetagten).

8 In einem Interview mit der *Welt am Sonntag*, nach der *Neuen Westfälischen* vom 19.3.2012

9 Norbert Bolz: *Das Wissen der Religion* (2008), nach kath.net vom 21.6.2008 (www.kath.net/news/20156)

10 Zur Problematik gefühlter Statistiken mit ihren fast immer arg vorsortierten Stichproben mehr bei G. Bosbach, J. J. Korff: *Lügen mit Zahlen* (2011), Seiten 95–110

11 Ein schönes Beispiel bei Maria Ast: »Neid oder Vom Umgang mit einem ätzenden Gefühl«, maria-ast.de, 20.9.2014 (Kurzlink: bit.ly/neid-aetzt)

12 Helmut Schoeck: *Der Neid und die Gesellschaft* (1966), nach Wikipedia. de: Neid (Stand 2014)

13 Bernt Engelmann und Günter Wallraff schilderten solche Verhältnisse in ihrem berühmten Reportagebuch *Ihr da oben, wir da unten* (1978).

Dogmen über Geld und Macht

1 So zum Beispiel die ARD im Titel ihrer Reportage vom 13.1.2014 über die Macht internationaler Finanzkonzerne. (Kurzlink: bit.ly/geld-regiert)

2 J. K. Galbraith: *Die Ökonomie des unschuldigen Betrugs* (2005), Seite 61–64. Siehe auch das Dogma »Weniger Staat heißt mehr Freiheit für alle«, Seite 136. Galbraith begründet seine Aussage über die Manager damit, dass Aufsichtsratssitzungen und Generalversammlungen der Aktionäre nur Showveranstaltungen seien.

3 Den Unterschied zwischen Macht und Herrschaft definiere ich, frei nach Hannah Arendt, *Macht und Gewalt* (1970) so: Macht ist die Möglichkeit, bei vielen anderen Menschen etwas zu bewirken. Herrschaft ist die Möglichkeit, viele andere Menschen an etwas zu hindern. Max Weber definiert Herrschaft als die Chance, dass ein Befehl befolgt wird.

4 Richard Wagner zum Beispiel in der Hetzschrift *Das Judentum in der Musik* (1850/1869): »Der Jude ist nach dem gegenwärtigen Stande der Dinge dieser Welt wirklich bereits mehr als emanzipiert: er herrscht, und wird solange herrschen, als das Geld die Macht bleibt, vor welcher alles unser Thun und Treiben seine Kraft verliert.«

5 *Frankfurter Rundschau*, 4.4.2001 (zur ganzen LWS-Affäre)

6 Der Nettoverlust des Konzerns für 2001 wurde Anfang 2002 auf rund 700 Millionen Euro beziffert. Dazu trugen nach offiziellen Angaben ein 1,4 Milliarden Euro teures Umbauprogramm bei, das im Rechenschaftsbericht unter »Einmaleffekte« verbucht wurde [vermutlich die inneren Umstellungen nach der Fusion], die weltweite Konjunkturflaute sowie »der harte Wettbewerb in Nordamerika«. *taz*, 7.2.2002

7 Der Dramatiker und Drehbuchautor Friedrich Wolf nahm dieses Motiv 1953 in seinem Spielfilm »Der Rat der Götter« vorweg, der den von Carl

Krauch geführten Vorstand des IG-Farben-Konzerns in der Nazizeit porträtiert. Nach Wolf hing im Vorstandssaal des Konzerns ein großes Ölgemälde mit dem Titel »Der Rat der Götter«.

8 *tagesspiegel.de*, 4.10.2007. Das Buch: Maybrit Illner, Raimund Krone: *Politiker-Deutsch / Deutsch-Politiker* (2007/2010)
9 Details bei Werner Rügemer: *Arm und reich*, Bielefeld 2002, Seite 16–22, und bei Jens Berger: *Wem gehört Deutschland?*, Frankfurt/M. 2014, Seite 21–24
10 Thomas Hammer: »Wohin fließen die Börsen-Milliarden?«, *Zeit Online*, 9.8.2011
11 Karl Marx: *Das Kapital*, Kap. 24, Fußnote 250. Recherchiert von kraussblog.de, 7.10.2007
12 Zerpka meinte hier die Kapitalmärkte, also letztlich das Kapital.
13 Christophe Zerpka: »Wütende Bestie – scheues Reh«, *Ossietzky* 19/2011 (online auf sopos.de)
14 »Die Stimme des Herrn ist die Stimme des Hahns«. Oder auch, um lateinisch-deutsch zu bleiben: »Vox domini, vox knalli«. Erstaunlicherweise scheine ich hiermit das Autorenrecht für diese Sprüche beanspruchen zu können.
15 Joseph Weizenbaum/Gunna Wendt: *Wo sind sie, die Inseln der Vernunft im Cyberstrom?* (2010), Seite 70 f.
16 Wie gesagt: Vox domini, vox galli.
17 Ulrike Herrmann: *Der Sieg des Kapitals* (2011), Seite 54 f.
18 Ebenda, S. 146
19 *Neue Westfälische*, 26.7.2011. Siehe auch das Märchen vom Granitkopf auf Seite 10. Zum Flughafen Dortmund: siehe Seite 102
20 *Financial Times Deutschland*, 10.7.2009 (Kurzlink: bit.ly/kampfflugzeuge)
21 Der Grünen-Politiker Cem Özdemir stichelte im August 2014, dass »Yogamatten« – damit meinte er humanitäre Hilfslieferungen – den Kurden im Kampf gegen IS-Terroristen nichts hülfen, handelsblatt.com, 12.8.2014 (Kurzlink: bit.ly/yogamatten1)
22 Albrecht Müller: *Machtwahn* (2007), S. 269–281
23 Werner Rügemer: *Colonia Corrupta. Privatisierung, Globalisierung und Korruption im Schatten des Kölner Klüngels* (2002)
24 Jens Ivo Engels im Interview mit Deutschlandradio Kultur, 12.6.2014 ((Kurzlink: bit.ly/ivo-drkultur), und WDR 3, 26.9.2014
25 Das sind drei berüchtigte Affären, in die Strauß als Atom- und Verteidigungsminister 1955 bis 1962 verwickelt war.
26 Jens Berger: *Wem gehört Deutschland?* (2014), Seiten 147–169
27 P. Matuschek, M. Güllner: *Volksparteien ohne Volk: Der Niedergang von Union und SPD auf dem Wählermarkt* (2011). – Das österreichische Marktforschungsinstitut IMAS 2014: »Der Wählermarkt in Bewegung« (siehe bit.ly/waehlermarkt). – Ein früher Vertreter dieser Sichtweise war Anthony Downs: *An economic theory of democracy* (1957). Siehe neusprech.org/markenkern (2011)
28 Mehr dazu beim Dogma »Freie Märkte und freie Unternehmer können alles«, siehe Seite 139
29 Dieses Kapitel beruht auf dem Artikel »Weissagung der Cree« in de.wikipedia.org. Der Artikel stammt zum größten Teil von mir, steht aber dank Wikipedia unter einer Creative-Commons-Lizenz, kann also unter Nennung der Quelle frei zitiert und weiterverwendet werden. Das Kapitel »Geld kann man nicht essen« in diesem Buch ebenso.
30 Der amerikanische Journalist Henry A. Smith, Ohrenzeuge der Rede, gab

den Satz 1887 (also 33 Jahre später) in der Zeitung *Seattle Sunday* aus seiner Erinnerung wieder.

31 So auch W. Krämer, G. Trenkler: *Lexikon der populären Irrtümer* (1996), S. 148 f. (Stichwort Hunger)

Dogmen über Wirtschaft und Wohlstand

1 Die Schweiz auf Platz 12 der Weltrangliste, Österreich auf Platz 16, Deutschland auf Platz 18. Spitzenreiter in Europa sind Norwegen (Platz 7), Luxemburg (Platz 8) und Belgien (Platz 9). welt-in-zahlen.de 2014 (Kurzlink: bit.ly/exportvize)

2 Österreich 38,5 Prozent, Deutschland 38,3 Prozent, Schweiz 35,5 Prozent. Nach einer Prognose von Eurostat für 2014. wko.at (Kurzlink: bit. ly/exportquoten)

3 Dieser Aspekt der Exportfixierung wurde 2012 sogar von der liberalen Friedrich-Naumann-Stiftung kritisiert. Nach Uli Dönch:»Irrsinn Exportüberschuss«, *focus.de*, 21.2.2012 (Kurzlink: bit.ly/irrsinn-export)

4 Michael Schmidt:»Wirtschaftstheorie: Gewinne = Investitionen = Arbeitsplätze?«, in *die tageszeitung,* 17.8.2008

5 U. Herrmann: *Der Sieg des Kapitals*, S. 162–67, hier S. 164 f.

6 »Ein gesundes, nachhaltiges Wirtschaftswachstum fördert nicht nur den materiellen Wohlstand der Bewohnerinnen und Bewohner unseres Landes, sondern eröffnet allen auch zusätzliche Möglichkeiten der persönlichen Entfaltung. So bieten wachsende Volkswirtschaften unter anderem ein stabiles und interessantes Arbeitsumfeld, sorgen mit ihren Investitionen für eine gesicherte Zukunft und eröffnen Bildung und der Forschung ein breites Feld.« Motion (Antrag) der freisinnig-demokratischen Fraktion des Schweizer Bundesrates vom 19.3.2001

7 Aus Bildung komme Innovation, aus Innovation Wachstum und aus Wachstum Wohlstand; so Jürgen Kluge, Deutschland-Chef des amerikanischen Beraterkonzerns McKinsey, im März 2009 auf einer Tagung namens »Petersberg Connection« in Bonn; laut *Neue Westfälische,* 7.3.2009

8 »Wir Christdemokraten stehen für Solidität, Wachstum und neue Arbeitsplätze.« So Juncker im Interview mit *Bild am Sonntag*, laut www.bild.de, 16.5.2014

9 Petra Pinzler:»Noch mehr ist nicht genug«, in: *Die Zeit,* 22.9.2011. Als Buch: *Immer mehr ist nicht genug*, München 2011

10 *tagesspiegel.de*, 25.11.2012 (Kurzlink: bit.ly/zeitressource)

11 »Ökonomie des Glücks«, 2013. (Kurzlink: bit.ly/gluecksoeko); darüber schon Clemens Kuby:»Das Alte Ladakh«, Dokumentarfilm, BRD 1986

12 Leihen und Tauschen spielt in dem von Niko Paech entworfenen Modell einer Wachstumsrücknahme eine wichtige Rolle. Praktisch ausgeübt wird es bereits seit etwa 1995 von den Autoteilern (Carsharing), seit etwa 2005 umfassender von Bewegungen wie Transition Town und Via Campesina oder in den Städtischen Gärten von Detroit.

13 U. Herrmann: *Der Sieg des Kapitals* (2013), S. 83. Siehe das Dogma »Freie Unternehmer können alles«, Seite 139

14 Robert Koch hat das Penicillin nicht erfunden, um damit Gewinn zu machen oder berühmt zu werden, sondern weil er den Tuberkulosekranken helfen wollte.

15 Nikolaus Piper:»VW und der Fall López: Wenn Wettbewerb zum Vernichtungskrieg wird«, *Die Zeit,* 6.12.1996 (Kurzlink: bit.ly/lopezkrieg)

16 Nach *Neue Westfälische,* 7.3.2014

17 Sabine Hense-Ferch: »Wenn wir nur wüssten, was wir wissen«, in: *Neue Westfälische,* 16.9.2000

18 Chief Executive Officers, in Deutschland: Vorstandsvorsitzende

19 *Frankfurter Rundschau,* 5.2.2001

20 *die tageszeitung,* 23.11.2006

21 James Fallows: *Breaking The News* (1995). *Kölner Stadt-Anzeiger,* 22.1., 5.2. und 8.2.1996. Zum Begriff »die Politik« siehe hier Seite 153

22 nach *Neue Westfälische,* 26.11.2009

23 *taz.de,* 3.6.2013

24 *Zeit Online,* 14.5.2010 (Kurzlink: bit.ly/kirchentag5)

25 »Heftige Kritik an Pflegeplänen«, *Neue Westfälische,* 23.4.2014 (Tagesthema)

26 *Das Wörterbuch des Gutmenschen. Zur Kritik der moralisch korrekten Schaumsprache,* hg. v. K. Bittermann u. G. Henschel, Berlin 1994, S. 7

27 www.wahlsplitter.de/sprueche.html

28 *Kölner Stadt-Anzeiger,* 5.3.1994

29 Marx unterschied zwischen Dienstleistern, die von Unternehmern angestellt oder engagiert werden, um Kapital zu erwirtschaften, wie zum Beispiel Köche in einem Hotel, und Dienern, die sie privat beschäftigen, um sich das Leben angenehm zu machen. Erstere sind nach Marx produktiv, letztere nicht. Karl Marx: »Theorien über produktive und unproduktive Arbeit«, in: *Marx Engels Werke* Bd. 26.1, S. 126 f. *Theorien über den Mehrwert I,* ebenda, S. 377.

30 de.Wikipedia.org: Wertkette

31 So zum Beispiel Horst Wildemann: »Denn nach wie vor ist das produzierende Gewerbe der Leistungskern der deutschen Wirtschaft. Eine Vielzahl von unternehmensnahen Dienstleistungen hängt direkt oder indirekt an der Existenz industrieller Wertschöpfung in unserem Land.« In: *Wertsteigerung durch Wertschöpfung,* Institut für Produktionserhaltung, Gauting (um 2006; www.infpro.org/seite16.htm)

32 Der Informatik-Professor Gregor Engels, Sprecher des »Software Innovation Campus Paderborn«, sagte 2014 zum Verhältnis von Hardware- und Softwareproduktion: »Die Idee ist, dumme Hardware, also Automaten und Maschinen, durch Software intelligent zu machen, damit sie für den Markt von morgen konkurrenzfähig sind.« Nach M. Krause: »Die Steueroase Holland lockt«, *Neue Westfälische,* 7.3.2014

33 Erich Fromm: *Haben oder Sein* (1976/2006), S. 127–130. – Zum Wort: Karl Marx sprach vom »Fetischcharakter der Waren« (*Das Kapital,* Erster Band, MEW 23, S. 83–98). Den leitete er nicht psychologisch ab, sondern rein soziologisch: Die Waren spiegeln die gesellschaftlichen Beziehungen wider, die ihre Produzenten im Rahmen der Arbeitsteilung und beim Warenaustausch eingehen. Diese Beziehungen erscheinen ihnen als lebendige Eigenschaften der Waren.

34 In Georg Herweghs »Bundeslied für den Allgemeinen Deutschen Arbeiterverein« von 1863 hieß es: »Alle Räder stehen still / Wenn dein starker Arm es will.« Als gestickter Wandspruch hing die Parole Ende des 19. Jahrhunderts in vielen sozialdemokratisch geprägten Arbeiterwohnungen.

Dogmen über Freiheit und Staat

1   Josef Joffe: »Falsches Bewusstsein«, *Die Zeit*, 6.11.2008. *Die Zeit* veröffentlichte damals eine ganze Serie von Analysen zum Thema Kapitalismus.

2   »Unser Kompass ist die Soziale Marktwirtschaft.« Nach cdu.de 29.1.2014 (siehe bit.ly/soziale-ma)

3   H. Henkel: »Die Armuts-Heuchler«, *Der Tagesspiegel*, 29.11.2009

4   »Tschernobyl – Alles über die größte Atomkatastrophe der Welt« (2007), von Thomas Johnson. Abrufbar auf de.atomkraftwerkeplag.wikia.com (Kurzlink: bit.ly/alles-ueber)

5   Darunter Leonid Breschnjew, Gustav Husák, Wojciech Jaruzelski, János Kádár, John F. Kennedy, Henry Kissinger, Richard Nixon, Oliver North, Augusto Pinochet, John Poindexter, Ronald Reagan.

6   Hier landen wir wieder im Gravitationsfeld von Bismarcks Eisen-und-Blut-Dogma, siehe Seite 55.

7   Mir ist klar, dass ich hier verschiedene Aspekte des Begriffs Freiheit vermische.

8   In: Christian Geyer (Hg.): *Hirnforschung und Willensfreiheit*, Frankfurt 2004

9   de.wikipedia.org: Libet-Experiment. Auch beschrieben bei R. D. Precht: *Wer bin ich – und wenn ja, wie viele?*, 2007, Seite 151–156

10 R. D. Precht: *Wer bin ich, und wenn ja, wie viele?* (2007), Seite 146–156. – Zum Begriff »Plurale«, den ich anstelle von »Postmoderne« verwende, siehe das Dogma »Die Geschichte läuft gesetzmäßig ab«, Seite 168

11 Solche Verschränkungen von Verstand und Gefühlen beschreibt auch Precht (2007), Seite 322 f.

12 Thomas Assheuer: »Hartz IV in der Synapse«, *Die Zeit*, 31.3.2005 (Kurzlink: bit.ly/synapse4)

13 Ernst Bloch: *Naturrecht und menschliche Würde*, 1961, Kapitel 19, Vom Kern der Freiheit (Seite 176 f.) – Zum gleichen Thema arbeitete Peter Bieri: *Das Handwerk der Freiheit. Über die Entdeckung des eigenen Willens*, 2001.

14 »Die Freiheit der Fruchtfliege«, *sueddeutsche.de*, 10.2.2011 (Kurzlink: bit.ly/freie-fliegen)

15 de.wikipedia.org: Ursula von der Leyen. Politische Positionen und Kritik

16 Guy Fawkes war ein englischer katholischer Fanatiker, der zusammen mit der spanischen Besatzungsmacht den Freiheitskampf der Niederländer bekämpft hatte und 1605 das Londoner Parlament in die Luft sprengen und Dutzende von Parlamentariern ermorden wollte, weil sie in seinen Augen die teuflischen Ideen der Reformation verkörperten. Diese Figur gilt der sogenannten »Anonymous-Bewegung« als Symbol und offenbar als eine Art Freiheitsheld.

17 Dazu das Dogma »Kapital ist ein scheues Reh«, siehe Seite 92

18 Er setzte den Satz fort: »... – er kann nur Rahmenbedingungen dafür setzen.« Inhaltlich ging es dort um den Kombilohn. *faz.net*, 8.1.2006

19 *Le Monde diplomatique*; Deutsch als Beilage zur *tageszeitung*, 15.2.2002

20 *Business 2.0*, Sept. 2001; Gary Hamel: *Leading the Revolution* (deutsche Ausgabe: *Das revolutionäre Unternehmen. Wer Regeln bricht: gewinnt*, München 2001)

21 *Handelsblatt*, 19.2.2002; *Financial Times Deutschland*, 21.3.2002, zitiert nach C. Schuhler: »Enron. Pleite von Wall Street und Washington«, *isw-spezial* Nr. 16, S. 4 f.

22 J. K. Galbraith: *Die Ökonomie des unschuldigen Betrugs* (2005), Seite 27 f., 34–37

23 J. K. Galbraith: *Die Ökonomie des unschuldigen Betrugs* (2005), S. 67–72

24 Dazu etwa Werner Rügemer: *Privatisierung in Deutschland. Eine Bilanz* (2006)

25 de.wikipedia.org: Luxemburg-Leaks; T. Plattner/M. Stäuble: Luxemburgs Milliardenrabatte für Großkonzerne, *tagesanzeiger.ch*, 6.11.2014 (siehe bit.ly/luxemburg-leaks)

26 Das wurde schon 2010 bekannt, durch einen Vorstoß von Nicolas Sarkozy in Frankreich. *Spiegel online*, 8.1.2010 (siehe bit.ly/sarkozy-goo)

27 *Die Zeit*, 8.9.2005 und 10.11.2005

28 Vergleiche das Dogma »Das Kapital ist ein scheues Reh«, siehe S. 92

29 »Reiche wollen mehr zahlen«, *taz.de*, 26.8.2011 (siehe bit.ly/reiche-wollen)

30 Jens Berger: *Wem gehört Deutschland?*, (2013), Seite 178

31 Interview auf deutschlandfunk.de, 15.10.2014 (siehe bit.ly/ramsauer)

32 N. Bolz: »Die fröhlichen Sklaven«, *FAZ*, 12.10.2011 (Kurzlink: bit.ly/bolzsklaven)

33 Zum Beispiel in: *Also sprach Zarathustra*, »Vorrede«, 5 [dort über die »letzten Menschen«]. Ebenda, Dritter Teil, »Von der verkleinernden Tugend«, 2 [dort über die »kleinen Leute«]. Um das Problem zu lösen, ruft Nietzsches Zarathustra nach »Predigern des schnellen Todes« (*Die Reden Zarathustras*, »Vom freien Tode«) und nach dem Bösen schlechthin: »Der Mensch muss besser und böser werden‹ – so lehre *ich*. Das Böseste ist nötig zu des Übermenschen Besten.« Ebenda, Vierter und letzter Teil, »Vom höheren Menschen«, 5.

34 Patrick Bahners: *Die Panikmacher* (2011), S. 284 f.

35 N. Bolz: »Produktion und Reproduktion«, FAZ, 22.2.2003. Sowie in dem Buch *Die Helden der Familie* (2003). Die *FAZ*-Redakteure Rainer Hank und Georg Meck sekundierten ihm 2010 mit einer Lügengeschichte, in der sie behaupteten, alleinerziehende Mütter würden vom Staat mit 445 000 Euro alimentiert und so davon abgehalten, sich wieder einen Mann zu suchen. Mit im Chor: Hans-Werner Sinn, Klaus Schrader und Wolfgang Kersting. In: »Ohne Partner und ohne Arbeit«, *Frankfurter Allgemeine Sonntagszeitung*, 24.1.2010. Details dazu in G. Bosbach, J. J. Korff: *Lügen mit Zahlen* (2011), S. 210–212.

36 Bundeslied für den Allgemeinen Deutschen Arbeiterverein, Schlusszeilen

Dogmen zwischen Links und Rechts

1 *Focus Online*, 1.12.2005 (focus.de, siehe bit.ly/steinbrueck1)

2 Reuters, 24.6.2009 (de.reuters.com, siehe bit.ly/steinbrueck2)

3 2011 auf einer Tagung der Stiftung Arbeit und Umwelt (arbeit-umwelt.de, siehe bit.ly/steinbrueck3)

4 Ein besseres Wort für die »Postmoderne«; siehe das Dogma »Die Geschichte der Menschheit läuft gesetzmäßig ab«, Seite 168

5 In dem Buch *Wider den Methodenzwang*. Der Satz »Anything goes« war bereits bekannt als Titel eines Musicals von Cole Porter, USA 1934.

6 Karl-Martin Hentschel: *Von wegen alternativlos!* (2013)

7 Jeremy Rifkin: *Die Null-Grenzkosten-Gesellschaft – das Internet der Dinge* (2014); A. Baier, Ch. Müller, K. Werner: *Stadt der Commonisten* (2013)

8 »Frauen sind fünffach beansprucht«, *Neue Westfälische*, 31.10.2013. Sowie Stephan Grünewald: »Bleib locker, Deutschland. Studie für die Techniker-Krankenkasse« (2013)

9   So zum Beispiel Eugen Sierke 1881 in einem Werbeprospekt für die von Friedrich Bodenstedt herausgegebene Zeitung *Für die Gebildeten aller Stände. Eine Zeitung für Nichtpolitiker.* Nach de.Wikiquote.org: Charakter. Der Satz wurde auch Clemens Fürst Metternich zugeschrieben und (fälschlich) Otto von Bismarck.

10 Axel Eggebrecht: *Stichtag: 3. August 1948: Politik verdirbt den Charakter; Geburt eines Schlagwortes,* WDR-ZeitZeichen vom 3.8.1988 [Daten lt. Staats- und Universitätsbibliothek Hamburg]

11 Beispiele: ein Interview mit Sigmar Gabriel auf sz-online.de (*Sächsische Zeitung*), 3.2.2012 (Kurzlink: bit.ly/verdirbt-politik1). Anlässlich der Wulff-Affäre fragten die Redakteure Gabriel, ob Politik den Charakter verdürbe, und Gabriel verneinte; eine Diskussion auf gutefrage.net 2011 (Kurzlink: bit.ly/verdirbt-politik2); Titel einer Besprechung von George Clooneys Filmdrama »The Ides of March« (Ulrike Mau, *Welt Online*; 22.12.2011, (Kurzlink: bit.ly/verdirbt3)

12 »Wahrhaftigkeit und Politik wohnen selten unter einem Dach.« Laut Zweitausendeins.de, 12.8.2009

13 Thomas Mann zitierte den Satz 1918 zustimmend in seinen *Betrachtungen eines Unpolitischen.* Manns ganzes Buch ist auf einem Gegensatz zwischen Politik (gleich westlich-parlamentarischer Demokratie) und Monarchie (gleich »unpolitischem« deutschem Obrigkeitsstaat) aufgebaut.

14 Von Karl Kraus stammt der Aphorismus: »Das Wort Familienbande hat einen Beigeschmack von Wahrheit.«

15 J. K. Galbraith: *Die Ökonomie des unschuldigen Betrugs* (2005)

16 I. Mangold: »Max Weber – Politik als Beruf«, *Die Zeit,* 2.2.2012

17 Anders Max Weber: *Politik als Beruf* (1919). Weber ging damals davon aus, dass Politiker meist nach persönlicher Macht streben.

18 Umfrage-Option beim ARD-Deutschlandtrend, 5.4.2012

19 *Neue Westfälische,* Lokalteil Herford, 3.10.2013; gemeint war hier der Herforder Stadtrat.

20 *Neue Westfälische,* 14.7.2009, Lokalteil Bielefeld. Gemeint waren Verabredungen zwischen Bielefelder Studenten und Politikern.

21 *Neue Westfälische,* 22.7.2009 (Hauptartikel über Rente mit 69)

22 Ruth Schneeberger auf *SZ Online,* 2.12.2009

23 Ansgar Mönter in der *Neuen Westfälischen,* 7.12.2011, über die Bielefelder Turngemeinde; mit »der Politik« ist hier für die Mehrheit des Bielefelder Stadtrats gemeint.

24 *Neue Westfälische,* 27.9.2014, Lokalteil Bielefeld. Mit »der Politik« ist hier die Bezirksvertretung Bielefeld-Dornberg gemeint.

25 Nach *Neue Westfälische,* 23.7.2012

26 Hannah Arendt: *Macht und Gewalt* (1970/1987), S. 65. Sie wendet sich dort gegen jene liberalen weißen Amerikaner, die 1968/69 angesichts der Bürgerrechtsbewegung der Schwarzen sagten: »Wir Weißen sind alle schuldig.«

27 »Ich bin zu weich für den Job der Politikerin«, *Freitag,* 14.3.2013

28 Interview im *Tagesspiegel,* 2.10.2000

29 G. v. Randow: »Der Kampf geht weiter«, *Die Zeit,* 8.10.2009

30 Ausgabe vom 23.3.2011

31 In dem Essay »Ich beginne zu glauben, dass die Linke recht hat«, *faz.net,* 15.8.2011 (Kurzlink: bit.ly/linke-hat-recht). Er nennt dort außerdem den britischen Konservativen Charles Moore. Anlass dieses Umdenkens war die Finanzkrise.

32 Es bildet sogar ein eigenes Genre, die Renegatenliteratur; untersucht in M. Rohrwasser: *Der Stalinismus und die Renegaten* (1991) und H. Kuhn: *Bruch mit dem Kommunismus* (1990)

33 Wer antworten will: www.widersprechen.net. Eine der ganz seltenen älteren Ausnahmen bildet Helmuth Plessner: *Das Schicksal des deutschen Geistes im Ausgang seiner bürgerlichen Epoche* (1935), 1959 neu erschienen unter dem Titel *Die verspätete Nation*. Auch Thomas Mann kann hier genannt werden. Für seinen »Verrat« wurde er 1945 von Walter von Molo und anderen Konservativen heftig angefeindet.

34 »Toleranz ist kein Wert an sich«, *Neue Westfälische*, 31.1.2009

35 Beim Dogma »Die Geschichte läuft gesetzmäßig ab« komme ich darauf zu sprechen, siehe Seite 168

Dogmen über Vergangenheit und Zukunft

1 Hanno Rauterberg: »Architektur gibt es nicht mehr«, *Die Zeit*, 12.6.2014

2 Chronoskopie: die Wahrnehmung der Zeit in ihrem Ablauf

3 Jürgen Beetz: *Denken, Nach-Denken, Handeln* (2010), Seite 124

4 Siehe das Dogma »Kinder sind schmutzig«, Seite 196

5 R. D. Precht: *Wer bin ich – und wenn ja, wie viele?* (2007), S. 282

6 Das erinnert an Karl Poppers Grundsatz der Falsifizierbarkeit von Theorien.

7 de.wikipedia.org: Flammarions Holzstich

8 Zum Begriff siehe de.wikipedia.org: Dunkelmännerbriefe

9 Marx präzisierte später, dass sich solche Gesetze in der Geschichte lediglich als Tendenz durchsetzten. Der marxistische Historiker Jürgen Kuczynski ging davon aus, dass es zu Gesetzen der Geschichte oft auch Gegengesetze gebe (*Geschichte des Alltags des deutschen Volkes. Studien 6: Nachträgliche Gedanken*, 1985, Seite 7).

10 Helmut Ortner: *Der Attentäter* (1999), S. 127 f., 132

11 G. Aly: *Hitlers Volksstaat* (2005). Darüber und über die Kontroverse um das Buch de.wikipedia.org: Hitlers Volksstaat

12 Timothy Mason: *Sozialpolitik im Dritten Reich* (1977), Seite 165–169

13 Ebenda, S. 229–33

14 Siehe das Dogma »Die Welt ist voller Morden«, S. 51

15 Das Prinzip der Faustformel bzw. Heuristik verdanke ich G. Gigerenzer: *Risiko* (2013).

16 Mehr Details zum Fall Barschel, die für einen Selbstmord sprechen, habe ich auf tonikal.blogspot.de zusammengetragen (siehe bit.ly/selbstmord). An gleicher Stelle erlaube ich mir, circa 30 angeblich ungeklärte Fragen zum 11. September 2001 zu beantworten, und zwar so, dass die offizielle Version der Ereignisse bestätigt wird (siehe bit.ly/geklaerte-fragen).

17 de.wikipedia.org: Ende der Geschichte

18 Das *Handelsblatt* beförderte Fukuyama am 9.12.2014 zu einem der angeblich klügsten Denker der Welt und kündigte so einen neuen Artikel dieses Weisen an. Bei einer Diskussion im Cato-Institut im Juni 2014 erklärte Fukuyama, warum er an seiner These festhalte. handelsblatt.com 7.6.2014 (Kurzlink: bit.ly/ende-der)

19 Frei nach dem zweiten Hauptsatz der Thermodynamik (in der Physik)

20 Dazu das Dogma »Wirtschaftswachstum ist die Grundlage unseres Wohlstands«, siehe S. 115

21 J. K. Galbraith dagegen findet es ungerecht, dass im Kapitalismus ausgerechnet die Menschen am besten verdienen, die den meisten Spaß an der Arbeit haben (*Die Ökonomie des unschuldigen Betrugs*, S. 44–48). Das

scheint meinem Aspekt zu widersprechen. Es könnte aber auch beides gleichzeitig zutreffen, weil ich Arbeiter und Angestellte vergleiche, die in etwa auf der gleichen Hierarchieebene stehen, während Galbraith Arbeiter/Angestellte mit Managern, Professoren und anderen Führungskräften vergleicht.

22 Ikonographie ist eine Methode der Kunstgeschichte, die die Bildersprache von Kunstwerken untersucht. Die Methode lässt sich auf die Ideologiekritik übertragen.

23 M. Schwering: »Vom Sturz der großen Ideen«, *Kölner Stadt-Anzeiger*, 12.12.1991

24 F. Furet: *Das Ende der Illusionen* (1995)

25 H. Arendt: *Elemente und Ursprünge totalitärer Herrschaft* (1951/1955). Zusammengefasst von M. Jäger, *Freitag* 30, 17.7.1998

26 In der dritten Strophe des Liedes »Brüder, zur Sonne, zur Freiheit« heißt es: »Ewig der Sklaverei ein Ende! Heilig die letzte Schlacht!« Im Refrain des Sozialistenmarsches heißt es: »Das ist der Arbeit heiliger Krieg!«

27 Franziska Augstein: »Im Weltwirtschaftsgewitter«, *Süddeutsche Zeitung*, 26.11.2008

Dogmen über Medien, Kunst und Kultur

1 Name geändert

2 Die weibliche Form tritt hier nur aus Gründen der Abwechslung auf.

3 Wenn man etwas kann, ist es keine Kunst mehr, und wenn man's nicht kann, schon gar nicht.

4 Ch. Stöcker: *Nerd Attack!* (2011), lt. *Die Zeit*, 29.9.2011

5 Dazu kritisch Konrad Lischka und Christian Stöcker: »Lesekompetenz / Wie Deutschlands Jugend dumm geredet wird«, *Spiegel Online*, 22.4.2008 (Kurzlink: bit.ly/lesekomp)

6 Dazu eine persönliche Erinnerung: Um 1973 setzten mehrere empörte Eltern durch, dass der Aachener Deutschlehrer Paul Emunds am Kaiser-Karls-Gymnasium keine Asterix-Comics mehr im Unterricht behandeln durfte. Die von René Goscinny und Albert Uderzo geschaffenen Werke haben wesentlich zur Entwicklung meines Bildungsniveaus beigetragen.

7 Johann Wolfgang Goethe ließ 1805 im Vorspiel zum *Faust I* den Theaterdirektor mit Blick auf sein Publikum ätzen: »Wenn diesen Langeweile treibt, / Kommt jener satt vom übertischten Mahle, / Und, was das Allerschlimmste bleibt, / Gar mancher kommt vom Lesen der Journale.«

8 J. Weizenbaum, G. Wendt: *Wo sind sie, die Inseln der Vernunft im Cyberstrom?* (2006), S. 25

9 Ein ähnlicher Effekt liegt dem Dogma »Früher war alles besser« zugrunde (siehe S. 162).

10 Konrad Lischka und Christian Stöcker: »Lesekompetenz. Wie Deutschlands Jugend dumm geredet wird«, *Spiegel Online*, 22.4.2008 (Kurzlink: bit.ly/lesekomp)

11 J. K. Galbraith: *Die Ökonomie des unschuldigen Betrugs* (2005), S. 34–37

12 J. Zylka: »Ökologisch suspekt«, Rundmail des Deutschen Naturschutzrings vom 19.12.2007

13 N. Wolf: *Der Mythos Schönheit* (1991); der Film »Die Ökonomie des Glücks« (»The Economy Of Happiness«), 2013

Dogmen über Männer, Frauen und Kinder

1 welt.de, 17.9.2008 (Kurzlink: bit.ly/voegeln1). Mehr Zahlen aus der gleichen Studie liefert fem.com 9.1.2013 (Kurzlink: bit.ly/voegeln2).
2 focus.de 12.3.2001 (Kurzlink: bit.ly/voegeln3)
3 Gerd Bosbach, Jens J. Korff: *Lügen mit Zahlen*, 2011, Seite 107
4 Gaby Mikettka: „Wie viel Sex braucht der Mensch", Focus, 12.3.2001 (Kurzlink: bit.ly/voegeln3)
5 Ein Hinweis von Maria Ast
6 Tilmann Moser: *Von der Gottesvergiftung zu einem erträglichen Gott. Psychoanalytische Überlegungen zur Religion*, Stuttgart 2003
7 H. Lerner: *Wohin mit meiner Wut? Neue Beziehungsmuster für Frauen*, Frankfurt 1993, Seite 7
8 Gerd Gigerenzer: *Bauchentscheidungen. Die Intelligenz des Unbewussten und die Macht der Intuition* (2008)
9 Ausgabe 1941, zitiert nach S. Chamberlain: *Adolf Hitler, die deutsche Mutter und ihr erstes Kind* (1997), S. 95 u. 105, und nach A. Gruen: *Der Fremde in uns* (2000), S. 21 f.
10 A. Gruen: *Der Fremde in uns* (2000), S. 20–42
11 Deutsches Historisches Museum Berlin, Ausstellung 1993 (dhm.de, siehe bit.ly/nicht-mehr-frei). Kurt Meyer, Sohn des gleichnamigen SS-Panzergenerals, zitiert die Rede 1998 in seinem Bericht »Gemeint ist, wenn der Kopf ab ist«. Nach A. Grün: *Der Fremde in uns* (2000), S. 42
12 ARD-Themenwoche im April 2007 (web.ard.de/themenwoche_2007); Kommentar v. Nicole Hille-Priebe; Rückblick v. Heike Krüger in *Neue Westfälische*, 21.4.2007
13 Freud definierte das Ich später anders und bezog auch Teile des Unbewussten ins Ich mit ein. Ich beziehe mich hier auf die grob vereinfachende Sichtweise, in der seine Theorie oft herbeizitiert und benutzt wird.
14 S. Freud: *Das Ich und das Es* (1923), zusammengefasst in de.wikipedia.org: »Das Ich und das Es«
15 S. Freud: *Das Ich und das Es* (1923), S. 294. Nach de.wikipedia.org: »Das Ich und das Es« (2014)
16 Sowie vom extremen Militarismus, der dem Krieg vorausging.
17 Dazu das Dogma »Die Welt ist voller Morden«, siehe S. 51, sowie das Dogma »Menschen sind von Natur aus Egoisten«, siehe S. 205. Sowie Joachim Bauer: *Prinzip Menschlichkeit* (2006).
18 de.wikipedia.org: Instinkttheorie. Diese Theorie gilt allerdings inzwischen als veraltet, da die Hirnforschung einige ihrer Annahmen bislang nicht bestätigen konnte und da langfristige Tierbeobachtungen im heutigen Wissenschaftsbetrieb offenbar nicht mehr möglich sind.
19 Offiziell heißt sie psychohydraulisches Instinktmodell. Der Lorenz-Schüler Wolfgang Wickler erklärte es 1990 für untauglich. Die Lorenz-Schülerin Hanna-Maria Zippelius kritisierte 1992 einige von Lorenz und Nikolaas Tinbergen vorgenommene Versuche und ihre Deutung bestimmter Handlungen als Übersprungs- oder Leerlaufhandlungen.
20 Weitere Beispiele im Zusammenhang mit dem Dogma »Menschen sind von Natur aus Egoisten«, siehe S. 205
21 Frei nach Richard David Precht: *Wer bin ich – und wenn ja, wie viele?* (2007)
22 J. Beetz: *Eine phantastische Reise durch Wissenschaft und Philosophie*, 2012, Seite 240. Die Metapher steht dort am Ende eines Disputs von Don Quijote und Sancho Panza über den Sinn des Lebens. Beetz meinte damit eigentlich den Menschen im Kreis seiner Mitmenschen.

23 Gunda Achterhold über Charisma, *Frankfurter Allgemeine Sonntagszeitung* 12.11.2006 (Beruf & Chance)
24 Verlagswerbung für ein Buch von Allan und Barbara Pease. Zweitausendeins, 2009
25 A. Mehrabian: *Silent Messages* (1971). Nach de.wikipedia.org: Albert Mehrabian
26 Das hat Mehrabian selber klar gestellt, nach en.wikipedia.org: Albert Mehrabian (siehe bit.ly/55–38–7)
27 *Frankfurter Allgemeine Sonntagszeitung*, 25.7.2010
28 Th. Malthus: *Essay on the principles of population* (1798). In Wirklichkeit fand 1867 die letzte »klassische«, wetterbedingte Hungersnot in Europa statt (Finnland), 1976 die letzte in Asien (Bangladesch). Viele späteren Hungersnöte (z. B. Sowjetunion 1922, China 1959–61, Nordkorea 1994–97) wurden nicht durch Missernten, sondern durch Kriege, Bürgerkriege oder Zwangsregimes ausgelöst. Das könnte sich allerdings durch den Klimawandel wieder ändern.
29 J. Bauer: *Prinzip Menschlichkeit* (2006), S. 97–126. Zu Margulis S. 126
30 *Neue Westfälische*, 19.5.2008
31 de.wikipedia.org: »bellum omnium contra omnes«
32 Hobbes leitete die Idee wahrscheinlich vom Dreißigjährigen Krieg ab.
33 Dawkins schrieb selbst im Vorwort der ersten Auflage seines Buches *Das egoistische Gen*: »Dieses Buch sollte beinahe wie Science-fiction gelesen werden, denn es zielt darauf ab, die Vorstellungskraft anzusprechen.« Nach J. Bauer, S. 138 f.
34 J. Bauer (2006), S. 23–63
35 Rezension von Ulrich Schnabel, *Die Zeit,* 21.3.1997
36 Manchmal auch dann, wenn der Kampf selber Chancen bietet, die Anerkennung anderer zu erlangen. J. Bauer (2006), S. 75–95
37 Dawkins' Beschreibung des Vorgangs, wie das erste Gen die erste Zelle bildete, ähnelt dem Bau einer Ritterrüstung oder eines Panzers. Science-fiction eben.

Dogmen zwischen Tugend und Laster

1 »Fahrraddiebe« (»Ladri di biciclette«), Italien 1948; Regie: Vittorio de Sica
2 Zu Deutsch: schlankes Management
3 Joschka Fischer: »Gibt's nicht geht nicht. Wege aus der Klimakrise«, sueddeutsche.de 10.5.2009 (siehe bit.ly/gibts-nicht)
4 »Der Schwenkgrill ist großartig«, Interview mit US-»Grillguru« Steven Raichlen über die Kunst, auf offenem Feuer zu garen, *Neue Westfälische*, 12.5.2011
5 Gerd Gigerenzer: *Risiko. Wie man die richtigen Entscheidungen trifft*, München 2013, S. 58
6 Ebenda, S. 43
7 Heinke von Larcher (1913–2002) pflegte beim Kochen das Salz nach der Maßangabe »Bes dat em denkt: Na hoh!« zu dosieren. Das ist Siebenbürger Sächsisch und heißt: »Bis dass man denkt: Jetzt Halt.«
8 Einer davon war ihr Sohn, der Sozialdemokrat Detlev von Larcher.
9 Der Historiker Bernt Engelmann griff den Gedanken 1975 im Titel seines *Anti-Geschichtsbuchs 2. Teil* auf, das Deutschlandlied parodierend: »Einig gegen Recht und Freiheit«.

10 Klaus Mann: *Mephisto*, Kap. X (Die Drohung)

11 Regisseur des Spielfilms »Jud Süß« (1940)

12 dpa-Meldung in *Neue Westfälische*, 29.6.2011

13 »Warum Weiße Lügen nützlich sind«, wissenschaft.de, 23.7.2014 (siehe bit.ly/weisse-luegen)

14 *Frankfurter Allgemeine Sonntagszeitung*, 28.1.2007, Feuilleton

15 Peter Panter: *Auf dem Nachttisch. Die Weltbühne*, 9.12.1930, S. 859 f.

16 Als Überblick diene de.wikipedia.org: Altruismus.

17 Zum Beispiel in *Fröhliche Wissenschaft* (KSA 3), S. 391 ff., nach Thorsten Bachmann: *Nietzsches Ethik der Stärke*. www.mythos-magazin.de/ (Kurzlink bit.ly/nietzsche3)

18 »Ich flüstere – und die Welt hört zu«, *Die Zeit*, 8.5.2008

19 Seine Zeitgenossen Franz Mehring und Julius Duboc schätzten ihn so ein. Franz Mehring: Philosophische Aufsätze. Berlin/DDR 1961, S. 159–166

20 in der Streitkolumne »Schwarz und Weiß«, *Neue Westfälische*, 20.8.2011

21 Ich folge hier einer Definitionsdebatte von Kurt Lenk: *Deutscher Konservatismus*, Frankfurt/New York 1989, S. 13–18, möchte sie aber um den Aspekt erweitern, dass sich auch im modernen Konservatismus bestimmter Industriearbeiter die Angst um den Verlust einer (vielleicht eingebildeten) gesellschaftlichen Führungsposition äußert.

22 »Unsere Ehre heißt Treue« stand auf dem Dolch der SS-Leute.

23 Kommentar zu Robert Leicht: »Patriot in der Gefahr«. *Zeit Online*, 23.8.2011 (siehe bit.ly/erzberger2)

Literaturliste

Arendt, Hannah: *Macht und Gewalt,* Original 1970, deutsch München
1970/1987

Bahners, Patrick: *Die Panikmacher. Die deutsche Angst vor dem Islam:
Eine Streitschrift,* München 2011

Bauer, Joachim: *Prinzip Menschlichkeit. Warum wir von Natur aus kooperieren,* Hamburg 2006 und München 2008

Beetz, Jürgen: *Denken, Nach-Denken, Handeln. Triviale Einsichten, die
niemand befolgt,* Aschaffenburg 2010

Beetz, Jürgen: *Eine phantastische Reise durch Wissenschaft und Philosophie. Don Quijote und Sancho Pansa im Gespräch,* Aschaffenburg 2012

Berger, Jens: *Wem gehört Deutschland? Die wahren Machthaber und das
Märchen vom Volksvermögen,* Frankfurt 2014

Bittmann, Klaus; Henschel, Gerhard (Hg.): *Wörterbuch des Gutmenschen. Zur Kritik der moralisch korrekten Schaumsprache,* Berlin 1994

Bloch, Ernst: *Naturrecht und menschliche Würde,* Frankfurt 1961/1975

Bosbach, Gerd; Korff, Jens Jürgen: *Lügen mit Zahlen. Wie wir mit Statistiken manipuliert werden,* München 2011

Chamberlain, Sigrid: *Adolf Hitler, die deutsche Mutter und ihr erstes Kind,*
Gießen 1997

Craig, Gordon A.: *Deutsche Geschichte 1866–1945. Vom Norddeutschen
Bund bis zum Ende des Dritten Reiches,* Original 1978, deutsch München 1980/1981

Dawkins, Richard: *Das egoistische Gen,* Original 1976, deutsch Berlin 2014

Drösser, Christoph: *Stimmt's?,* Kolumne in der Wochenzeitung *Die Zeit,*
Hamburg

Elm, Ludwig (Hg.): *Leitbilder des deutschen Konservatismus: Schopenhauer, Nietzsche, Spengler, Heidegger, Schelsky, Rohrmoser, Kalten-
brunner u. a.,* Köln 1984

Engelmann, Bernt: *Einig gegen Recht und Freiheit. Deutsches Anti-Geschichtsbuch 2. Teil,* München 1975, Ausgabe Frankfurt 1980

Engelmann, Bernt: *Wir Untertanen. Ein Deutsches Anti-Geschichtsbuch,* München 1974, Ausgabe Frankfurt 1980

Engelmann, Bernt; Wallraff, Günter: *Ihr da oben, wir da unten,* Köln 1973, Ausgabe Reinbek 1977

Fischer, Fritz: *Bündnis der Eliten. Zur Kontinuität der Machtstrukturen in Deutschland 1871–1945,* Düsseldorf 1979

Fischer, Fritz: *Krieg der Illusionen. Die deutsche Politik von 1911 bis 1914,* Düsseldorf 1969

Fleischhauer, Jan: *Unter Linken: Von einem, der aus Versehen konservativ wurde,* Reinbek 2009

Flex, Walter: *Der Wanderer zwischen beiden Welten. Ein Kriegserlebnis …,* 1. Auflage München 1917, 25. Auflage München 1918

Focke, Harald; Reimer, Uwe: *Alltag unterm Hakenkreuz. Wie die Nazis das Leben der Deutschen veränderten,* Reinbek 1979

Freud, Sigmund: *Das Ich und das Es,* Leipzig 1923. Neuausgabe Frankfurt 1994

Fromm, Erich: *Die Anatomie der menschlichen Destruktivität,* Original 1973, deutsch Stuttgart 1974, Ausgabe Reinbek 1994

Fromm, Erich: *Haben oder Sein. Die seelischen Grundlagen einer neuen Gesellschaft,* Original und deutsch 1976, Ausgabe Hamburg 2006

Fukuyama, Francis: *Das Ende der Geschichte, Original 1992,* deutsch *München 1992*

Galbraith, John Kenneth: *Die Ökonomie des unschuldigen Betrugs. Vom Realitätsverlust der heutigen Wirtschaft,* Original 2004, deutsch München 2005

Gigerenzer, Gerd: *Risiko. Wie man die richtigen Entscheidungen trifft,* München 2013

Gruen, Arno: *Der Fremde in uns,* Stuttgart 2000

Gutsche, Willibald; Klein, Fritz; Pätzold, Kurt: *Der Erste Weltkrieg. Ursachen und Verlauf,* Berlin und Köln 1985

Haarer, Johanna: *Die deutsche Mutter und ihr erstes Kind,* 1. Auflage Berlin 1934

Hallgarten, George; Radkau, Joachim: *Deutsche Industrie und Politik von Bismarck bis in die Gegenwart,* Original Frankfurt 1974; Ausgabe Reinbek 1981

Hentschel, Karl-Martin: *Von wegen alternativlos! Die gerechte Gesellschaft als Ziel,* Zürich 2013

Herrmann, Ulrike: *Der Sieg des Kapitals. Wie der Reichtum in die Welt kam: Die Geschichte von Wachstum, Geld und Krisen,* Frankfurt 2013

Hofmann, Werner: *Stalinismus und Antikommunismus. Zur Soziologie des Ost-West-Konflikts,* Frankfurt a. M. 1967

Korff, Jens Jürgen: *Der Umwelt-Ratgeber von A bis Z. 1000 Tips und noch mehr Infos für eine intakte Umwelt,* Köln 1994

Korff, Jens Jürgen: *Einheitsbestrebungen in SPD und KPD im Rheinland 1945–1947,* Magisterarbeit, RWTH Aachen 1986

Krämer, Walter: *So lügt man mit Statistik,* Frankfurt 1998

Krämer, Walter; Trenkler, Götz: *Lexikon der populären Irrtümer. 500 kapitale Mißverständnisse, Vorurteile und Denkfehler von Abendrot bis Zeppelin,* Frankfurt 1996

Krockow, Christian Graf von: *Die Deutschen in ihrem Jahrhundert: 1890–1990,* Reinbek 1990, Ausgabe 1994

Krysmanski, Hans Jürgen: *0,1 %. Das Imperium der Milliardäre,* Frankfurt 2012

Kuczynski, Jürgen: *Asche für Phönix. Aufstieg, Untergang und Wiederkehr neuer Gesellschaftsordnungen,* Köln 1992

Kühnl, Reinhard (Hg.): *Texte zur Faschismusdiskussion I. Positionen und Kontroversen,* Reinbek 1974, Ausgabe 1979

Kühnl, Reinhard: *Faschismustheorien. Texte zur Faschismusdiskussion,* Reinbek 1979, 2. Ausgabe 1981

Lenk, Kurt: *Der deutsche Konservatismus,* Frankfurt/New York 1989

Lorenz, Konrad: *Das sogenannte Böse. Zur Naturgeschichte der Aggression,* Wien 1963, Ausgabe München 1974

Mann, Thomas: *Betrachtungen eines Unpolitischen,* 1. Auflage München 1918

Markov, Walter; Soboul, Albert: *1789. Die Große Revolution der Franzosen,* Köln 1977, Ausgabe 1980

Marx, Karl: *Das Kapital. Erster Band,* Hamburg 1890, Ausgabe in: Karl Marx, Friedrich Engels, Werke, Band 23, Berlin 1977

Montaigne, Michel de: *Essais,* Original 1580; hg. von Ralph-Rainer Wuthenow, Übersetzung von Johann Joachim Bode, Frankfurt/Main 1976

Müller, Albrecht: *Machtwahn. Wie eine mittelmäßige Führungselite und zugrunde richtet,* München 2006/2007

Nietzsche, Friedrich: *Also sprach Zarathustra,* Chemnitz 1883, Ausgabe Leipzig 1918

Opitz, Reinhard: *Faschismus und Neofaschismus,* Frankfurt 1984

Ortner, Helmut: *Der Attentäter. Georg Elser – Der Mann, der Hitler töten wollte,* Tübingen 1999

Precht, Richard David: *Wer bin ich – und wenn ja, wie viele? Eine philosophische Reise,* München 2007

Ruge, Wolfgang: *Hitler. Weimarer Republik und Machtergreifung,* Berlin 1983

Ruge, Wolfgang: *Stalinismus. Eine Sackgasse im Labyrinth der Geschichte,* Berlin 1991

Rügemer, Werner: *arm und reich,* Bielefeld 2002 (Bibliothek dialektischer Grundbegriffe)

Stern, Fritz: *Verspielte Größe. Essays zur deutschen Geschichte des 20. Jahrhunderts,* München 1996, Ausgabe 1999

Personen- und Sachregister

Ökodiktatur 29 f.
Öko-Lebensmittel 36
Oldenburg-Januschau, Elard
    von 95 f.
Orbán, Viktor 105
Ortega, Sergio 160
Orwell, George 29, 125
Oxytocin 207 f.
Özdemir, Cem 232

Paech, Niko 116, 118, 233
Papperger, Armin 230
Parallelgesellschaften 19, 39 f.
Paul VI., Papst 193
Paulus, Apostel 72
Pazifist 17, 41, 43 f., 46 f., 56,
    125 f., 180, 228
Perry, Ted 109
Petrarca, Francesco 168
Pflegeversicherung 124
Piëch, Ferdinand 30, 119, 226
Pinochet, Augusto 160, 235
Pinzler, Petra 221, 233
Plasberg, Frank 35
Plautus, Titus Maccius 228
Plurale 133, 148, 171 f., 235
Polizisten 27, 47
Postmoderne 170-172, 235 f.
Praktiker 211 f.
Prantl, Heribert 79
Precht, Richard David 133, 167,
    230, 235, 238, 240
Putin, Wladimir 41, 227

Raab, Julius 150
Rabin, Jitzchak 48
Raddatz, Hans-Peter 43
Radermacher, Franz Josef 206
Radio 60, 186-188, 232

Raffelhüschen, Bernd 124 f.
Raichlen, Steven 212, 241
Ramsauer, Peter 144, 236
Randow, Gero von 156, 237
Rassisten 227
Rauterberg, Hanno 163, 238
Reagan, Ronald 103 f., 155, 159,
    235
Realisten 19, 210
Reiche 36-38, 40, 81 f., 86 f., 89,
    93 f., 101-103, 108, 115, 124,
    143, 147, 149, 156, 206, 227,
    236
Religion 13, 21, 41-43, 49, 87,
    168, 231, 240
Renaissance 168, 170, 206
Rentenkassen 83 f., 231
Revolutionen 79, 90, 95, 98 f.,
    108, 110, 131, 144, 155, 160,
    169, 170, 179, 215, 217, 227,
    235
Rexrodt, Günter 70
Riefenstahl, Leni 158
Risiken 33 f., 119, 213
Robespierre, Maximilien 105
Roosevelt, Franklin 115
Rostropowitsch, Mstislaw 220
Roth, Gerhard 133 f., 201
Royal, Ségolène 156
Rudeltier 50 f.
Rügemer, Werner 104, 232, 236
Ruhleder, Rolf 203
Ruhmsucht 92, 152, 169, 170
Rürup, Bert 124
Rüstungsindustrie 41, 65 f., 126,
    139, 142, 173

Samsung 190
Sarkozy, Nicolas 156, 236